Diogenes Taschenbuch 250/19

Friedrich Dürrenmatt

Werkausgabe
in dreißig Bänden

Herausgegeben
in Zusammenarbeit
mit dem Autor

Band 19

Friedrich Dürrenmatt

Der Richter und sein Henker

Der Verdacht

Die zwei Kriminalromane
um Kommissär Bärlach

Diogenes

Umschlag: Detail aus ›Tier‹ von Friedrich Dürrenmatt.
Der Richter und sein Henker erschien erstmals als Feuil-
leton in ›Der Schweizerische Beobachter‹, 24. Jahrgang,
Nr. 23 (15. Dez. 1950) bis 25. Jahrgang, Nr. 6 (31. März
1951). Die erste Buchausgabe erschien 1952 im Benziger
Verlag, Zürich, Einsiedeln, Köln. Copyright © 1952 by
Benziger Verlag, Zürich, Einsiedeln, Köln.
Der Verdacht erschien erstmals als Feuilleton in ›Der
Schweizerische Beobachter‹, 25. Jahrgang, Nr. 17 (15.
Sept. 1951) bis 26. Jahrgang, Nr. 4 (29. Febr. 1952). Die
erste Buchausgabe erschien 1953 im Benziger Verlag,
Zürich, Einsiedeln, Köln. Copyright © 1953 by Benziger
Verlag, Zürich, Einsiedeln, Köln.

Veröffentlicht als Diogenes Taschenbuch, 1978
Berechtigte Lizenzausgabe mit freundlicher Genehmigung
des Benziger Verlags, Zürich, Einsiedeln, Köln
Alle Rechte an dieser Edition vorbehalten
Diogenes Verlag AG Zürich, 1980
150/80/8/1
ISBN 3 257 20849 9

Inhalt

Der Richter
und sein Henker

1950

Erstes Kapitel

Alphons Clenin, der Polizist von Twann, fand am Morgen des dritten Novembers neunzehnhundertachtundvierzig dort, wo die Straße von Lamboing (eines der Tessenbergdörfer) aus dem Walde der Twannbachschlucht hervortritt, einen blauen Mercedes, der am Straßenrande stand. Es herrschte Nebel, wie oft in diesem Spätherbst, und eigentlich war Clenin am Wagen schon vorbeigegangen, als er doch wieder zurückkehrte. Es war ihm nämlich beim Vorbeischreiten gewesen, nachdem er flüchtig durch die trüben Scheiben des Wagens geblickt hatte, als sei der Fahrer auf das Steuer niedergesunken. Er glaubte, daß der Mann betrunken sei, denn als ordentlicher Mensch kam er auf das Nächstliegende. Er wollte daher dem Fremden nicht amtlich, sondern menschlich begegnen. Er trat mit der Absicht ans Automobil, den Schlafenden zu wecken, ihn nach Twann zu fahren und im Hotel Bären bei schwarzem Kaffee und einer Mehlsuppe nüchtern werden zu lassen; denn es war zwar verboten, betrunken zu fahren, aber nicht verboten, betrunken in einem Wagen, der am Straßenrande stand, zu schlafen. Clenin öffnete die Wagentüre und legte dem Fremden die Hand väterlich auf die Schultern. Er bemerkte jedoch im gleichen Augenblick, daß der Mann tot war. Die Schläfen waren durchschossen. Auch sah Clenin jetzt, daß die rechte Wagentüre offen stand. Im Wagen war nicht viel Blut, und der dunkelgraue Mantel, den die Leiche trug, schien nicht einmal beschmutzt. Aus der Manteltasche glänzte der Rand einer gelben Brieftasche. Clenin, der sie hervorzog, konnte ohne Mühe feststellen, daß es sich beim Toten um Ulrich Schmied handelte, Polizeileutnant der Stadt Bern.

Clenin wußte nicht recht, was er tun sollte. Als Dorfpolizist war ihm ein so blutiger Fall noch nie vorgekommen. Er lief am Straßenrande hin und her. Als die aufgehende Sonne durch den Nebel brach und den Toten beschien, war ihm das unangenehm. Er kehrte zum Wagen zurück, hob den grauen Filzhut auf, der zu Füßen der Leiche lag, und drückte ihr den Hut über den Kopf, so tief, daß er die Wunde an den Schläfen nicht mehr sehen konnte, dann war ihm wohler.

Der Polizist ging wieder zum andern Straßenrand, der gegen Twann lag, und wischte sich den Schweiß von der Stirne. Dann faßte er einen Entschluß. Er schob den Toten auf den zweiten Vordersitz, setzte ihn sorgfältig aufrecht, befestigte den leblosen Körper mit einem Lederriemen, den er im Wageninnern gefunden hatte, und rückte selbst ans Steuer.

Der Motor lief nicht mehr, doch brachte Clenin den Wagen ohne Mühe die steile Straße nach Twann hinunter vor den Bären. Dort ließ er tanken, ohne daß jemand in der vornehmen und unbeweglichen Gestalt einen Toten erkannt hätte. Das war Clenin, der Skandale haßte, nur recht, und so schwieg er.

Wie er jedoch den See entlang gegen Biel fuhr, verdichtete sich der Nebel wieder, und von der Sonne war nichts mehr zu sehen. Der Morgen wurde finster wie der Letzte Tag. Clenin geriet mitten in eine lange Automobilkette, ein Wagen hinter dem andern, die aus einem unerklärlichen Grunde noch langsamer fuhr, als es in diesem Nebel nötig gewesen wäre, fast ein Leichenzug, wie Clenin unwillkürlich dachte. Der Tote saß bewegungslos neben ihm und nur manchmal, bei einer Unebenheit der Straße etwa, nickte er mit dem Kopf wie ein alter, weiser Chinese, so daß Clenin es immer weniger zu versuchen wagte, die andern Wagen zu überholen. Sie erreichten Biel mit großer Verspätung.

Während man die Untersuchung der Hauptsache nach von Biel aus einleitete, wurde in Bern der traurige Fund Kommissär Bärlach übergeben, der auch Vorgesetzter des Toten gewesen war.

Bärlach hatte lange im Auslande gelebt und sich in Konstantinopel und dann in Deutschland als bekannter Kriminalist hervorgetan. Zuletzt war er der Kriminalpolizei Frankfurt am Main vorgestanden, doch kehrte er schon dreiunddreißig in seine Vaterstadt zurück. Der Grund seiner Heimreise war nicht so sehr seine Liebe zu Bern, das er oft sein goldenes Grab nannte, sondern eine Ohrfeige gewesen, die er einem hohen Beamten der damaligen neuen deutschen Regierung gegeben hatte. In Frankfurt wurde damals über diese Gewalttätigkeit viel gesprochen, und in Bern bewertete man sie, je nach dem Stand der europäischen Politik, zuerst als empörend, dann als verurteilenswert, aber doch noch begreiflich, und endlich sogar als die einzige für einen Schweizer mögliche Haltung; dies aber erst fünfundvierzig.

Das erste, was Bärlach im Fall Schmied tat, war, daß er anordnete, die Angelegenheit die ersten Tage geheim zu behandeln – eine Anordnung, die er nur mit dem Einsatz seiner ganzen Persönlichkeit durchzubringen vermochte. »Man weiß zu wenig und die Zeitungen sind sowieso das

Überflüssigste, was in den letzten zweitausend Jahren erfunden worden ist«, meinte er.

Bärlach schien sich von diesem geheimen Vorgehen offenbar viel zu versprechen, im Gegensatz zu seinem »Chef«, Dr. Lucius Lutz, der auch auf der Universität über Kriminalistik las. Dieser Beamte, in dessen stadtbernisches Geschlecht ein Basler Erbonkel wohltuend eingegriffen hatte, war eben von einem Besuch der New Yorker und Chicagoer Polizei nach Bern zurückgekehrt und erschüttert »über den vorweltlichen Stand der Verbrecherabwehr der schweizerischen Bundeshauptstadt«, wie er zu Polizeidirektor Freiberger anläßlich einer gemeinsamen Heimfahrt im Tram offen sagte.

Noch am gleichen Morgen ging Bärlach – nachdem er noch einmal mit Biel telephoniert hatte – zu der Familie Schönler an der Bantigerstraße, wo Schmied gewohnt hatte. Bärlach schritt zu Fuß die Altstadt hinunter und über die Nydeggbrücke, wie er es immer gewohnt war, denn Bern war seiner Ansicht nach eine viel zu kleine Stadt für »Trams und dergleichen«.

Die Haspeltreppen stieg er etwas mühsam hinauf, denn er war über sechzig und spürte das in solchen Momenten; doch befand er sich bald vor dem Hause Schönler und läutete.

Es war Frau Schönler selbst, die öffnete, eine kleine, dicke, nicht unvornehme Dame, die Bärlach sofort einließ, da sie ihn kannte.

»Schmied mußte diese Nacht dienstlich verreisen«, sagte Bärlach, »ganz plötzlich mußte er gehen, und er hat mich gebeten, ihm etwas nachzuschicken. Ich bitte Sie, mich in sein Zimmer zu führen, Frau Schönler.«

Die Dame nickte, und sie gingen durch den Korridor an einem großen Bilde in schwerem Goldrahmen vorbei. Bärlach schaute hin, es war die Toteninsel.

»Wo ist Herr Schmied denn?« fragte die dicke Frau, indem sie das Zimmer öffnete.

»Im Ausland«, sagte Bärlach und schaute nach der Decke hinauf.

Das Zimmer lag zu ebener Erde, und durch die Gartentüre sah man in einen kleinen Park, in welchem alte, braune Tannen standen, die krank sein mußten, denn der Boden war dicht mit Nadeln bedeckt. Es mußte das schönste Zimmer des Hauses sein. Bärlach ging zum Schreibtisch und schaute sich aufs neue um. Auf dem Diwan lag eine Krawatte des Toten.

»Herr Schmied ist sicher in den Tropen, nicht wahr, Herr Bärlach«, fragte ihn Frau Schönler neugierig. Bärlach war etwas erschrocken: »Nein, er ist nicht in den Tropen, er ist mehr in der Höhe.«

Frau Schönler machte runde Augen und schlug die Hände über dem Kopf zusammen. »Mein Gott, im Himalaya?«

»So ungefähr«, sagte Bärlach, »Sie haben es beinahe erraten.« Er öffnete eine Mappe, die auf dem Schreibtisch lag, und die er sogleich unter den Arm klemmte.

»Sie haben gefunden, was sie Herrn Schmied nachschicken müssen?«

»Das habe ich.«

Er schaute sich noch einmal um, vermied es aber, ein zweites Mal nach der Krawatte zu blicken.

»Er ist der beste Untermieter, den wir je gehabt haben, und nie gab's Geschichten mit Damen oder so«, versicherte Frau Schönler.

Bärlach ging zur Türe: »Hin und wieder werde ich einen Beamten schicken oder selber kommen. Schmied hat noch wichtige Dokumente hier, die wir vielleicht brauchen.«

»Werde ich von Herrn Schmied eine Postkarte aus dem Ausland erhalten?« wollte Frau Schönler noch wissen. »Mein Sohn sammelt Briefmarken.«

Aber Bärlach runzelte die Stirne und bedauerte, indem er Frau Schönler nachdenklich ansah: »Wohl kaum, denn von solchen dienstlichen Reisen schickt man gewöhnlich keine Postkarten. Das ist verboten.«

Da schlug Frau Schönler aufs neue die Hände über dem Kopf zusammen und meinte verzweifelt: »Was die Polizei nicht alles verbietet!«

Bärlach ging und war froh, aus dem Hause hinaus zu sein.

Zweites Kapitel

Tief in Gedanken versunken, aß er gegen seine Gewohnheit nicht in der Schmiedstube, sondern im Du Théâtre zu Mittag, aufmerksam in der Mappe blätternd und lesend, die er von Schmieds Zimmer geholt hatte, und kehrte dann nach einem kurzen Spaziergang über die Bundesterrasse gegen zwei Uhr auf sein Bureau zurück, wo ihn die Nachricht erwartete, daß der tote Schmied nun von Biel angekommen sei. Er verzichtete jedoch darauf, seinem ehemaligen Untergebenen einen Besuch abzustatten, denn er liebte Tote nicht und ließ sie daher meistens in Ruhe. Den Besuch bei Lutz hätte er auch gern unterlassen, doch mußte er sich fügen. Er verschloß Schmieds Mappe sorgfältig in seinem Schreibtisch, ohne sie noch einmal durchzublättern, zündete sich eine Zigarre an und ging in Lutzens Bureau, wohl wissend, daß sich der jedesmal über die Freiheit ärgerte, die sich der Alte mit seinem Zigarrenrauchen herausnahm. Nur einmal vor Jahren hatte Lutz eine Bemerkung gewagt; aber mit einer verächtlichen Handbewegung hatte Bärlach geantwortet, er sei unter anderem zehn Jahre in türkischen Diensten gestanden und habe immer in den Zimmern seiner Vorgesetzten in Konstantinopel geraucht, eine Bemerkung, die um so gewichtiger war, als sie nie nachgeprüft werden konnte.

Dr. Lucius Lutz empfing Bärlach nervös, da seiner Meinung nach noch nichts unternommen worden war, und wies ihm einen bequemen Sessel in der Nähe seines Schreibtisches an.

»Noch nichts aus Biel?« fragte Bärlach.

»Noch nichts«, antwortete Lutz.

»Merkwürdig«, sagte Bärlach, »dabei arbeiten die doch wie wild.«

Bärlach setzte sich und sah flüchtig nach den Traffelet-Bildern, die an den Wänden hingen, farbige Federzeichnungen, auf denen bald mit und bald ohne General unter einer großen flatternden Fahne Soldaten entweder von links nach rechts oder von rechts nach links marschierten.

»Es ist«, begann Lutz, »wieder einmal mit einer immer neuen, steigenden Angst zu sehen, wie sehr die Kriminalistik in diesem Lande noch in den Kinderschuhen steckt. Ich bin, weiß Gott, an vieles im Kanton gewöhnt, aber das Verfahren, wie man es hier einem toten Polizeileutnant gegenüber offenbar für natürlich ansieht, wirft ein so schreckliches Licht auf die berufliche Fähigkeit unserer Dorfpolizei, daß ich noch jetzt erschüttert bin.«

»Beruhigen Sie sich, Doktor Lutz«, antwortete Bärlach, »unsere Dorfpolizei ist ihrer Aufgabe sicher ebenso sehr gewachsen wie die Polizei von Chicago, und wir werden schon noch herausfinden, wer den Schmied getötet hat.«

»Haben Sie irgendwen im Verdacht, Kommissär Bärlach?«

Bärlach sah Lutz lange an und sagte endlich: »Ja, ich habe irgendwen im Verdacht, Doktor Lutz.«

»Wen denn?«

»Das kann ich Ihnen noch nicht sagen.«

»Nun, das ist ja interessant«, sagte Lutz, »ich weiß, daß Sie immer bereit sind, Kommissär Bärlach, einen Fehlgriff gegen die großen Erkenntnisse der modernen wissenschaftlichen Kriminalistik zu beschönigen. Vergessen Sie jedoch nicht, daß die Zeit fortschreitet und auch vor dem berühmtesten Kriminalisten nicht haltmacht. Ich habe in New York und Chicago Verbrechen gesehen, von denen Sie in unserem lieben Bern doch wohl nicht die richtige Vorstellung haben. Nun ist aber ein Polizeileutnant ermordet worden, das sichere Anzeichen, daß es auch hier im Gebäude der öffentlichen Sicherheit zu krachen beginnt, und da heißt es rücksichtslos eingreifen.«

Gewiß, das tue er ja auch, antwortete Bärlach.

Dann sei es ja gut, entgegnete Lutz und hustete.

An der Wand tickte eine Uhr.

Bärlach legte seine linke Hand sorgfältig auf den

Magen und drückte mit der rechten die Zigarre im Aschenbecher aus, den ihm Lutz hingestellt hatte. Er sei, sagte er, seit längerer Zeit nicht mehr so ganz gesund, der Arzt wenigstens mache ein langes Gesicht. Er leide oft an Magenbeschwerden, und er bitte deshalb Doktor Lutz, ihm einen Stellvertreter in der Mordsache Schmied beizugeben, der das Hauptsächliche ausführen könnte, Bärlach wolle dann den Fall mehr vom Schreibtisch aus behandeln. Lutz war einverstanden. »Wen denken Sie sich als Stellvertreter?« fragte er.

»Tschanz«, sagte Bärlach. »Er ist zwar noch in den Ferien im Berner Oberland, aber man kann ihn ja heimholen.«

Lutz entgegnete: »Ich bin mit ihm einverstanden. Tschanz ist ein Mann, der immer bemüht ist, kriminalistisch auf der Höhe zu bleiben.«

Dann wandte er Bärlach den Rücken zu und schaute zum Fenster auf den Waisenhausplatz hinaus, der voller Kinder war.

Plötzlich überkam ihn eine unbändige Lust, mit Bärlach über den Wert der modernen wissenschaftlichen Kriminalistik zu disputieren. Er wandte sich um, aber Bärlach war schon gegangen.

Wenn es auch schon gegen fünf ging, beschloß Bärlach doch noch an diesem Nachmittag nach Twann zum Tatort zu fahren. Er nahm Blatter mit, einen großen aufgeschwemmten Polizisten, der nie ein Wort sprach, den Bärlach deshalb liebte, und der auch den Wagen führte. In Twann wurden sie von Clenin empfangen, der ein trotziges Gesicht machte, da er einen Tadel erwartete. Der Kommissär war jedoch freundlich, schüttelte Clenin die Hand und sagte, daß es ihn freue, einen Mann kennenzulernen, der selber denken könne. Clenin war über dieses Wort stolz, obgleich er nicht recht wußte, wie es vom Alten gemeint war. Er führte Bärlach die Straße gegen den Tessenberg hinauf zum Tatort. Blatter trottete nach und war mürrisch, weil man zu Fuß ging.

Bärlach verwunderte sich über den Namen Lamboing.

»Lamlingen heißt das auf deutsch«, klärte ihn Clenin auf.

»So, so«, meinte Bärlach, »das ist schöner.«

Sie kamen zum Tatort. Die Straßenseite zu ihrer Rechten lag gegen Twann und war mit einer Mauer eingefaßt.

»Wo war der Wagen, Clenin?«

»Hier«, antwortete der Polizist und zeigte auf die Straße, »fast in der Straßenmitte«, und, da Bärlach kaum hinschaute: »Vielleicht wäre es besser gewesen, ich hätte den Wagen mit dem Toten noch hier stehenlassen.«

»Wieso?« sagte Bärlach und schaute die Jurafelsen empor. »Tote schafft man so schnell als möglich fort, die haben nichts mehr unter uns zu suchen. Sie haben schon recht getan, den Schmied nach Biel zu führen.«

Bärlach trat an den Straßenrand und sah nach Twann hinunter. Nur Weinberge lagen zwischen ihm und der alten Ansiedlung. Die Sonne war schon untergegangen. Die Straße krümmte sich wie eine Schlange zwischen den Häusern, und am Bahnhof stand ein langer Güterzug.

»Hat man denn nichts gehört da unten, Clenin?« fragte er. »Das Städtchen ist doch ganz nah, da müßte man jeden Schuß hören.«

»Man hat nichts gehört als den Motor die Nacht durch laufen, aber man hat nichts Schlimmes dabei gedacht.«

»Natürlich, wie sollte man auch.« Er sah wieder auf die Rebberge. »Wie ist der Wein dieses Jahr, Clenin?«

»Gut. Wir können ihn ja dann versuchen.«

»Das ist wahr, ein Glas Neuen möchte ich jetzt gerne trinken.«

Und er stieß mit seinem rechten Fuß auf etwas Hartes. Er bückte sich und hielt ein vorne breitgedrücktes, längliches, kleines Metallstück zwischen den hageren Fingern. Clenin und Blatter sahen neugierig hin.

»Eine Revolverkugel«, sagte Blatter.

»Wie Sie das wieder gemacht haben, Herr Kommissär!« staunte Clenin.

»Das ist nur Zufall«, sagte Bärlach, und sie gingen nach Twann hinunter.

Drittes Kapitel

Der neue Twanner schien Bärlach nicht gutgetan zu haben, denn er erklärte am nächsten Morgen, er habe die ganze Nacht erbrechen müssen. Lutz, der dem Kommissär auf der Treppe begegnete, war über dessen Befinden ehrlich besorgt und riet ihm, zum Arzt zu gehen.

»Schon, schon«, brummte Bärlach und meinte, er liebe die Ärzte noch weniger als die moderne wissenschaftliche Kriminalistik.

In seinem Bureau ging es ihm besser. Er setzte sich hinter den Schreibtisch und holte die eingeschlossene Mappe des Toten hervor.

Bärlach war noch immer in die Mappe vertieft, als sich um zehn Uhr Tschanz bei ihm meldete, der schon am Vortage spät nachts aus seinen Ferien heimgekehrt war.

Bärlach fuhr zusammen, denn im ersten Moment glaubte er, der tote Schmied komme zu ihm. Tschanz trug den gleichen Mantel wie Schmied und einen ähnlichen Filzhut. Nur das Gesicht war anders; es war ein gutmütiges, volles Antlitz.

»Es ist gut, daß Sie da sind, Tschanz«, sagte Bärlach. »Wir müssen den Fall Schmied besprechen. Sie sollen ihn der Hauptsache nach übernehmen, ich bin nicht so gesund.«

»Ja«, sagte Tschanz, »ich weiß Bescheid.«

Tschanz setzte sich, nachdem er den Stuhl an Bärlachs Schreibtisch gerückt hatte, auf den er nun den linken Arm legte. Auf dem Schreibtisch war die Mappe Schmieds aufgeschlagen.

Bärlach lehnte sich in seinen Sessel zurück. »Ihnen kann ich es ja sagen«, begann er, »ich habe zwischen Konstantinopel und Bern Tausende von Polizeimännern gesehen, gute und schlechte. Viele waren nicht besser als das arme Gesindel, mit dem wir die Gefängnisse aller Art bevölkern, nur daß sie zufällig auf der andern Seite des Gesetzes standen. Aber auf den Schmied lasse ich nichts kommen, der war der begabteste. Der war berechtigt, uns alle einzustecken. Er war ein klarer Kopf, der wußte, was er wollte, und verschwieg, was er wußte, um nur dann zu reden, wenn es nötig war. An dem müssen wir uns ein Beispiel nehmen, Tschanz, der war uns über.«

Tschanz wandte seinen Kopf langsam Bärlach zu, denn er hatte zum Fenster hinausgesehen, und sagte: »Das ist möglich.«

Bärlach sah es ihm an, daß er nicht überzeugt war.

»Wir wissen nicht viel über seinen Tod«, fuhr der Kommissär fort, »diese Kugel, das ist alles«, und damit legte er die Kugel auf den Tisch, die er in Twann gefunden hatte. Tschanz nahm sie und schaute sie an.

»Die kommt aus einem Armeerevolver«, sagte er und gab die Kugel wieder zurück.

Bärlach klappte die Mappe auf seinem Schreibtisch zu: »Vor allem wissen wir nicht, was Schmied in Twann oder Lamlingen zu suchen hatte. Dienstlich war er nicht am Bielersee, ich hätte von dieser Reise gewußt. Es fehlt uns jedes Motiv, das seine Reise dorthin auch nur ein wenig wahrscheinlich machen würde.«

Tschanz hörte auf das, was Bärlach sagte, nur halb hin, legte ein Bein über das andere und bemerkte: »Wir wissen nur, wie Schmied ermordet wurde.«

»Wie wollen Sie das nun wieder wissen?« fragte der Kommissär nicht ohne Überraschung nach einer Pause.

»Schmieds Wagen hat das Steuer links, und Sie haben die Kugel am linken Straßenrand gefunden, vom Wagen aus gesehen; dann hat man in Twann den Motor die Nacht durch laufen gehört. Schmied wurde vom Mörder angehalten, wie er von Lamboing nach Twann hinunterfuhr. Wahrscheinlich kannte er den Mörder, weil er sonst nicht gestoppt hätte. Schmied öffnete die rechte Wagentüre, um den Mörder aufzunehmen, und setzte sich wieder ans Steuer. In diesem Augenblick wurde er erschossen. Schmied muß keine Ahnung von der Absicht des Mannes gehabt haben, der ihn getötet hat.«

Bärlach überlegte sich das noch einmal und sagte dann: »Jetzt will ich mir doch eine Zigarre anzünden«, und darauf, wie er sie in Brand gesteckt hatte: »Sie haben recht, Tschanz, so ähnlich muß es zugegangen sein zwischen Schmied und seinem Mörder, ich will Ihnen das glauben. Aber das erklärt immer noch nicht, was

Schmied auf der Straße von Twann nach Lamlingen zu suchen hatte.«

Tschanz gab zu bedenken, daß Schmied unter seinem Mantel einen Gesellschaftsanzug getragen habe.

»Das wußte ich ja gar nicht«, sagte Bärlach.

»Ja, haben Sie denn den Toten nicht gesehen?«

»Nein, ich liebe Tote nicht.«

»Aber es stand doch auch im Protokoll.«

»Ich liebe Protokolle noch weniger.«

Tschanz schwieg.

Bärlach jedoch konstatierte: »Das macht den Fall nur noch komplizierter. Was wollte Schmied mit einem Gesellschaftsanzug in der Twannbachschlucht?«

Das mache den Fall vielleicht einfacher, antwortete Tschanz; es wohnten in der Gegend von Lamboing sicher nicht viele Leute, die in der Lage seien, Gesellschaften zu geben, an denen man einen Frack trage.

Er zog einen kleinen Taschenkalender hervor und erklärte, daß dies Schmieds Kalender sei.

»Ich kenne ihn«, nickte Bärlach, »es steht nichts drin, was wichtig ist.«

Tschanz widersprach: »Schmied hat sich für Mittwoch den zweiten November ein G notiert. An diesem Tage ist er kurz vor Mitternacht ermordet worden, wie der Gerichtsmediziner meint. Ein weiteres G steht am Mittwoch, dem sechsundzwanzigsten, und wieder am Dienstag dem achtzehnten Oktober.«

»G kann alles Mögliche heißen«, sagte Bärlach, »ein Frauenname oder sonst was.«

»Ein Frauenname kann es kaum sein«, erwiderte Tschanz, »Schmieds Freundin heißt Anna, und Schmied war solid.«

»Von der weiß ich auch nichts«, gab der Kommissär zu; und wie er sah, daß Tschanz über seine Unkenntnis erstaunt war, sagte er: »Mich interessiert eben nur, wer Schmieds Mörder ist, Tschanz.«

Der sagte höflich: »Natürlich«, schüttelte den Kopf und lachte: »Was Sie doch für ein Mensch sind, Kommissär Bärlach.«

Bärlach sprach ganz ernsthaft: »Ich bin ein großer alter schwarzer Kater, der gern Mäuse frißt.«

Tschanz wußte nicht recht, was er darauf erwidern sollte, und erklärte endlich: »An den Tagen, die mit G bezeichnet sind, hat Schmied jedesmal den Frack angezogen und ist mit seinem Mercedes davongefahren.«

»Woher wissen Sie das wieder?«

»Von Frau Schönler.«

»So so«, antwortete Bärlach und schwieg. Aber dann meinte er: »Ja, das sind Tatsachen.«

Tschanz schaute dem Kommissär aufmerksam ins Gesicht, zündete sich eine Zigarette an und sagte zögernd: »Herr Doktor Lutz sagte mir, Sie hätten einen bestimmten Verdacht.«

»Ja, den habe ich, Tschanz.«

»Da ich nun Ihr Stellvertreter in der Mordsache Schmied geworden bin, wäre es nicht vielleicht besser, wenn Sie mir sagen würden, gegen wen sich Ihr Verdacht richtet, Kommissär Bärlach?«

»Sehen Sie«, antwortete Bärlach langsam, ebenso sorgfältig jedes Wort überlegend wie Tschanz, »mein Verdacht ist nicht ein kriminalistisch wissenschaftlicher Verdacht. Ich habe keine Gründe, die ihn rechtfertigen. Sie haben gesehen, wie wenig ich weiß. Ich habe eigentlich nur eine Idee, wer als Mörder in Betracht kommen könnte; aber der, den es angeht, muß die Beweise, daß er es gewesen ist, noch liefern.«

»Wie meinen Sie das, Kommissär?« fragte Tschanz.

Bärlach lächelte: »Nun, ich muß warten, bis die Indizien zum Vorschein gekommen sind, die seine Verhaftung rechtfertigen.«

»Wenn ich mit Ihnen zusammenarbeiten soll, muß ich wissen, gegen wen sich meine Untersuchung richten muß«, erklärte Tschanz höflich.

»Vor allem müssen wir objektiv bleiben. Das gilt für mich, der ich einen Verdacht habe, und für Sie, der den Fall zur Hauptsache untersuchen wird. Ob sich mein Verdacht bestätigt, weiß ich nicht. Ich warte Ihre Untersuchung ab. Sie haben Schmieds Mörder festzustellen, ohne Rücksicht darauf, daß ich einen bestimmten Verdacht habe. Wenn der, den ich verdächtige, der Mörder ist, werden Sie selbst auf ihn stoßen, freilich im Gegensatz zu mir auf eine einwandfreie, wissenschaftliche Weise; wenn er es nicht ist, werden Sie den Richtigen gefunden haben, und es wird nicht nötig gewesen sein, den Namen des Menschen zu wissen, den ich falsch verdächtigt habe.«

Sie schwiegen eine Weile, dann fragte der Alte: »Sind Sie mit unserer Arbeitsweise einverstanden?«

Tschanz zögerte einen Augenblick, bevor er antwortete: »Gut, ich bin einverstanden.«

»Was wollen Sie nun tun, Tschanz?«

Der Gefragte trat zum Fenster: »Für heute hat sich Schmied ein G angezeichnet. Ich will nach Lamboing fahren und sehen, was ich herausfinde. Ich fahre um sieben, zur selben Zeit wie das Schmied auch immer getan hat, wenn er nach dem Tessenberg gefahren ist.«

Er kehrte sich wieder um und fragte höflich, aber wie zum Scherz: »Fahren Sie mit, Kommissär?«

»Ja, Tschanz, ich fahre mit«, antwortete der unerwartet.

»Gut«, sagte Tschanz etwas verwirrt, denn er hatte nicht damit gerechnet, »um sieben.«

In der Türe kehrte er sich noch einmal um: »Sie waren doch auch bei Frau Schönler, Kommissär Bärlach. Haben Sie denn dort nichts gefunden?« Der Alte antwortete nicht sogleich, sondern verschloß erst die Mappe im Schreibtisch und nahm dann den Schlüssel an sich.

»Nein, Tschanz«, sagte er endlich, »ich habe nichts gefunden. Sie können nun gehen.«

Viertes Kapitel

Um sieben Uhr fuhr Tschanz zu Bärlach in den Altenberg, wo der Kommissär seit dreiunddreißig in einem Hause an der Aare wohnte. Es regnete, und der schnelle Polizeiwagen kam in der Kurve bei der Nydeckbrücke ins Gleiten. Tschanz fing ihn jedoch gleich wieder auf. In der Altenbergstraße fuhr er langsam, denn er war noch nie bei Bärlach gewesen, und spähte durch die nassen Scheiben nach dessen Hausnummer, die er mühsam erriet. Doch regte sich auf sein wiederholtes Hupen niemand im Haus. Tschanz verließ den Wagen und eilte durch den Regen zur Haustüre. Er drückte nach kurzem Zögern die Falle nieder, da er in der Dunkelheit keine

Klingel finden konnte. Die Türe war unverschlossen, und Tschanz trat in einen Vorraum. Er sah sich einer halboffenen Türe gegenüber, durch die ein Lichtstrahl fiel. Er schritt auf die Türe zu und klopfte, erhielt jedoch keine Antwort, worauf er sie ganz öffnete. Er blickte in eine Halle. An den Wänden standen Bücher, und auf dem Diwan lag Bärlach. Der Kommissär schlief, doch schien er schon zur Fahrt an den Bielersee bereit zu sein, denn er war im Wintermantel. In der Hand hielt er ein Buch. Tschanz hörte seine ruhigen Atemzüge und war verlegen. Der Schlaf des Alten und die vielen Bücher kamen ihm unheimlich vor. Er sah sich sorgfältig um. Der Raum besaß keine Fenster, doch in jeder Wand eine Türe, die zu weiteren Zimmern führen mußte. In der Mitte stand ein großer Schreibtisch. Tschanz erschrak, als er ihn erblickte, denn auf ihm lag eine große, eherne Schlange.

»Die habe ich aus Konstantinopel mitgebracht«, kam nun eine ruhige Stimme vom Diwan her, und Bärlach erhob sich.

»Sie sehen, Tschanz, ich bin schon im Mantel. Wir können gehen.«

»Entschuldigen Sie mich«, sagte der Angeredete immer noch überrascht, »Sie schliefen und haben mein Kommen nicht gehört. Ich habe keine Klingel an der Haustüre gefunden.«

»Ich habe keine Klingel. Ich brauche sie nicht; die Haustüre ist nie geschlossen.«

»Auch wenn Sie fort sind?«

»Auch wenn ich fort bin. Es ist immer spannend, heimzukehren und zu sehen, ob einem etwas gestohlen worden ist oder nicht.«

Tschanz lachte und nahm die Schlange aus Konstantinopel in die Hand.

»Mit der bin ich einmal fast getötet worden«, bemerkte
der Kommissär etwas spöttisch, und Tschanz erkannte
erst jetzt, daß der Kopf des Tieres als Griff zu benutzen
war und dessen Leib die Schärfe einer Klinge besaß.
Verdutzt betrachtete er die seltsamen Ornamente, die auf
der schrecklichen Waffe funkelten. Bärlach stand neben
ihm.

»Seid klug wie die Schlangen«, sagte er und musterte
Tschanz lange und nachdenklich. Dann lächelte er: »Und
sanft wie die Tauben«, und tippte Tschanz leicht auf die
Schultern. »Ich habe geschlafen. Seit Tagen das erste Mal.
Der verfluchte Magen.«

»Ist es denn so schlimm«, fragte Tschanz.

»Ja, es ist so schlimm«, entgegnete der Kommissär
kaltblütig.

»Sie sollten zu Hause bleiben, Herr Bärlach, es ist
kaltes Wetter und es regnet.«

Bärlach schaute Tschanz aufs neue an und lachte:
»Unsinn, es gilt einen Mörder zu finden. Das könnte
Ihnen gerade so passen, daß ich zu Hause bleibe.«

Wie sie nun im Wagen saßen und über die Nydeggbrücke
fuhren, sagte Bärlach: »Warum fahren Sie nicht über den
Aargauerstalden nach Zollikofen, Tschanz, das ist doch
näher als durch die Stadt?«

»Weil ich nicht über Zollikofen-Biel nach Twann will,
sondern über Kerzers-Erlach.«

»Das ist eine ungewöhnliche Route, Tschanz.«

»Eine gar nicht so ungewöhnliche, Kommissär.«

Sie schwiegen wieder. Die Lichter der Stadt glitten an

ihnen vorbei. Aber wie sie nach Bethlehem kamen, fragte Tschanz:

»Sind Sie schon einmal mit Schmied gefahren?«

»Ja, öfters. Er war ein vorsichtiger Fahrer.« Und Bärlach blickte nachdenklich auf den Geschwindigkeitsmesser, der fast Hundertzehn zeigte.

Tschanz mäßigte die Geschwindigkeit ein wenig. »Ich bin einmal mit Schmied gefahren, langsam wie der Teufel, und ich erinnere mich, daß er seinem Wagen einen sonderbaren Namen gegeben hatte. Er nannte ihn, als er tanken mußte. Können Sie sich an diesen Namen erinnern? Er ist mir entfallen.«

»Er nannte seinen Wagen den blauen Charon«, antwortete Bärlach.

»Charon ist ein Name aus der griechischen Sage, nicht wahr?«

»Charon fuhr die Toten in die Unterwelt hinüber, Tschanz.«

»Schmied hatte reiche Eltern und durfte das Gymnasium besuchen. Das konnte sich unsereiner nicht leisten. Da wußte er eben, wer Charon war, und wir wissen es nicht.«

Bärlach steckte die Hände in die Manteltaschen und blickte von neuem auf den Geschwindigkeitsmesser. »Ja, Tschanz«, sagte er, »Schmied war gebildet, konnte Griechisch und Lateinisch und hatte eine große Zukunft vor sich als Studierter, aber trotzdem würde ich nicht mehr als Hundert fahren.«

Kurz nach Gümmenen, bei einer Tankstelle, hielt der Wagen jäh an. Ein Mann trat zu ihnen und wollte sie bedienen.

»Polizei«, sagte Tschanz. »Wir müssen eine Auskunft haben.«

Sie sahen undeutlich ein neugieriges und etwas erschrockenes Gesicht, das sich in den Wagen beugte.

»Hat bei Ihnen ein Autofahrer vor zwei Tagen angehalten, der seinen Wagen den blauen Charon nannte?« Der Mann schüttelte verwundert den Kopf, und Tschanz fuhr weiter. »Wir werden den nächsten fragen.«

An der Tankstelle von Kerzers wußte man auch nichts. Bärlach brummte: »Was Sie treiben, hat keinen Sinn.«

Bei Erlach hatte Tschanz Glück. So einer sei am Mittwochabend dagewesen, erklärte man ihm.

»Sehen Sie«, meinte Tschanz, wie sie bei Landeron in die Straße Neuenburg–Biel einbogen, »jetzt wissen wir, daß Schmied am Mittwochabend über Kerzers–Ins gefahren ist.«

»Sind Sie sicher?« fragte der Kommissär.

»Ich habe Ihnen den lückenlosen Beweis geliefert.«

»Ja, der Beweis ist lückenlos. Aber was nützt Ihnen das, Tschanz?« wollte Bärlach wissen.

»Das ist nun eben so. Alles, was wir wissen, hilft uns weiter«, gab der zur Antwort.

»Da haben Sie wieder einmal recht«, sagte darauf der Alte und spähte nach dem Bielersee. Es regnete nicht mehr. Nach Neuveville kam der See aus den Nebelfetzen zum Vorschein. Sie fuhren in Ligerz ein. Tschanz fuhr langsam und suchte die Abzweigung nach Lamboing.

Nun kletterte der Wagen die Weinberge hinauf. Bärlach öffnete das Fenster und blickte auf den See hinunter. Über der Petersinsel standen einige Sterne. Im Wasser spiegelten sich die Lichter, und über den See raste ein Motorboot. Spät um diese Jahreszeit, dachte Bärlach. Vor ihnen in der Tiefe lag Twann und hinter ihnen Ligerz.

Sie nahmen eine Kurve und fuhren nun gegen den Wald, den sie vor sich in der Nacht ahnten. Tschanz schien etwas unsicher und meinte, vielleicht gehe dieser Weg nur nach Schernelz. Als ihnen ein Mann entgegenkam, stoppte er. »Geht es hier nach Lamboing?«

»Nur immer weiter und bei der weißen Häuserreihe am Waldrand rechts in den Wald hinein«, antwortete der Mann, der in einer Lederjacke steckte und seinem Hündchen pfiff, das weiß mit einem schwarzen Kopf im Scheinwerferlicht tänzelte.

»Komm, Ping-Ping!«

Sie verließen die Weinberge und waren bald im Wald. Die Tannen schoben sich ihnen entgegen, endlose Säulen im Licht. Die Straße war schmal und schlecht, hin und wieder klatschte ein Ast gegen die Scheiben. Rechts von ihnen ging es steil hinunter. Tschanz fuhr so langsam, daß sie ein Wasser in der Tiefe rauschen hörten.

»Die Twannbachschlucht«, erklärte Tschanz. »Auf der andern Seite kommt die Straße von Twann.«

Links stiegen Felsen in die Nacht und leuchteten immer wieder weiß auf. Sonst war alles dunkel, denn es war erst Neumond gewesen. Der Weg stieg nicht mehr, und der Bach rauschte jetzt neben ihnen. Sie bogen nach links und fuhren über eine Brücke. Vor ihnen lag eine Straße. Die Straße von Twann nach Lamboing. Tschanz hielt.

Er löschte die Scheinwerfer, und sie waren in völliger Finsternis.

»Was jetzt?« meinte Bärlach.

»Jetzt warten wir. Es ist zwanzig vor acht.«

Fünftes Kapitel

Wie sie nun warteten und es acht Uhr wurde, aber nichts geschah, sagte Bärlach, daß es nun Zeit sei, von Tschanz zu vernehmen, was er vorhabe.

»Nichts genau Berechnetes, Kommissär. So weit bin ich im Fall Schmied nicht, und auch Sie tappen ja noch im Dunkeln, wenn Sie auch einen Verdacht haben. Ich setze heute alles auf die Möglichkeit, daß es diesen Abend dort, wo Schmied am Mittwoch war, eine Gesellschaft gibt, zu der vielleicht einige gefahren kommen; denn eine Gesellschaft, bei der man heutzutage den Frack trägt, muß ziemlich groß sein. Das ist natürlich nur eine Vermutung, Kommissär Bärlach, aber Vermutungen sind nun einmal in unserem Berufe da, um ihnen nachzugehen.«

Die Untersuchung über Schmieds Aufenthalt auf dem Tessenberg durch die Polizei von Biel, Neuenstadt, Twann und Lamboing habe nichts zutage gebracht, warf der Kommissär ziemlich skeptisch in die Überlegungen seines Untergebenen ein.

Schmied sei eben einem Mörder zum Opfer gefallen, der geschickter als die Polizei von Biel und Neuenstadt sein müsse, entgegnete Tschanz.

Bärlach brummte, wie er das wissen wolle?

»Ich verdächtige niemanden«, sagte Tschanz. »Aber ich habe Respekt vor dem, der den Schmied getötet hat; insofern hier Respekt am Platz ist.«

Bärlach hörte unbeweglich zu, die Schultern etwas hochgezogen: »Und Sie wollen diesen Mann fangen, Tschanz, vor dem Sie Respekt haben?«

»Ich hoffe, Kommissär.«

Sie schwiegen wieder und warteten; da leuchtete der Wald von Twann her auf. Ein Scheinwerfer tauchte sie in grelles Licht. Eine Limousine fuhr an ihnen Richtung Lamboing vorbei und verschwand in der Nacht.

Tschanz setzte den Motor in Gang. Zwei weitere Automobile kamen daher, große, dunkle Wagen voller Menschen. Tschanz fuhr ihnen nach.

Der Wald hörte auf. Sie kamen an einem Restaurant vorbei, dessen Schild im Lichte einer offenen Türe stand, an Bauernhäusern, während vor ihnen das Schlußlicht des letzten Wagens leuchtete.

Sie erreichten die weite Ebene des Tessenbergs. Der Himmel war reingefegt, riesig brannten die sinkende Wega, die aufsteigende Capella, Aldebaran und die Feuerflamme des Jupiter am Himmel.

Die Straße wandte sich nach Norden, und vor ihnen zeichneten sich die dunklen Linien des Spitzbergs und des Chasserals ab, zu deren Füßen einige Lichter flackerten, die Dörfer Lamboing, Diesse und Nods.

Da bogen die Wagen vor ihnen nach links in einen Feldweg ein, und Tschanz hielt. Er drehte die Scheibe nieder, um sich hinausbeugen zu können. Im Felde draußen erkannten sie undeutlich ein Haus, von Pappeln umrahmt, dessen Eingang erleuchtet war und vor dem die Wagen hielten. Die Stimmen drangen herüber, dann ergoß sich alles ins Haus, und es wurde still. Das Licht über dem Eingang erlosch. »Sie erwarten niemand mehr«, sagte Tschanz.

Bärlach stieg aus und atmete die kalte Nachtluft. Es tat ihm wohl und er schaute zu, wie Tschanz den Wagen über die rechte Straßenseite hinaus halb in die Matte steuerte, denn der Weg nach Lamboing war schmal. Nun stieg auch Tschanz aus und kam zum Kommissär. Sie schritten über den Feldweg auf das Haus im Felde zu. Der Boden war lehmig und Pfützen hatten sich angesammelt, es hatte auch hier geregnet.

Dann kamen sie an eine niedere Mauer, doch war das Tor geschlossen, das sie unterbrach. Seine rostigen Eisenstangen überragten die Mauer, über die sie zum Hause blickten.

Der Garten war kahl, und zwischen den Pappeln lagen wie große Tiere die Limousinen; Lichter waren keine zu erblicken. Alles machte einen öden Eindruck.

In der Dunkelheit erkannten sie mühsam, daß in der Mitte der Gittertüre ein Schild befestigt war. An einer Stelle mußte sich die Tafel gelöst haben; sie hing schräg. Tschanz ließ die Taschenlampe aufleuchten, die er vom Wagen mitgenommen hatte: auf dem Schild war ein großes G abgebildet.

Sie standen wiederum im Dunkeln. »Sehen Sie«, sagte Tschanz, »meine Vermutung war richtig. Ich habe ins Blaue geschossen und ins Schwarze getroffen.« Und dann bat er zufrieden:

»Geben Sie mit jetzt eine Zigarre, Kommissär, ich habe eine verdient.«

Bärlach bot ihm eine an. »Nun müssen wir noch wissen, was G heißt.«

»Das ist kein Problem: Gastmann.«

»Wieso?«

»Ich habe im Telephonbuch nachgeschaut. Es gibt nur zwei G in Lamboing.«

Bärlach lachte verblüfft, aber dann sagte er:

»Kann es nicht auch das andere G sein?«

»Nein, das ist die Gendarmerie. Oder glauben Sie, daß ein Gendarm etwas mit dem Mord zu tun habe?«

»Es ist alles möglich, Tschanz«, antwortete der Alte.

Und Tschanz zündete ein Streichholz an, hatte jedoch Mühe, im starken Wind, der jetzt die Pappeln voller Wut schüttelte, seine Zigarre in Brand zu stecken.

Sechstes Kapitel

Er begreife nicht, wunderte sich Bärlach, warum die Polizei von Lamboing, Diesse und Lignières nicht auf diesen Gastmann gekommen sei, sein Haus läge doch im offenen Feld, von Lamboing aus leicht zu überblicken, und eine Gesellschaft sei hier in keiner Weise zu verheimlichen, ja geradezu auffallend, besonders in einem so kleinen Jura-Nest. Tschanz antwortete, daß er dafür auch noch keine Erklärung wisse.

Darauf beschlossen sie, um das Haus herum zu gehen. Sie trennten sich; jeder nahm eine andere Seite.

Tschanz verschwand in der Nacht und Bärlach war allein. Er ging nach rechts. Er schlug den Mantelkragen hoch, denn er fror. Er fühlte wieder den schweren Druck auf dem Magen, die heftigen Stiche, und auf seiner Stirne lag kalter Schweiß. Er ging der Mauer entlang und bog dann wie sie nach rechts. Das Haus lag noch immer in völliger Finsternis da.

Er blieb von neuem stehen und lehnte sich gegen die Mauer. Er sah am Waldrand die Lichter von Lamboing, worauf er weiterschritt. Aufs neue änderte die Mauer ihre Richtung, nun nach Westen. Die Hinterwand des Hauses war erleuchtet, aus einer Fensterreihe des ersten Stocks brach helles Licht. Er vernahm die Töne eines Flügels, und wie er näher hinhorchte, stellte er fest, daß jemand Bach spielte.

Er schritt weiter. Er mußte nun nach seiner Berechnung auf Tschanz stoßen, und er sah angestrengt auf das mit Licht überflutete Feld, bemerkte jedoch zu spät, daß wenige Schritte vor ihm ein Tier stand.

Bärlach war ein guter Tierkenner; aber ein so riesenhaftes Wesen hatte er noch nie gesehen. Obgleich er keine Einzelheiten unterschied, sondern nur die Silhouette erkannte, die sich von der helleren Fläche des Bodens abhob, schien die Bestie von einer so grauenerregenden Art, daß Bärlach sich nicht rührte. Er sah, wie das Tier langsam, scheinbar zufällig, den Kopf wandte und ihn anstarrte. Die runden Augen blickten wie zwei helle, aber leere Flächen.

Das Unvermutete der Begegnung, die Mächtigkeit des Tieres und das Seltsame der Erscheinung lähmten ihn. Zwar verließ ihn die Kühle seiner Vernunft nicht, aber er hatte die Notwendigkeit des Handelns vergessen. Er sah nach dem Tier, unerschrocken, aber gebannt. So hatte ihn das Böse immer wieder in seinen Bann gezogen, das große Rätsel, das zu lösen ihn immer wieder aufs neue verlockte.

Und wie nun der Hund plötzlich ansprang, ein riesenhafter Schatten, der sich auf ihn stürzte, ein entfesseltes Ungeheuer an Kraft und Mordlust, so daß er von der Wucht der sinnlos rasenden Bestie niedergerissen wurde, kaum daß er den linken Arm schützend vor seine Kehle halten konnte, gab der Alte keinen Laut von sich und keinen Schrei des Schreckens, so sehr schien ihm alles natürlich und in die Gesetze dieser Welt eingeordnet.

Doch schon hörte er, noch bevor das Tier den Arm, der ihm im Rachen lag, zermalmte, das Peitschen eines Schusses; der Leib über ihm zuckte zusammen, und warmes Blut ergoß sich über seine Hand. Der Hund war tot.

Schwer lag nun die Bestie auf ihm, und Bärlach fuhr mit der Hand über sie, über ein glattes, schweißiges Fell. Er erhob sich mühsam und zitternd, wischte die Hand am spärlichen Gras ab. Tschanz kam und verbarg im Näherschreiten den Revolver wieder in der Manteltasche.

»Sind Sie unverletzt, Kommissär?« fragte er und sah mißtrauisch nach dessen zerfetztem linken Ärmel.

»Völlig. Das Biest konnte nicht durchbeißen.«

Tschanz beugte sich nieder und drehte den Kopf des Tieres dem Lichte zu, das sich in den toten Augen brach.

»Zähne wie ein Raubtier«, sagte er und schüttelte sich, »das Biest hätte Sie zerrissen, Kommissär.«

»Sie haben mir das Leben gerettet, Tschanz.«

Der wollte noch wissen: »Tragen Sie denn nie eine Waffe bei sich?«

Bärlach berührte mit dem Fuß die unbewegliche Masse vor ihm. »Selten, Tschanz«, antwortete er, und sie schwiegen.

Der tote Hund lag auf der kahlen, schmutzigen Erde, und sie schauten auf ihn nieder. Es hatte sich zu ihren Füßen eine große schwarze Fläche ausgebreitet: Blut, das dem Tier wie ein dunkler Lavastrom aus dem Rachen quoll.

Wie sie nun wieder aufschauten, bot sich ihnen ein verändertes Bild. Die Musik war verstummt, die erleuchteten Fenster hatte man aufgerissen, und Menschen in Abendkleidern lehnten sich hinaus. Bärlach und Tschanz schauten einander an, denn es war ihnen peinlich, gleichsam vor einem Tribunal zu stehen, und dies mitten im gottverlassenen Jura, in einer Gegend, wo Hase und Fuchs einander gute Nacht wünschten, wie der Kommissär in seinem Ärger dachte.

Im mittleren der fünf Fenster stand ein einzelner Mann, abgesondert von den übrigen, der mit einer seltsamen und klaren Stimme rief, was sie da trieben.

»Polizei«, antwortete Bärlach ruhig und fügte hinzu, daß sie unbedingt Herrn Gastmann sprechen müßten.

Der Mann entgegnete, er sei erstaunt, daß man einen Hund töten müsse, um mit Herrn Gastmann zu sprechen; und im übrigen habe er jetzt Lust und Gelegenheit, Bach zu hören, worauf er das Fenster wieder schloß, doch mit sicheren Bewegungen und ohne Hast, wie er auch ohne Empörung, sondern vielmehr mit großer Gleichgültigkeit gesprochen hatte.

Von den Fenstern her war ein Stimmengewirr zu hören. Sie vernahmen Rufe, wie »Unerhört«, »Was sagen Sie, Herr Direktor?«, »Skandalös«, »Unglaublich, diese Polizei, Herr Großrat«. Dann traten die Menschen zurück, ein Fenster um das andere wurde geschlossen, und es war still.

Es blieb den beiden Polizisten nichts anderes übrig, als zurückzugehen. Vor dem Eingang an der Vorderseite der Gartenmauer wurden sie erwartet. Es war eine einzelne Gestalt, die dort aufgeregt hin und her lief.

»Schnell Licht machen«, flüsterte Bärlach Tschanz zu,

und im aufblitzenden Strahl der Taschenlampe zeigte sich ein dickes, aufgeschwemmtes, zwar nicht unmarkantes, aber etwas einseitiges Gesicht über einem eleganten Abendanzug. An einer Hand funkelte ein schwerer Ring. Auf ein leises Wort von Bärlach hin erlosch das Licht wieder.

»Wer sind Sie zum Teufel, Mano?« grollte der Dicke.

»Kommissär Bärlach – Sind Sie Herr Gastmann?«

»Nationalrat von Schwendi, Mano, Oberst von Schwendi. Herrgottsdonnernocheinmal, was fällt Ihnen ein, hier herumzuschießen?«

»Wir führen eine Untersuchung durch und müssen Herrn Gastmann sprechen, Herr Nationalrat«, antwortete Bärlach gelassen.

Der Nationalrat war aber nicht zu beruhigen. Er donnerte: »Wohl Separatist, he?«

Bärlach beschloß, ihn bei dem anderen Titel zu nehmen und meinte vorsichtig, daß sich der Herr Oberst irre, er habe nichts mit der Jurafrage zu tun.

Bevor jedoch Bärlach weiterfahren konnte, wurde der Oberst noch wilder als der Nationalrat. Also Kommunist, stellte er fest, Sternenhagel, er lasse sich's als Oberst nicht bieten, daß man herumschieße, wenn Musik gemacht werde. Er verbitte sich jede Demonstration gegen die westliche Zivilisation. Die schweizerische Armee werde sonst Ordnung schaffen!

Da der Nationalrat sichtlich desorientiert war, mußte Bärlach zum Rechten sehen.

»Tschanz, was der Herr Nationalrat sagt, kommt nicht ins Protokoll«, befahl er sachlich.

Der Nationalrat war mit einem Schlag nüchtern.

»In was für ein Protokoll, Mano?«

Als Kommissär von der Berner Kriminalpolizei, erläuterte Bärlach, müsse er eine Untersuchung über den Mord an Polizeileutnant Schmied durchführen. Es sei eigentlich seine Pflicht, alles, was die verschiedenen Personen auf bestimmte Fragen geantwortet hätten, zu Protokoll zu geben, aber weil der Herr – er zögerte einen Moment, welchen Titel er jetzt wählen sollte – Oberst offenbar die Lage falsch einschätze, wolle er die Antwort des Nationalrats nicht zu Protokoll geben.

Der Oberst war bestürzt.

»Ihr seid von der Polizei«, sagte er, »das ist etwas anderes.«

Man solle ihn entschuldigen, fuhr er fort, heute Mittag habe er in der türkischen Botschaft gespeist, am Nachmittag sei er zum Vorsitzenden der Oberst-Vereinigung ›Heißt ein Haus zum Schweizerdegen‹ gewählt worden, anschließend habe er einen ›Ehren-Abendschoppen‹ am Stammtisch der Helveter zu sich nehmen müssen, zudem sei vormittags eine Sondersitzung der Partei-Fraktion gewesen, der er angehöre, und jetzt dieses Fest bei Gastmann mit einem immerhin weltbekannten Pianisten. Er sei todmüde.

Ob es nicht möglich sei, Herrn Gastmann zu sprechen, fragte Bärlach noch einmal.

»Was wollt Ihr eigentlich von Gastmann?« antwortete von Schwendi. »Was hat der mit dem ermordeten Polizeileutnant zu tun?«

»Schmied war letzten Mittwoch sein Gast und ist auf der Rückfahrt bei Twann ermordet worden.«

»Da haben wir den Dreck«, sagte der Nationalrat. »Gastmann ladet eben auch alles ein, und da gibt es solche Unfälle.«

Dann schwieg er und schien nachzudenken.

»Ich bin Gastmanns Advokat«, fuhr er endlich fort. »Warum seid Ihr denn eigentlich ausgerechnet diese Nacht gekommen? Ihr hättet doch wenigstens telephonieren können.«

Bärlach erklärte, daß sie erst jetzt entdeckt hätten, was es mit Gastmann auf sich habe.

Der Oberst gab sich noch nicht zufrieden.

«Und was ist das mit dem Hund?«

»Er hat mich überfallen, und Tschanz mußte schießen.«

»Dann ist es in Ordnung«, sagte von Schwendi nicht ohne Freundlichkeit. »Gastmann ist jetzt wirklich nicht zu sprechen; auch die Polizei muß eben manchmal Rücksicht auf gesellschaftliche Gepflogenheiten nehmen. Ich werde morgen auf Ihr Bureau kommen und noch heute schnell mit Gastmann reden. Habt Ihr vielleicht ein Bild von Schmied?«

Bärlach entnahm seiner Brieftasche eine Photographie und gab sie ihm.

»Danke«, sagte der Nationalrat.

Dann nickte er und ging ins Haus.

Nun standen Bärlach und Tschanz wieder allein vor den rostigen Stangen der Gartentüre; das Haus war wie zuvor.

»Gegen einen Nationalrat kann man nichts machen«, sagte Bärlach, »und wenn er noch Oberst und Advokat dazu ist, hat er drei Teufel auf einmal im Leib. Da stehen wir mit unserem schönen Mord und können nichts damit anfangen.«

Tschanz schwieg und schien nachzudenken. Endlich sagte er: »Es ist neun Uhr, Kommissär. Ich halte es nun für das beste, zum Polizisten von Lamboing zu fahren und sich mit ihm über diesen Gastmann zu unterhalten.«

»Es ist recht«, antwortete Bärlach. »Das können Sie tun. Versuchen Sie abzuklären, warum man in Lamboing nichts vom Besuch Schmieds bei Gastmann weiß. Ich selber gehe in das kleine Restaurant am Anfang der Schlucht. Ich muß etwas für meinen Magen tun. Ich erwarte Sie dort.«

Sie schritten den Feldweg zurück und gelangten zum Wagen. Tschanz fuhr davon und erreichte nach wenigen Minuten Lamboing.

Er fand den Polizisten im Wirtshaus, wo er mit Clenin, der von Twann gekommen war, an einem Tische saß, abseits von den Bauern, denn offenbar hatten sie eine Besprechung. Der Polizist von Lamboing war klein, dick und rothaarig. Er hieß Jean Pierre Charnel.

Tschanz setzte sich zu ihnen, und das Mißtrauen, das die beiden dem Kollegen aus Bern entgegenbrachten, schwand bald. Nur sah Charnel nicht gern, daß er nun anstatt französisch deutsch sprechen mußte, eine Sprache, in der es ihm nicht ganz geheuer war. Sie tranken Weißen, und Tschanz aß Brot und Käse dazu, doch verschwieg er, daß er eben von Gastmanns Haus komme, vielmehr fragte er, ob sie noch immer keine Spur hätten.

»Non«, sagte Charnel, »keine Spur von Assassin. On a rien trouvé, gar nichts gefunden.«

Er fuhr fort, daß nur einer in dieser Gegend in Betracht falle, ein Herr Gastmann in Rolliers Haus, das er gekauft habe, zu dem immer viele Gäste kämen, und der auch am Mittwoch ein großes Fest gegeben habe. Aber Schmied sei nicht dort gewesen, Gastmann habe gar nichts gewußt, nicht einmal den Namen gekannt. »Schmied n'était pas chez Gastmann, impossible. Ganz und gar unmöglich.«

Tschanz hörte sich das Kauderwelsch an und entgegnete, man sollte noch bei andern nachfragen, die auch an diesem Tag bei Gastmann gewesen seien.

Das habe er, warf nun Clenin ein, in Schernelz über Ligerz wohne ein Schriftsteller, der Gastmann gut kenne und der oft bei ihm sei, auch am Mittwoch hätte er mitgemacht. Er habe auch nichts von Schmied gewußt, auch nie den Namen gehört und glaube nicht, daß überhaupt je ein Polizist bei Gastmann gewesen sei.

»So, ein Schriftsteller?« sagte Tschanz und runzelte die Stirne, »ich werde mir wohl dieses Exemplar einmal vorknöpfen müssen. Schriftsteller sind immer dubios, aber ich komme diesen Übergebildeten schon noch bei.«

»Was ist denn dieser Gastmann, Charnel?« fragte er weiter.

»Un monsieur très riche«, antwortete der Polizist von Lamboing begeistert. »Haben Geld wie das Heu und très noble. Er geben Trinkgeld an meine fiancée – und er wies stolz auf die Kellnerin – comme un roi, aber nicht mit Absicht um haben etwas mit ihr. Jamais.«

»Was hat er denn für einen Beruf?«

»Philosophe.«

»Was verstehen Sie darunter, Charnel?«

»Ein Mann, der viel denken und nichts machen.«

»Er muß doch Geld verdienen?«

Charnel schüttelte den Kopf. »Er nicht Geld verdienen, er Geld haben. Er zahlen Steuern für das ganze Dorf Lamboing. Das genügt für uns, daß Gastmann ist der sympathischste Mensch im ganzen Kanton.«

»Es wird gleichwohl nötig sein«, entschied Tschanz,

»daß wir uns diesen Gastmann noch gründlich vornehmen. Ich werde morgen zu ihm fahren.«

»Dann aber Achtung vor seine Hund«, mahnte Charnel. »Un chien très dangereux.«

Tschanz stand auf und klopfte dem Polizisten von
Lamboing auf die Schultern. »O, mit dem werde ich
schon fertig.«

Siebtes Kapitel

Es war zehn Uhr, als Tschanz Clenin und Charnel
verließ, um zum Restaurant bei der Schlucht zu fahren,
wo Bärlach wartete. Er hielt jedoch, wo der Feldweg zu
Gastmanns Haus abzweigte, den Wagen noch einmal an.
Er stieg aus und ging langsam zu der Gartentüre und
dann der Mauer entlang. Das Haus war noch wie zuvor,
dunkel und einsam, von den riesigen Pappeln umstellt,
die sich im Winde bogen. Die Limousinen standen immer
noch im Park. Tschanz ging jedoch nicht rund um das
Haus herum, sondern nur bis zu einer Ecke, von wo er
die erleuchtete Hinterfront überblicken konnte. Hin und
wieder zeichneten sich Menschen an den gelben Scheiben
ab, und Tschanz preßte sich eng an die Mauer, um nicht
gesehen zu werden. Er blickte auf das Feld. Doch lag der
Hund nicht mehr auf der kahlen Erde, jemand mußte ihn
fortgeschafft haben, nur die Blutlache gleißte noch
schwarz im Licht der Fenster. Tschanz kehrte zum
Wagen zurück.

Im Restaurant zur Schlucht war Bärlach jedoch nicht mehr zu finden. Er habe die Gaststube schon vor einer halben Stunde verlassen, um nach Twann zu gehen, nachdem er einen Schnaps getrunken, meldete die Wirtin; kaum fünf Minuten habe er sich im Wirtshaus aufgehalten.

Tschanz überlegte sich, was der Alte denn getrieben habe, aber er konnte seine Überlegungen nicht länger fortsetzen; die nicht allzu breite Straße verlangte seine ganze Aufmerksamkeit. Er fuhr an der Brücke vorbei, bei der sie gewartet hatten, und dann den Wald hinunter.

Da hatte er ein sonderbares und unheimliches Erlebnis, das ihn nachdenklich stimmte. Er war schnell gefahren und sah plötzlich in der Tiefe den See aufleuchten, einen nächtlichen Spiegel zwischen weißen Felsen. Er mußte den Tatort erreicht haben. Da löste sich eine dunkle Gestalt von der Felswand und gab deutlich ein Zeichen, der Wagen solle anhalten.

Tschanz stoppte unwillkürlich und öffnete die rechte Wagentüre, obgleich er dies im nächsten Augenblick bereute, denn es durchfuhr ihn die Erkenntnis, daß, was ihm jetzt begegnete, auch Schmied begegnet war, bevor er wenige Atemzüge darauf erschossen wurde. Er fuhr in die Manteltasche und umklammerte den Revolver, dessen Kälte ihn beruhigte. Die Gestalt kam näher. Da erkannte er, daß es Bärlach war, doch wich seine Spannung nicht, sondern er wurde weiß vor heimlichem Entsetzen, ohne sich über den Grund der Furcht Rechenschaft geben zu können. Bärlach beugte sich nieder, und sie sahen sich ins Antlitz, stundenlang scheinbar, doch handelte es sich nur um einige Sekunden. Keiner sprach ein Wort, und ihre Augen waren wie Steine. Dann setzte sich Bärlach zu ihm, der nun die Hand von der verborgenen Waffe ließ.

»Fahr weiter, Tschanz«, sagte Bärlach, und seine Stimme klang gleichgültig.

Der andere zuckte zusammen, wie er hörte, daß ihn der Alte duzte, doch von nun an blieb der Kommissär dabei.

Erst nach Biel unterbrach Bärlach das Schweigen und fragte, was Tschanz in Lamboing erfahren habe, »wie wir das Nest nun wohl doch endgültig auf französisch nennen müssen.«

Auf die Nachricht, daß sowohl Charnel wie auch Clenin einen Besuch des ermordeten Schmied bei Gastmann für unmöglich hielten, sagte er nichts; und hinsichtlich des von Clenin erwähnten Schriftstellers in Schernelz meinte er, er werde diesen noch selber sprechen.

Tschanz gab lebhafter Auskunft als sonst, aufatmend, daß man wieder redete, und weil er seine sonderbare Erregung übertönen wollte, doch schon vor Schüpfen schwiegen sie wieder beide.

Kurz nach elf hielt man vor Bärlachs Haus im Altenberg, und der Kommissär stieg aus.

»Ich danke dir noch einmal, Tschanz«, sagte er und schüttelte ihm die Hand. »Wenn's auch genierlich ist, davon zu reden; aber du hast mir das Leben gerettet.«

Er blieb noch stehen und sah dem verschwindenden Schlußlicht des schnell davonfahrenden Wagens nach. »Jetzt kann er fahren, wie er will.«

Er betrat sein unverschlossenes Haus, und in der Halle mit den Büchern fuhr er mit der Hand in die Manteltasche und entnahm ihr eine Waffe, die er behutsam auf

den Schreibtisch neben die Schlange legte. Es war ein
großer, schwerer Revolver.

Dann zog er langsam den Wintermantel aus. Als er ihn
jedoch abgelegt hatte, war sein linker Arm mit dicken
Tüchern umwickelt, wie es bei jenen Brauch ist, die ihre
Hunde zum Anpacken einüben.

Achtes Kapitel

Am andern Morgen erwartete der alte Kommissär aus
einer gewissen Erfahrung heraus einige Unannehmlich-
keiten, wie er die Reibereien mit Lutz nannte. »Man
kennt ja die Samstage«, meinte er zu sich, als er über die
Altenbergbrücke schritt, »da zeigen die Beamten die
Zähne bloß aus schlechtem Gewissen, weil sie die Woche
über nichts Gescheites gemacht haben.« Er war feierlich
schwarz gekleidet, denn die Beerdigung Schmieds war
auf zehn Uhr angesetzt. Er konnte ihr nicht ausweichen,
und das war es eigentlich, was ihn ärgerte.

Von Schwendi sprach kurz nach acht vor, aber nicht
bei Bärlach, sondern bei Lutz, dem Tschanz eben das in
der letzten Nacht Vorgefallene mitgeteilt hatte.

Von Schwendi war in der gleichen Partei wie Lutz, in
der Partei der konservativen liberalsozialistischen Samm-
lung der Unabhängigen, hatte diesen eifrig gefördert und
war seit dem gemeinsamen Essen anschließend an eine
engere Vorstandssitzung mit ihm auf Du, obgleich Lutz
nicht in den Großrat gewählt worden war; denn in Bern,

erklärte von Schwendi, sei ein Volksvertreter mit dem Vornamen Lucius ein Ding der absoluten Unmöglichkeit.

»Es ist ja wirklich allerhand«, fing er an, kaum daß seine dicke Gestalt in der Türöffnung erschienen war, »wie es da deine Leute von der Berner Polizei treiben, verehrter Lutz. Schießen meinem Klienten Gastmann den Hund zusammen, eine seltene Rasse aus Südamerika, und stören die Kultur, Anatol Kraushaar-Raffaeli, weltbekannter Pianist. Der Schweizer hat keine Erziehung, keine Weltoffenheit, keine Spur von einem europäischen Denken. Drei Jahre Rekrutenschule das einzige Mittel dagegen.«

Lutz, dem das Erscheinen seines Parteifreundes peinlich war, und der sich vor seinen endlosen Tiraden fürchtete, bat von Schwendi, Platz zu nehmen.

»Wir sind in eine höchst schwierige Untersuchung verstrickt«, bemerkte er eingeschüchtert. »Du weißt es ja selbst, und der junge Polizist, der sie zur Hauptsache führt, darf für schweizerische Maßstäbe als ganz gut talentiert gelten. Der alte Kommissär, der auch noch dabei war, gehört zum rostigen Eisen, das gebe ich zu. Ich bedaure den Tod eines so seltenen südamerikanischen Hundes, bin ja selber Hundebesitzer und tierliebend, werde auch eine besondere, strenge Untersuchung durchführen. Die Leute sind eben kriminalistisch völlig ahnungslos. Wenn ich da an Chicago denke, sehe ich unsere Lage direkt trostlos.«

Er machte eine kurze Pause, konsterniert, daß ihn von Schwendi unverwandt schweigend anglotzte, und fuhr dann fort, aber nun schon ganz unsicher, er sollte wissen, ob der ermordete Schmied bei von Schwendis Klienten

Gastmann Mittwoch zu Besuch gewesen sei, wie die Polizei aus gewissen Gründen annehmen müsse.

»Lieber Lutz«, antwortete der Oberst, »machen wir uns keine Flausen vor. Das wißt ihr von der Polizei alles ganz genau; ich kenne doch meine Brüder.«

»Wie meinen Sie das, Herr Nationalrat?« fragte Lutz verwirrt, unwillkürlich wieder in das Sie zurückfallend; denn beim Du war es ihm nie recht wohl gewesen.

Von Schwendi lehnte sich zurück, faltete die Hände auf der Brust und fletschte die Zähne, eine Pose, der er im Grunde sowohl den Oberst als auch den Nationalrat verdankte.

»Dökterli«, sagte er, »ich möchte nun wirklich einmal ganz genau wissen, warum ihr meinem braven Gastmann den Schmied auf den Hals gehetzt habt. Was sich nämlich dort im Jura abspielt, das geht die Polizei nun doch wohl einen Dreck an, wir haben noch lange nicht die Gestapo.«

Lutz war wie aus den Wolken gefallen. »Wieso sollen wir deinem uns vollständig unbekannten Klienten den Schmied auf den Hals gehetzt haben?« fragte er hilflos. »Und wieso soll uns ein Mord nichts angehen?«

»Wenn ihr keine Ahnung davon habt, daß Schmied unter dem Namen Doktor Prantl, Privatdozent für amerikanische Kulturgeschichte in München, den Gesellschaften beiwohnte, die Gastmann in seinem Hause in Lamboing gab, muß die ganze Polizei unbedingt aus kriminalistischer Ahnungslosigkeit abdanken«, behauptete von Schwendi und trommelte mit den Fingern seiner rechten Hand aufgeregt auf Lutzens Pult.

»Davon ist uns nichts bekannt, lieber Oskar«, sagte Lutz, erleichtert, daß er in diesem Augenblick den lang gesuchten Vornamen des Nationalrates gefunden hatte. »Ich erfahre eben eine große Neuigkeit.«

»Aha«, meinte von Schwendi trocken und schwieg, worauf Lutz sich seiner Unterlegenheit immer mehr bewußt wurde und ahnte, daß er nur Schritt für Schritt in allem werde nachgeben müssen, was der Oberst von ihm zu erreichen suchte. Er blickte hilflos nach den Bildern Traffelets, auf die marschierenden Soldaten, die flatternden Schweizer Fahnen, den zu Pferd sitzenden General. Der Nationalrat bemerkte die Verlegenheit des Untersuchungsrichters mit einem gewissen Triumph und fügte schließlich seinem Aha bei, es gleichzeitig verdeutlichend:

»Die Polizei erfährt also eine große Neuigkeit; die Polizei weiß also wieder gar nichts.«

Wie unangenehm es auch war und wie sehr das rücksichtslose Vorgehen von Schwendis seine Lage unerträglich machte, so mußte doch der Untersuchungsrichter zugeben, daß Schmied weder dienstlich bei Gastmann gewesen sei, noch habe die Polizei von dessen Besuchen in Lamboing eine Ahnung gehabt. Schmied habe dies rein persönlich unternommen, schloß Lutz seine peinliche Erklärung. Warum er allerdings einen falschen Namen angenommen habe, sei ihm gegenwärtig ein Rätsel.

Von Schwendi beugte sich vor und sah Lutz mit seinen rotunterlaufenen, verschwommenen Augen an. »Das erklärt alles«, sagte er, »Schmied spionierte für eine fremde Macht.«

»Wie meinst du das?« fragte Lutz hilfloser denn je.

»Ich meine«, sagte der Nationalrat, »daß die Polizei vor allem jetzt einmal untersuchen muß, aus was für Gründen Schmied bei Gastmann war.«

»Die Polizei sollte vor allen Dingen zuerst etwas über Gastmann wissen, lieber Oskar«, widersprach Lutz.

»Gastmann ist für die Polizei ganz ungefährlich«, antwortete von Schwendi, »und ich möchte auch nicht, daß du dich mit ihm abgibst oder sonst jemand von der Polizei. Es ist dies sein Wunsch, er ist mein Klient, und ich bin da, um zu sorgen, daß seine Wünsche erfüllt werden.« –

Diese unverfrorene Antwort schmetterte Lutz so nieder, daß er zuerst gar nichts zu erwidern vermochte. Er zündete sich eine Zigarette an, ohne in seiner Verwirrung von Schwendi eine anzubieten. Erst dann setzte er sich in seinem Stuhl zurecht und entgegnete:

»Die Tatsache, daß Schmied bei Gastmann war, zwingt leider die Polizei, sich mit deinem Klienten zu befassen, lieber Oskar.«

Von Schwendi ließ sich nicht beirren. »Sie zwingt die Polizei vor allem, sich mit mir zu befassen, denn ich bin Gastmanns Anwalt«, sagte er. »Du kannst froh sein, Lutz, daß du an mich geraten bist; ich will ja nicht nur Gastmann helfen, sondern auch dir. Natürlich ist der ganze Fall meinem Klienten unangenehm, aber dir ist er viel peinlicher, denn die Polizei hat bis jetzt noch nichts herausgebracht. Ich zweifle überhaupt daran, daß ihr jemals Licht in diese Angelegenheit bringen werdet.«

»Die Polizei«, antwortete Lutz, »hat beinahe jeden Mord aufgedeckt, das ist statistisch bewiesen. Ich gebe zu, daß wir im Falle Schmied in gewisse Schwierigkeiten geraten sind, aber wir haben doch auch schon – er stockte ein wenig – beachtliche Resultate zu verzeichnen. So sind wir von selbst auf Gastmann gekommen, und wir sind denn auch der Grund, warum dich Gastmann zu uns geschickt hat. Die Schwierigkeiten liegen bei Gastmann und nicht bei uns, an ihm ist es, sich über den Fall Schmied zu äußern, nicht an uns. Schmied war bei ihm, wenn auch unter falschem Namen; aber gerade diese Tatsache verpflichtet die Polizei, sich mit Gastmann abzugeben, denn das ungewohnte Verhalten des Ermordeten belastet doch wohl zunächst Gastmann. Wir müssen Gastmann einvernehmen und können nur unter der Bedingung davon absehen, daß du uns völlig einwandfrei erklären kannst, warum Schmied bei deinem Klienten unter falschem Namen zu Besuch war, und dies mehrere Male, wie wir festgestellt haben.«

»Gut«, sagte von Schwendi, »reden wir ehrlich miteinander. Du wirst sehen, daß nicht ich eine Erklärung über Gastmann abzugeben habe, sondern daß ihr uns erklären müßt, was Schmied in Lamboing zu suchen hatte. Ihr seid hier die Angeklagten, nicht wir, lieber Lutz.«

Mit diesen Worten zog er einen weißen Bogen hervor, ein großes Papier, das er auseinanderbreitete und auf das Pult des Untersuchungsrichters legte.

»Das sind die Namen der Personen, die bei meinem guten Gastmann verkehrt haben«, sagte er. »Die Liste ist vollständig. Ich habe drei Abteilungen gemacht. Die erste scheiden wir aus, die ist nicht interessant, das sind die Künstler. Natürlich kein Wort gegen Kraushaar-Raffaeli, der ist Ausländer; nein, ich meine die inländischen, die von Utzenstorf und Merligen. Entweder schreiben sie Dramen über die Schlacht am Morgarten und Niklaus Manuel, oder sie malen nichts als Berge. Die zweite Abteilung sind die Industriellen. Du wirst die Namen sehen, es sind Männer von Klang, Männer, die ich als die besten Exemplare der schweizerischen Gesellschaft ansehe. Ich sage dies ganz offen, obwohl ich durch die Großmutter mütterlicherseits von bäuerlichem Blut abstamme.«

»Und die dritte Abteilung der Besucher Gastmanns?« fragte Lutz, da der Nationalrat plötzlich schwieg und den Untersuchungsrichter mit seiner Ruhe nervös machte, was natürlich von Schwendis Absicht war.

»Die dritte Abteilung«, fuhr von Schwendi endlich fort, »macht die Angelegenheit Schmied unangenehm, für dich und auch für die Industriellen, wie ich zugebe; denn ich muß nun auf Dinge zu sprechen kommen, die eigentlich vor der Polizei streng geheim gehalten werden müßten. Aber da ihr von der Berner Polizei es nicht unterlassen konntet, Gastmann aufzuspüren, und da es sich nun peinlicherweise herausstellt, daß Schmied in Lamboing war, sehen sich die Industriellen gezwungen, mich zu beauftragen, die Polizei, so weit dies für den Fall Schmied notwendig ist, zu informieren. Das Unangenehme für uns besteht nämlich darin, daß wir politische Vorgänge von eminenter Wichtigkeit aufdecken müssen, und das Unangenehme für euch, daß ihr die Macht, die ihr über die Menschen schweizerischer und nichtschweizerischer Nationalität in diesem Lande besitzt, über die dritte Abteilung nicht habt.«

»Ich verstehe kein Wort von dem, was du da sagst«, meinte Lutz.

»Du hast eben auch nie etwas von Politik verstanden, lieber Lucius«, entgegnete von Schwendi. »Es handelt sich bei der dritten Abteilung um Angehörige einer fremden Gesandtschaft, die Wert darauf legt, unter keinen Umständen mit einer gewissen Klasse von Industriellen zusammen genannt zu werden.«

Neuntes Kapitel

Jetzt begriff Lutz den Nationalrat, und es blieb lange still im Zimmer des Untersuchungsrichters. Das Telephon klingelte, doch Lutz nahm es nur ab, um »Konferenz« hineinzuschreien, worauf er wieder verstummte. Endlich jedoch meinte er:

»Soviel ich weiß, wird aber doch mit dieser Macht jetzt offiziell um ein neues Handelsabkommen verhandelt.«

»Gewiß, man verhandelt«, entgegnete der Oberst. »Man verhandelt offiziell, die Diplomaten wollen doch etwas zu tun haben. Aber man verhandelt noch mehr inoffiziell, und in Lamboing wird privat verhandelt. Es gibt schließlich in der modernen Industrie Verhandlungen, in die sich der Staat nicht einzumischen hat, Herr Untersuchungsrichter.«

»Natürlich«, gab Lutz eingeschüchtert zu.

»Natürlich«, wiederholte von Schwendi. »Und diesen geheimen Verhandlungen hat der nun leider erschossene Leutnant der Stadtpolizei Bern, Ulrich Schmied, unter falschem Namen geheim beigewohnt.«

Am neuerlichen betroffenen Schweigen des Untersuchungsrichters erkannte von Schwendi, daß er richtig gerechnet hatte. Lutz war so hilflos geworden, daß der Nationalrat nun mit ihm machen konnte, was er wollte. Wie es bei den meisten etwas einseitigen Naturen der Fall ist, irritierte der unvorhergesehene Ablauf des Mordfalls Ulrich Schmied den Beamten so sehr, daß er sich in einer Weise beeinflussen ließ und Zugeständnisse machte, die eine objektive Untersuchung der Mordaffäre in Frage stellen mußten.

Zwar versuchte er noch einmal seine Lage zu bagatelli-sieren.

»Lieber Oskar«, sagte er, »ich sehe alles nicht für so schwerwiegend an. Natürlich haben die schweizerischen Industriellen ein Recht, privat mit denen zu verhandeln, die sich für solche Verhandlungen interessieren, und sei es auch jene Macht. Das bestreite ich nicht, und die Polizei mischt sich auch nicht hinein. Schmied war, ich wiederhole es, privat bei Gastmann, und ich möchte mich deswegen offiziell entschuldigen; denn es war gewiß nicht richtig, daß er einen falschen Namen und einen falschen Beruf angab, wenn man auch manchmal als Polizist gewisse Hemmungen hat. Aber er war ja nicht allein bei diesen Zusammenkünften, es waren auch Künstler da, lieber Nationalrat.«

»Die notwendige Dekoration. Wir sind in einem Kul-turstaat, Lutz, und brauchen Reklame. Die Verhandlun-gen müssen geheimgehalten werden, und das kann man mit Künstlern am besten. Gemeinsames Fest, Braten, Wein, Zigarren, Frauen, allgemeines Gespräch, die Künstler langweilen sich, sitzen zusammen, trinken und bemerken nicht, daß die Kapitalisten und die Vertreter jener Macht zusammensitzen. Sie wollen es auch nicht bemerken, weil es sie nicht interessiert. Künstler interes-sieren sich nur für Kunst. Aber ein Polizist, der dabei sitzt, kann alles erfahren. Nein, Lutz, der Fall Schmied ist bedenklich.«

»Ich kann leider nur wiederholen, daß die Besuche Schmieds bei Gastmann uns gegenwärtig unverständlich sind«, antwortete Lutz.

»Wenn er nicht im Auftrag der Polizei gekommen ist, kam er in einem anderen Auftrag«, entgegnete von

Schwendi. »Es gibt fremde Mächte, lieber Lucius, die sich dafür interessieren, was in Lamboing vorgeht. Das ist Weltpolitik.«

»Schmied war kein Spion.«

»Wir haben allen Grund anzunehmen, daß er einer war. Es ist für die Ehre der Schweiz besser, er war ein Spion als ein Polizeispitzel.«

»Nun ist er tot«, seufzte der Untersuchungsrichter, der gern alles gegeben hätte, wenn er jetzt Schmied persönlich hätte fragen können.

»Das ist nicht unsere Sache«, stellte der Oberst fest. »Ich will niemand verdächtigen, doch kann nur die gewisse fremde Macht Interesse haben, die Verhandlungen in Lamboing geheimzuhalten. Bei uns geht es ums Geld, bei ihnen um Grundsätze der Parteipolitik. Da wollen wir doch ehrlich sein. Doch gerade in dieser Richtung kann die Polizei natürlich nur unter schwierigen Umständen vorgehen.«

Lutz erhob sich und trat zum Fenster. »Es ist mir immer noch nicht ganz deutlich, was dein Klient Gastmann für eine Rolle spielt«, sagte er langsam.

Von Schwendi fächelte sich mit dem weißen Bogen Luft zu und antwortete: »Gastmann stellte den Industriellen und den Vertretern der Gesandtschaft sein Haus zu diesen Besprechungen zur Verfügung.«

»Warum gerade Gastmann?«

Sein hochverehrter Klient, knurrte der Oberst, besitze nun einmal das nötige menschliche Format dazu. Als jahrelanger Gesandter Argentiniens in China genieße er das Vertrauen der fremden Macht und als ehemaliger Verwaltungspräsident des Blechtrusts jenes der Industriellen. Außerdem wohne er in Lamboing.

»Wie meinst du das, Oskar?«

Von Schwendi lächelte spöttisch: »Hast du den Namen Lamboing schon vor der Ermordung Schmieds gehört?«

»Nein.«

»Eben darum«, stellte der Nationalrat fest. »Weil niemand Lamboing kennt. Wir brauchten einen unbekannten Ort für unsere Zusammenkünfte. Du kannst also Gastmann in Ruhe lassen. Daß er es nicht schätzt, mit der Polizei in Berührung zu kommen, mußt du begreifen, daß er eure Verhöre, eure Schnüffeleien, eure ewige Fragerei nicht liebt, ebenfalls, das geht bei unseren Luginbühl und von Gunten, wenn sie wieder einmal etwas auf dem Kerbholz haben, aber nicht bei einem Mann, der es einst ablehnte, in die Französische Akademie gewählt zu werden. Auch hat sich deine Berner Polizei ja nun wirklich ungeschickt benommen, man erschießt nun einmal keinen Hund, wenn Bach gespielt wird. Nicht daß Gastmann beleidigt ist, es ist ihm vielmehr alles gleichgültig, deine Polizei kann ihm das Haus zusammenschießen, er verzieht keine Miene; aber es hat keinen Sinn mehr, Gastmann zu belästigen, da doch hinter dem Mord Mächte stehen, die weder mit unseren braven Schweizer Industriellen noch mit Gastmann etwas zu tun haben.«

Der Untersuchungsrichter ging vor dem Fenster auf und ab. »Wir werden nun unsere Nachforschungen besonders dem Leben Schmieds zuwenden müssen«, erklärte er. »Hinsichtlich der fremden Macht werden wir den Bundesanwalt benachrichtigen. Wie weit er den Fall übernehmen wird, kann ich noch nicht sagen, doch wird er uns mit der Hauptarbeit betrauen. Deiner Forderung, Gastmann zu verschonen, will ich nachkommen; wir sehen selbstverständlich auch von einer Hausdurchsuchung ab. Wird es dennoch nötig sein, ihn zu sprechen, bitte ich dich, mich mit ihm zusammenzubringen und bei unserer Besprechung anwesend zu sein. So kann ich das Formelle ungezwungen mit Gastmann erledigen. Es geht ja in diesem Fall nicht um eine Untersuchung, sondern nur um eine Formalität innerhalb der ganzen Untersuchung, die unter Umständen verlangt, daß auch Gastmann vernommen werde, selbst wenn dies sinnlos ist; aber eine Untersuchung muß vollständig sein. Wir werden über Kunst sprechen, um die Untersuchung so harmlos wie nur immer möglich zu gestalten, und ich werde keine Fragen stellen. Sollte ich gleichwohl eine stellen müssen – der Formalität zuliebe –, würde ich dir die Frage vorher mitteilen.«

Auch der Nationalrat hatte sich nun erhoben, so daß sich beide Männer gegenüberstanden. Der Nationalrat tippte dem Untersuchungsrichter auf die Schulter.

»Das ist also abgemacht«, sagte er. »Du wirst Gastmann in Ruhe lassen, Lützchen, ich nehme dich beim Wort. Die Mappe lasse ich hier; die Liste ist genau geführt und vollständig. Ich habe die ganze Nacht herumtelephoniert, und die Aufregung ist groß. Man weiß eben nicht, ob die fremde Gesandtschaft noch ein Interesse an den Verhandlungen hat, wenn sie den Fall Schmied erfährt. Millionen stehen auf dem Spiel, Dökterchen, Millionen! Zu deinen Nachforschungen wünsche ich dir Glück. Du wirst es nötig haben.«

Mit diesen Worten stampfte von Schwendi hinaus.

Zehntes Kapitel

Lutz hatte gerade noch Zeit, die Liste des Nationalrats durchzusehen und sie, stöhnend über die Berühmtheit der Namen, sinken zu lassen – in was für eine unselige Angelegenheit bin ich da verwickelt, dachte er – als Bärlach eintrat, natürlich ohne anzuklopfen. Der Alte hatte vor, die rechtlichen Mittel zu verlangen, bei Gastmann in Lamboing vorzusprechen, doch Lutz verwies ihn auf den Nachmittag. Jetzt sei es Zeit, zur Beerdigung zu gehen, sagte er und stand auf.

Bärlach widersprach nicht und verließ das Zimmer mit Lutz, dem das Versprechen, Gastmann in Ruhe zu lassen, immer unvorsichtiger vorkam, und der Bärlachs schärfsten Widerstand befürchtete. Sie standen auf der Straße, ohne zu reden, beide in schwarzen Mänteln, die sie hochschlugen. Es regnete, doch spannten sie die Schirme für die wenigen Schritte zum Wagen nicht auf. Blatter führte sie. Der Regen kam nun in wahren Kaskaden, prallte schief gegen die Fenster. Jeder saß unbeweglich in seiner Ecke. Nun muß ich es ihm sagen, dachte Lutz und schaute nach dem ruhigen Profil Bärlachs, der wie so oft die Hand auf den Magen legte.

»Haben Sie Schmerzen?« fragte Lutz.

»Immer«, antwortete Bärlach.

Dann schwiegen sie wieder, und Lutz dachte: Ich sage es ihm nachmittags. Blatter fuhr langsam. Alles versank hinter einer weißen Wand, so regnete es. Trams, Automobile schwammen irgendwo in diesen ungeheuren, fallenden Meeren herum, Lutz wußte nicht, wo sie waren,

die triefenden Scheiben ließen keinen Durchblick mehr
zu. Es wurde immer finsterer im Wagen. Lutz steckte
eine Zigarette in Brand, blies den Rauch von sich, dachte,
daß er sich im Fall Gastmann mit dem Alten in keine
Diskussion einlassen werde, und sagte:

»Die Zeitungen werden die Ermordung bringen, sie
ließ sich nicht mehr verheimlichen.«

»Das hat auch keinen Sinn mehr«, antwortete Bärlach,
»wir sind ja auf eine Spur gekommen.«

Lutz drückte die Zigarette wieder aus: »Es hat auch nie
einen Sinn gehabt.«

Bärlach schwieg, und Lutz, der gern gestritten hätte,
spähte aufs neue durch die Scheiben. Der Regen hatte
etwas nachgelassen. Sie waren schon in der Allee. Der
Schoßhaldenfriedhof schob sich zwischen den dampfen-
den Stämmen hervor, ein graues, verregnetes Gemäuer.
Blatter fuhr in den Hof, hielt. Sie verließen den Wagen,
spannten die Schirme auf und schritten durch die Gräber-
reihen. Sie brauchten nicht lange zu suchen. Die Grab-
steine und die Kreuze wichen zurück, sie schienen einen
Bauplatz zu betreten. Die Erde war mit frischausgehobe-
nen Gräbern durchsetzt, Latten lagen darüber. Die
Feuchtigkeit des nassen Grases drang durch die Schuhe,
an denen die lehmige Erde klebte. In der Mitte des
Platzes, zwischen all diesen noch unbewohnten Gräbern,
auf deren Grund sich der Regen zu schmutzigen Pfützen
sammelte, zwischen provisorischen Holzkreuzen und
Erdhügeln, dicht mit schnellverfaulenden Blumen und
Kränzen überhäuft, standen Menschen um ein Grab. Der
Sarg war noch nicht hinabgelassen, der Pfarrer las aus der
Bibel vor, neben ihm, den Schirm für beide hochhaltend,
der Totengräber in einem lächerlichen frackartigen

Arbeitsgewand, frierend von einem Bein auf das andere
tretend. Bärlach und Lutz blieben neben dem Grabe
stehen. Der Alte hörte Weinen. Es war Frau Schönler,
unförmig und dick in diesem unaufhörlichen Regen, und
neben ihr stand Tschanz, ohne Schirm, im hochgeschla-
genen Regenmantel mit herunterhängendem Gürtel,
einen schwarzen, steifen Hut auf dem Kopf. Neben ihm
ein Mädchen, blaß, ohne Hut, mit blondem Haar, das in
nassen Strähnen hinunterfloß, die Anna, wie Bärlach
unwillkürlich dachte. Tschanz verbeugte sich, Lutz
nickte, der Kommissär verzog keine Miene. Er schaute
zu den andern hinüber, die ums Grab standen, alles
Polizisten, alle in Zivil, alle mit den gleichen Regenmän-
teln, mit den gleichen steifen, schwarzen Hüten, die
Schirme wie Säbel in den Händen, phantastische Toten-
wächter, von irgendwo herbeigeblasen, unwirklich in
ihrer Biederkeit. Und hinter ihnen, in gestaffelten Reihen,
die Stadtmusik, überstürzt zusammengetrommelt, in
schwarz-roten Uniformen, verzweifelt bemüht, die gelben Instrumente unter den Mänteln zu schützen. So
standen sie alle um den Sarg herum, der dalag, eine Kiste
aus Holz, ohne Kranz, ohne Blumen, aber dennoch das
einzige Warme, Geborgene in diesem unaufhörlichen
Regen, der gleichförmig plätschernd niederfiel, immer
mehr, immer unendlicher. Der Pfarrer redete schon lange
nicht mehr. Niemand bemerkte es. Nur der Regen war
da, nur den Regen hörte man. Der Pfarrer hustete.
Einmal. Dann mehrere Male. Dann heulten die Bässe, die
Posaunen, die Waldhörner, Kornetts, die Fagotts auf,
stolz und feierlich, gelbe Blitze in den Regenfluten; aber
dann sanken auch sie unter, verwehten, gaben es auf. Alle
verkrochen sich unter die Schirme, unter die Mäntel. Es

regnete immer mehr. Die Schuhe versanken im Kot, wie
Bäche strömte es ins leere Grab. Lutz verbeugte sich und
trat vor. Er schaute auf den nassen Sarg und verbeugte
sich noch einmal.

»Ihr Männer«, sagte er irgendwo im Regen, fast
unhörbar durch die Wasserschleier hindurch: »Ihr Männer, unser Kamerad Schmied ist nicht mehr.«

Da unterbrach ihn ein wilder, grölender Gesang:

> »Der Tüfel geit um,
> der Tüfel geit um,
> er schlat die Menscher alli krumm!«

Zwei Männer in schwarzen Fräcken kamen über den
Kirchhof getorkelt. Ohne Schirm und Mantel waren sie
dem Regen schutzlos preisgegeben. Die Kleider klebten
an ihren Leibern. Auf dem Kopf hatte jeder einen Zylin-
der, von dem das Wasser über ihr Gesicht floß. Sie trugen
einen mächtigen, grünen Lorbeerkranz, dessen Band zur
Erde hing und über den Boden schleifte. Es waren zwei
brutale, riesenhafte Kerle, befrackte Schlächter, schwer
betrunken, stets dem Umsinken nah, doch da sie nie
gleichzeitig stolperten, konnten sie sich immer noch am
Lorbeerkranz zwischen ihnen festhalten, der wie ein
Schiff in Seenot auf und nieder schwankte. Nun stimm-
ten sie ein neues Lied an:

> »Der Müllere ihre Ma isch todet,
> d'Müllere läbt, sie läbt,
> d'Müllere het der Chnecht ghürotet,
> d'Müllere läbt, sie läbt.«

Sie rannten auf die Trauergemeinde zu, stürzten in sie
hinein, zwischen Frau Schönler und Tschanz, ohne daß
sie gehindert wurden, denn alle waren wie erstarrt, und
schon taumelten sie wieder hinweg durch das nasse Gras,
sich aneinander stützend, sich umklammernd, über
Grabhügel fallend, Kreuze umwerfend in gigantischer
Trunkenheit. Ihr Singsang verhallte im Regen, und alles
war wieder zugedeckt.

>   »Es geht alles vorüber,
>   es geht alles vorbei!«

war das letzte, was man von ihnen hörte. Nur noch der
Kranz lag da, hingeworfen über den Sarg, und auf dem
schmutzigen Band stand in verfließendem Schwarz:
»Unserem lieben Doktor Prantl.« Doch wie sich die
Leute ums Grab von ihrer Bestürzung erholt hatten und
sich über den Zwischenfall empören wollten, und wie die
Stadtmusik, um die Feierlichkeit zu retten, wieder verzweifelt zu blasen anfing, steigerte sich der Regen zu
einem solchen Sturm, die Eiben peitschend, daß alles
vom Grabe wegfloh, bei dem allein die Totengräber
zurückblieben, schwarze Vogelscheuchen im Heulen der
Winde, im Prasseln der Wolkenbrüche, bemüht, den
Sarg endlich hinabzusenken.

Elftes Kapitel

Wie Bärlach mit Lutz wieder im Wagen saß, und Blatter durch die flüchtenden Polizisten und Stadtmusikanten hindurch in die Allee einfuhr, machte der Doktor endlich seinem Ärger Luft:

»Unerhört, dieser Gastmann«, rief er aus.

»Ich verstehe nicht«, sagte der Alte.

»Schmied verkehrte im Hause Gastmanns unter dem Namen Prantl.«

»Dann wird das eine Warnung sein«, antwortete Bärlach, fragte aber nicht weiter. Sie fuhren gegen den Muristalden, wo Lutz wohnte. Eigentlich sei es nun der richtige Moment, mit dem Alten über Gastmann zu sprechen, und daß man ihn in Ruhe lassen müsse, dachte Lutz, aber wieder schwieg er. Im Burgernziel stieg er aus, Bärlach war allein.

»Soll ich Sie in die Stadt fahren, Herr Kommissär?« fragte der Polizist vorne am Steuer.

»Nein, fahre mich heim, Blatter.«

Blatter fuhr nun schneller. Der Regen hatte nachgelassen, ja, plötzlich am Muristalden wurde Bärlach für Augenblicke in ein blendendes Licht getaucht: die Sonne brach durch die Wolken, verschwand wieder, kam aufs neue im jagenden Spiel der Nebel und der Wolkenberge, Ungetüme, die vom Westen herbeirasten, sich gegen die Berge stauten, wilde Schatten über die Stadt werfend, die am Flusse lag, ein willenloser Leib, zwischen die Wälder und Hügel gebreitet. Bärlachs müde Hand fuhr über den nassen Mantel, seine Augenschlitze funkelten, gierig sog er das Schauspiel in sich auf: die Erde war schön. Blatter hielt. Bärlach dankte ihm und verließ den Dienstwagen. Es regnete nicht mehr, nur noch der Wind war da, der nasse, kalte Wind. Der Alte stand da, wartete, bis Blatter den schweren Wagen gewendet hatte, grüßte noch einmal, wie dieser davonfuhr. Dann trat er an die Aare. Sie kam hoch und schmutzig-braun. Ein alter verrosteter Kinderwagen schwamm daher, Äste, eine kleine Tanne, dann, tanzend, ein kleines Papierschiff. Bärlach schaute dem Fluß lange zu, er liebte ihn. Dann ging er durch den Garten ins Haus.

Bärlach zog sich andere Schuhe an und betrat dann erst die Halle, blieb jedoch auf der Schwelle stehen. Hinter dem Schreibtisch saß ein Mann und blätterte in Schmieds Mappe. Seine rechte Hand spielte mit Bärlachs türkischem Messer.

»Also du«, sagte der Alte.

»Ja, ich«, antwortete der andere.

Bärlach schloß die Türe und setzte sich in seinen Lehnstuhl dem Schreibtisch gegenüber. Schweigend sah er nach dem andern hin, der ruhig in Schmieds Mappe weiterblätterte, eine fast bäurische Gestalt, ruhig und verschlossen, tiefliegende Augen im knochigen, aber runden Gesicht mit kurzem Haar.

»Du nennst dich jetzt Gastmann«, sagte der Alte endlich.

Der andere zog eine Pfeife hervor, stopfte sie, ohne Bärlach aus den Augen zu lassen, setzte sie in Brand und antwortete, mit dem Zeigfinger auf Schmieds Mappe klopfend:

»Das weißt du schon seit einiger Zeit ganz genau. Du hast mir den Jungen auf den Hals geschickt, diese Angaben stammen von dir.«

Dann schloß er die Mappe wieder. Bärlach schaute auf den Schreibtisch, wo noch sein Revolver lag, mit dem Schaft gegen ihn gekehrt, er brauchte nur die Hand auszustrecken; dann sagte er:

»Ich höre nie auf, dich zu verfolgen. Einmal wird es mir gelingen, deine Verbrechen zu beweisen.«

»Du mußt dich beeilen, Bärlach«, antwortete der andere. »Du hast nicht mehr viel Zeit. Die Ärzte geben dir noch ein Jahr, wenn du dich jetzt operieren läßt.«

»Du hast recht«, sagte der Alte. »Noch ein Jahr. Und ich kann mich jetzt nicht operieren lassen, ich muß mich stellen. Meine letzte Gelegenheit.«

»Die letzte«, bestätigte der andere, und dann schwiegen sie wieder, endlos, saßen da und schwiegen.

»Über vierzig Jahre sind es her«, begann der andere von neuem zu reden, »daß wir uns in irgendeiner verfallenen Judenschenke am Bosporus zum erstenmal getroffen haben. Ein unförmiges gelbes Stück Schweizerkäse von einem Mond hing bei dieser Begegnung damals zwischen den Wolken und schien durch die verfaulten Balken auf unsere Köpfe, das ist mir in noch guter Erinnerung. Du, Bärlach, warst damals ein junger Polizeifachmann aus der Schweiz in türkischen Diensten, herbestellt, um etwas zu reformieren, und ich – nun ich war ein herumgetriebener Abenteurer wie jetzt noch, gierig, dieses mein einmaliges Leben und diesen ebenso einmaligen, rätselhaften Planeten kennenzulernen. Wir liebten uns auf den ersten Blick, wie wir einander zwischen Juden im Kaftan und schmutzigen Griechen gegenübersaßen. Doch wie nun die verteufelten Schnäpse, die wir damals tranken, diese vergorenen Säfte aus weiß was für Datteln und diese feurigen Meere aus fremden Kornfeldern um Odessa herum, die wir in unsere Kehlen stürzten, in uns mächtig wurden, daß unsere Augen wie glühende Kohlen durch die türkische Nacht funkelten, wurde unser Gespräch hitzig. O ich liebe es, an diese Stunde zu denken, die dein Leben und das meine bestimmte!«

Er lachte.

Der Alte saß da und schaute schweigend zu ihm hinüber.

»Ein Jahr hast du noch zu leben«, fuhr der andere fort, »und vierzig Jahre hast du mir wacker nachgespürt. Das ist die Rechnung. Was diskutierten wir denn damals, Bärlach, im Moder jener Schenke in der Vorstadt Tophane, eingehüllt in den Qualm türkischer Zigaretten? Deine These war, daß die menschliche Unvollkommenheit, die Tatsache, daß wir die Handlungsweise anderer nie mit Sicherheit vorauszusagen, und daß wir ferner den Zufall, der in alles hineinspielt, nicht in unsere Überlegung einzubauen vermögen, der Grund sei, der die meisten Verbrechen zwangsläufig zutage fördern müsse. Ein Verbrechen zu begehen nanntest du eine Dummheit, weil es unmöglich sei, mit Menschen wie mit Schachfiguren zu operieren. Ich dagegen stellte die These auf, mehr um zu widersprechen als überzeugt, daß gerade die Verworrenheit der menschlichen Beziehungen es möglich mache, Verbrechen zu begehen, die *nicht* erkannt werden könnten, daß aus diesem Grunde die überaus größte Anzahl der Verbrechen nicht nur ungeahndet, sondern auch ungeahnt seien, als nur im Verborgenen geschehen. Und wie wir nun weiterstritten, von den höllischen Bränden der Schnäpse, die uns der Judenwirt einschenkte, und mehr noch, von unserer Jugend verführt, da haben wir im Übermut eine Wette geschlossen, eben da der Mond hinter dem nahen Kleinasien versank, eine Wette, die wir trotzig in den Himmel hinein hängten, wie wir etwa einen fürchterlichen Witz nicht zu unterdrücken vermögen, auch wenn er eine Gotteslästerung ist, nur weil uns die Pointe reizt als eine teuflische Versuchung des Geistes durch den Geist.«

»Du hast recht«, sagte der Alte ruhig, »wir haben diese Wette damals miteinander geschlossen.«

»Du dachtest nicht, daß ich sie einhalten würde«, lachte der andere, »wie wir am andern Morgen mit schwerem Kopf in der öden Schenke erwachten, du auf einer morschen Bank und ich unter einem noch von Schnaps feuchten Tisch.«

»Ich dachte nicht«, antwortete Bärlach, »daß diese Wette einzuhalten einem Menschen möglich wäre.«

Sie schwiegen.

»Führe uns nicht in Versuchung«, begann der andere von neuem. »Deine Biederkeit kam nie in Gefahr, versucht zu werden, doch deine Biederkeit versuchte mich. Ich hielt die kühne Wette, in deiner Gegenwart ein Verbrechen zu begehen, ohne daß du imstande sein würdest, mir dieses Verbrechen beweisen zu können.«

»Nach drei Tagen«, sagte der Alte leise und versunken in seiner Erinnerung, »wie wir mit einem deutschen Kaufmann über die Mahmud-Brücke gingen, hast du ihn vor meinen Augen ins Wasser gestoßen.«

»Der arme Kerl konnte nicht schwimmen und auch du warst in dieser Kunst so ungenügend bewandert, daß man dich nach deinem verunglückten Rettungsversuch halb ertrunken aus den schmutzigen Wellen des Goldenen Hornes ans Land zog«, antwortete der andere unerschütterlich. »Der Mord trug sich an einem strahlenden türkischen Sommertag bei einer angenehmen Brise vom Meere her auf einer belebten Brücke in aller Öffentlichkeit zwischen Liebespaaren der europäischen Kolonie, Muselmännern und ortsansässigen Bettlern zu, und trotzdem konntest du mir nichts beweisen. Du ließest mich verhaften, umsonst. Stundenlange Verhöre, nutzlos. Das Gericht glaubte meiner Version, die auf Selbstmord des Kaufmanns lautete.«

»Du konntest nachweisen, daß der Kaufmann vor dem Konkurs stand und sich durch einen Betrug vergeblich hatte retten wollen«, gab der Alte bitter zu, bleicher als sonst.

»Ich wählte mir mein Opfer sorgfältig aus, mein Freund«, lachte der andere.

»So bist du ein Verbrecher geworden«, antwortete der Kommissär.

Der andere spielte gedankenverloren mit dem türkischen Messer.

»Daß ich so etwas Ähnliches wie ein Verbrecher bin, kann ich nun nicht gerade ableugnen«, sagte er endlich nachlässig. »Ich wurde ein immer besserer Verbrecher und du ein immer besserer Kriminalist: Den Schritt jedoch, den ich dir voraus hatte, konntest du nie einholen. Immer wieder tauchte ich in deiner Laufbahn auf wie ein graues Gespenst, immer wieder trieb mich die Lust, unter deiner Nase sozusagen immer kühnere, wildere, blasphemischere Verbrechen zu begehen, und immer wieder bist du nicht imstande gewesen, meine Taten zu beweisen. Die Dummköpfe konntest du besiegen, aber ich besiegte dich.«

Dann fuhr er fort, den Alten aufmerksam und wie

belustigt beobachtend: »So lebten wir denn. Du ein Leben unter deinen Vorgesetzten, in deinen Polizeirevieren und muffigen Amtsstuben, immer brav eine Sprosse um die andere auf der Leiter deiner bescheidenen Erfolge erklimmend, dich mit Dieben und Fälschern herumschlagend, mit armen Schluckern, die nie recht ins Leben kamen, und mit armseligen Mörderchen, wenn es hochkam, ich dagegen bald im Dunkeln, im Dickicht verlorener Großstädte, bald im Lichte glänzender Positionen, ordenübersät, aus Übermut das Gute übend, wenn ich Lust dazu hatte, und wieder aus einer anderen Laune heraus das Schlechte liebend. Welch ein abenteuerlicher Spaß! Deine Sehnsucht war, mein Leben zu zerstören, und meine war es, mein Leben dir zum Trotz zu behaupten. Wahrlich, *eine* Nacht kettete uns für ewig zusammen!«

Der Mann hinter Bärlachs Schreibtisch klatschte in die Hände, es war ein einziger, grausamer Schlag: »Nun sind wir am Ende unserer Laufbahn«, rief er aus. »Du bist in dein Bern zurückgekehrt, halb gescheitert, in diese verschlafene, biedere Stadt, von der man nie recht weiß, wie viel Totes und wie viel Lebendiges eigentlich noch an ihr ist, und ich nach Lamboing zurückgekommen, auch dies nur aus einer Laune heraus: Man rundet gern ab, denn in diesem gottverlassenen Dorf hat mich irgendein längst verscharrtes Weib einmal geboren, ohne viel zu denken und reichlich sinnlos, und so habe ich mich denn auch, dreizehnjährig, in einer Regennacht fortgestohlen. Da sind wir nun also wieder. Gib es auf, Freund, es hat keinen Sinn. Der Tod wartet nicht.«

Und jetzt warf er, mit einer fast unmerklichen Bewegung der Hand, das Messer, genau und scharf Bärlachs

Wange streifend, tief in den Lehnstuhl. Der Alte rührte sich nicht. Der andere lachte:

»Du glaubst nun also, ich hätte diesen Schmied getötet?«

»Ich habe diesen Fall zu untersuchen«, antwortete der Kommissär.

Der andere stand auf und nahm die Mappe zu sich.

»Die nehme ich mit.«

»Einmal wird es mir gelingen, deine Verbrechen zu beweisen«, sagte nun Bärlach zum zweiten Male: »Und jetzt ist die letzte Gelegenheit.«

»In der Mappe sind die einzigen, wenn auch dürftigen Beweise, die Schmied in Lamboing für dich gesammelt hat. Ohne diese Mappe bist du verloren. Abschriften oder Photokopien besitzest du nicht, ich kenne dich.«

»Nein«, gab der Alte zu, »ich habe nichts Dergleichen.«

»Willst du nicht den Revolver brauchen, mich zu hindern?« fragte der andere spöttisch.

»Du hast die Munition herausgenommen«, antwortete Bärlach unbeweglich.

»Eben«, sagte der andere und klopfte ihm auf die Schultern. Dann ging er am Alten vorbei, die Türe öffnete sich, schloß sich wieder, draußen ging eine zweite Türe. Bärlach saß immer noch in seinem Lehnstuhl, die Wange an das kalte Eisen des Messers gelehnt. Doch plötzlich ergriff er die Waffe und schaute nach. Sie war geladen. Er sprang auf, lief in den Vorraum und dann zur Haustüre, die er aufriß, die Waffe in der Faust:

Die Straße war leer.

Dann kam der Schmerz, der ungeheure, wütende, stechende Schmerz, eine Sonne, die in ihm aufging, ihn aufs Lager warf, zusammenkrümmte, mit Fiebergluten überbrühte, schüttelte. Der Alte kroch auf Händen und Füßen herum wie ein Tier, warf sich zu Boden, wälzte sich über den Teppich und blieb dann liegen, irgendwo in seinem Zimmer, zwischen den Stühlen, mit kaltem Schweiß bedeckt. »Was ist der Mensch?« stöhnte er leise, »was ist der Mensch?«

Zwölftes Kapitel

Doch kam er wieder hoch. Nach dem Anfall fühlte er sich besser, schmerzfrei seit langem. Er trank angewärmten Wein in kleinen, vorsichtigen Schlücken, sonst nahm er nichts zu sich. Er verzichtete jedoch nicht, den gewohnten Weg durch die Stadt und über die Bundesterrasse zu gehen, halb schlafend zwar, aber jeder Schritt in der reingefegten Luft tat ihm wohl. Lutz, dem er bald darauf im Bureau gegenübersaß, bemerkte nichts, war vielleicht auch zu sehr mit seinem schlechten Gewissen beschäftigt, um etwas bemerken zu können. Er hatte sich entschlossen, Bärlach über die Unterredung mit von Schwendi noch diesen Nachmittag zu orientieren, nicht erst gegen Abend, hatte sich dazu auch in eine kalte, sachliche Positur mit vorgereckter Brust geworfen, wie der General auf Traffelets Bild über ihm, den Alten in forschem Telegrammstil unterrichtend. Zu seiner maßlosen Überraschung hatte jedoch der Kommissär nichts dagegen einzuwenden, er war mit allem einverstanden, er meinte, es sei weitaus das beste, den Entscheid des Bundeshauses abzuwarten und die Nachforschungen hauptsächlich auf das Leben Schmieds zu konzentrieren. Lutz war dermaßen überrascht, daß er seine Haltung aufgab und ganz leutselig und gesprächig wurde.

»Natürlich habe ich mich über Gastmann orientiert«, sagte er, »und weiß genug von ihm, um überzeugt zu sein, daß er unmöglich als Mörder irgendwie in Betracht kommen kann.«

»Natürlich«, sagte der Alte.

Lutz, der über Mittag von Biel einige Informationen erhalten hatte, spielte den sicheren Mann:

»Gebürtig aus Pockau in Sachsen, Sohn eines Großkaufmanns in Lederwaren, erst Argentinier, deren Gesandter in China er war – er muß in der Jugend nach Südamerika ausgewandert sein –, dann Franzose, meistens auf ausgedehnten Reisen. Er trägt das Kreuz der Ehrenlegion und ist durch Publikationen über biologische Fragen bekannt geworden. Bezeichnend für seinen Charakter ist die Tatsache, daß er es ablehnte, in die Französische Akademie aufgenommen zu werden. Das imponiert mir.«

»Ein interessanter Zug«, sagte Bärlach.

»Über seine zwei Diener werden noch Erkundigungen eingezogen. Sie haben französische Pässe, scheinen jedoch aus dem Emmental zu stammen. Er hat sich mit ihnen an der Beerdigung einen bösen Spaß geleistet.«

»Das scheint Gastmanns Art zu sein, Witze zu machen«, sagte der Alte.

»Er wird sich eben über seinen toten Hund ärgern. Vor allem ist der Fall Schmied für uns ärgerlich. Wir stehen in einem vollkommen falschen Licht da. Wir können von

Glück reden, daß ich mit von Schwendi befreundet bin. Gastmann ist ein Weltmann und genießt das volle Vertrauen schweizerischer Unternehmer.«

»Dann wird er schon richtig sein«, meinte Bärlach.

»Seine Persönlichkeit steht über jedem Verdacht.«

»Entschieden«, nickte der Alte.

»Leider können wir das nicht mehr von Schmied sagen«, schloß Lutz und ließ sich mit dem Bundeshaus verbinden.

Doch wie er am Apparat wartete, sagte plötzlich der Kommissär, der sich schon zum Gehen gewandt hatte:

»Ich muß Sie um eine Woche Krankheitsurlaub bitten, Herr Doktor.«

»Es ist gut«, antwortete Lutz, die Hand vor die Muschel haltend, denn man meldete sich schon, »am Montag brauchen Sie nicht zu kommen!«

In Bärlachs Zimmer wartete Tschanz, der sich beim Eintreten des Alten erhob. Er gab sich ruhig, doch der Kommissär spürte, daß der Polizist nervös war.

»Fahren wir zu Gastmann«, sagte Tschanz, »es ist höchste Zeit.«

»Zum Schriftsteller«, antwortete der Alte und zog den Mantel an.

»Umwege, alles Umwege«, wetterte Tschanz, hinter Bärlach die Treppen hinuntergehend. Der Kommissär blieb im Ausgang stehen:

»Da steht ja Schmieds blauer Mercedes.«

Tschanz sagte, er habe ihn gekauft, auf Abzahlung, irgendwem müßte ja jetzt der Wagen gehören, und stieg ein. Bärlach setzte sich neben ihn, und Tschanz fuhr über den Bahnhofplatz gegen Bethlehem. Bärlach brummte:

»Du fährst ja wieder über Ins.«

»Ich liebe diese Strecke.«

Bärlach schaute in die reingewaschenen Felder hinein. Es war alles in helles, ruhiges Licht getaucht. Eine warme, sanfte Sonne hing am Himmel, senkte sich schon leicht gegen Abend. Die beiden schwiegen. Nur einmal, zwischen Kerzers und Müntschemier, fragte Tschanz:

»Frau Schönler sagte mir, Sie hätten aus Schmieds Zimmer eine Mappe mitgenommen.«

»Nichts Amtliches, Tschanz, nur Privatsache.«

Tschanz entgegnete nichts, frug auch nicht mehr, nur daß Bärlach auf den Geschwindigkeitsmesser klopfen mußte, der bei Hundertfünfundzwanzig zeigte.

»Nicht so schnell, Tschanz, nicht so schnell. Nicht daß ich Angst habe, aber mein Magen ist nicht in Ordnung. Ich bin ein alter Mann.«

Dreizehntes Kapitel

Der Schriftsteller empfing sie in seinem Arbeitszimmer. Es war ein alter, niedriger Raum, der die beiden zwang, sich beim Eintritt durch die Türe wie unter ein Joch zu bücken. Draußen bellte noch der kleine, weiße Hund mit dem schwarzen Kopf, und irgendwo im Hause schrie ein Kind. Der Schriftsteller saß vorne beim gotischen Fenster, bekleidet mit einem Overall und einer braunen Lederjacke. Er drehte sich auf seinem Stuhl gegen die Eintretenden um, ohne den Schreibtisch zu verlassen, der dicht mit Papier besät war. Er erhob sich jedoch nicht, ja grüßte kaum, fragte nur, was die Polizei von ihm wolle. »Er ist unhöflich«, dachte Bärlach, »er liebt die Polizisten nicht; Schriftsteller haben Polizisten nie geliebt.« Der Alte beschloß, vorsichtig zu sein, auch Tschanz war von der ganzen Angelegenheit nicht angetan. »Auf alle Fälle sich nicht beobachten lassen, sonst kommen wir noch in ein Buch«, dachten sie ungefähr beide. Aber wie sie auf eine Handbewegung des Schriftstellers hin in weichen Lehnstühlen saßen, merkten sie überrascht, daß sie im Lichte des kleinen Fensters waren, während sie in diesem niedrigen, grünen Zimmer, zwischen den vielen Büchern das Gesicht des Schriftstellers kaum sahen, so heimtückkisch war das Gegenlicht.

»Wir kommen in der Sache Schmied«, fing der Alte an, »der über Twann ermordet worden ist.«

»Ich weiß. In der Sache Doktor Prantls, der Gastmann ausspionierte«, antwortete die dunkle Masse zwischen dem Fenster und ihnen. »Gastmann hat es mir erzählt.« Für kurze Momente leuchtete das Gesicht auf, er zündete sich eine Zigarette an. Die zwei sahen noch, wie sich das Gesicht zu einer grinsenden Grimasse verzog: »Sie wollen mein Alibi?«

»Nein«, sagte Bärlach.

»Sie trauen mir den Mord nicht zu?« fragte der Schriftsteller sichtlich enttäuscht.

»Nein«, antwortete Bärlach trocken, »Ihnen nicht.«

Der Schriftsteller stöhnte: »Da haben wir es wieder, die Schriftsteller werden in der Schweiz aufs traurigste unterschätzt!«

Der Alte lachte: »Wenn Sie's absolut wissen wollen: wir haben Ihr Alibi natürlich schon. Um halb eins sind

Sie in der Mordnacht zwischen Lamlingen und Schernelz dem Bannwart begegnet und gingen mit ihm heim. Sie hatten den gleichen Heimweg. Sie seien sehr lustig gewesen, hat der Bannwart gesagt.«

»Ich weiß. Der Polizist von Twann fragte schon zweimal den Bannwart über mich aus. Und alle andern Leute hier. Und sogar meine Schwiegermutter. Ich war Ihnen also doch mordverdächtig«, stellte der Schriftsteller stolz fest. »Auch eine Art schriftstellerischer Erfolg!« Und Bärlach dachte, es sei eben die Eitelkeit des Schriftstellers, daß er ernst genommen werden wolle. Alle drei schwiegen, und Tschanz versuchte angestrengt, dem Schriftsteller ins Gesicht zu sehen. Es war nichts zu machen in diesem Licht.

»Was wollen Sie denn noch?« fauchte endlich der Schriftsteller.

»Sie verkehren viel mit Gastmann?«

»Ein Verhör?« fragte die dunkle Masse und schob sich noch mehr vors Fenster. »Ich habe jetzt keine Zeit.«

»Seien Sie bitte nicht so unbarmherzig«, sagte der Kommissär, »wir wollen uns doch nur etwas unterhalten.« Der Schriftsteller brummte, Bärlach setzte wieder an: »Sie verkehren viel mit Gastmann?«

»Hin und wieder.«

»Warum?«

Der Alte erwartete jetzt wieder eine böse Antwort; doch der Schriftsteller lachte nur, blies den beiden ganze Schwaden von Zigarettenrauch ins Gesicht und sagte:

»Ein interessanter Mensch, dieser Gastmann, Kommissär, so einer lockt die Schriftsteller wie Fliegen an. Er kann herrlich kochen, wundervoll, hören Sie!«

Und nun fing der Schriftsteller an, über Gastmanns

Kochkunst zu reden, ein Gericht nach dem andern zu beschreiben. Fünf Minuten hörten die beiden zu, und dann noch einmal fünf Minuten; als der Schriftsteller jedoch nun schon eine Viertelstunde von Gastmanns Kochkunst geredet hatte, und von nichts anderem als von Gastmanns Kochkunst, stand Tschanz auf und sagte, sie seien leider nicht der Kochkunst zuliebe gekommen, aber Bärlach widersprach, ganz frisch geworden, das interessiere ihn, und nun fing Bärlach auch an. Der Alte lebte auf und erzählte nun seinerseits von der Kochkunst der Türken, der Rumänen, der Bulgaren, der Jugoslawen, der Tschechen, die beiden warfen sich Gerichte wie Fangbälle zu. Tschanz schwitzte und fluchte innerlich. Die beiden waren von der Kochkunst nicht mehr abzubringen, aber endlich, nach dreiviertel Stunden, hielten sie ganz erschöpft, wie nach einer langen Mahlzeit, inne. Der Schriftsteller zündete sich eine Zigarre an. Es war still. Nebenan begann das Kind wieder zu schreien. Unten bellte der Hund. Da sagte Tschanz ganz plötzlich ins Zimmer hinein:

»Hat Gastmann den Schmied getötet?«

Die Frage war primitiv, der Alte schüttelte den Kopf, und die dunkle Masse vor ihnen sagte: »Sie gehen wirklich aufs Ganze.«

»Ich bitte zu antworten«, sagte Tschanz entschlossen und beugte sich vor, doch blieb das Gesicht des Schriftstellers unerkennbar.

Bärlach war neugierig, wie nun wohl der Gefragte reagieren würde.

Der Schriftsteller blieb ruhig.

»Wann ist denn der Polizist getötet worden?« fragte er.

Dies sei vor Mitternacht gewesen, antwortete Tschanz.

Ob die Gesetze der Logik auch auf der Polizei Gültigkeit hätten, wisse er natürlich nicht, entgegnete der Schriftsteller, und er zweifle sehr daran, doch da er – wie die Polizei ja in ihrem Fleiß festgestellt hätte – um halb eins auf der Straße nach Schernelz dem Bannwart begegnet sei und sich demnach kaum zehn Minuten vorher von Gastmann verabschiedet haben müsse, könne Gastmann offenbar doch nicht gut der Mörder sein.

Tschanz wollte weiter wissen, ob noch andere Mitglieder der Gesellschaft um diese Zeit bei Gastmann gewesen seien.

Der Schriftsteller verneinte die Frage.

»Verabschiedete sich Schmied mit den andern?«

»Doktor Prantl pflegte sich stets als Zweitletzter zu empfehlen«, antwortete der Schriftsteller nicht ohne Spott.

»Und als Letzter?«

»Ich.«

Tschanz ließ nicht locker: »Waren beide Diener zugegen?«

»Ich weiß es nicht.«

Tschanz wollte wissen, warum nicht eine klare Antwort gegeben werden könne.

Er denke, die Antwort sei klar genug, schnauzte ihn der Schriftsteller an. Diener dieser Sorte pflege er nie zu beachten.

Ob Gastmann ein guter Mensch oder ein schlechter sei, fragte Tschanz mit einer Art Verzweiflung und einer Hemmungslosigkeit, die den Kommissär wie auf glühenden Kohlen sitzen ließ. »Wenn wir nicht in den nächsten Roman kommen, ist es das reinste Wunder«, dachte er.

Der Schriftsteller blies Tschanz eine solche Rauchwolke ins Gesicht, daß der husten mußte, auch blieb es lange still im Zimmer, nicht einmal das Kind hörte man mehr schreien.

»Gastmann ist ein schlechter Mensch«, sagte endlich der Schriftsteller.

»Und trotzdem besuchen Sie ihn öfters und nur, weil er gut kocht?« fragte Tschanz nach einem neuen Hustenanfall empört.

»Nur.«

»Das verstehe ich nicht.«

Der Schriftsteller lachte. Er sei eben auch eine Art Polizist sagte er, aber ohne Macht, ohne Staat, ohne Gesetz und ohne Gefängnis hinter sich. Es sei auch *sein* Beruf, den Menschen auf die Finger zu sehen.

Tschanz schwieg verwirrt, und Bärlach sagte: »Ich verstehe« und dann, nach einer Weile:

»Nun hat uns mein Untergebener Tschanz mit seinem übertriebenen Eifer in einen Engpaß hineingetrieben, aus dem ich mich wohl kaum mehr werde herausfinden können, ohne Haare zu lassen. Aber die Jugend hat auch etwas Gutes, genießen wir den Vorteil, daß uns ein Ochse in seinem Ungestüm den Weg bahnte (Tschanz wurde bei diesen Worten des Kommissärs rot vor Ärger). Bleiben wir bei den Fragen und bei den Antworten, die nun in Gottes Namen gefallen sind. Fassen wir die Gelegenheit beim Schopf. Wie denken Sie sich nun die Angelegenheit, mein Herr? Ist Gastmann fähig, als Mörder in Frage zu kommen?«

Im Zimmer war es dunkler geworden, doch fiel es dem Schrifsteller nicht ein, Licht zu machen. Er setzte sich in die Fensternische, so daß die beiden Polizisten wie Gefangene in einer Höhle saßen.

»Ich halte Gastmann zu jedem Verbrechen fähig«, kam

es brutal vom Fenster her, mit einer Stimme, die nicht ohne Heimtücke war. »Doch bin ich überzeugt, daß er den Mord an Schmied nicht begangen hat.«

»Sie kennen Gastmann«, sagte Bärlach.

»Ich mache mir ein Bild von ihm«, sagte der Schriftsteller.

»Sie machen sich *Ihr* Bild von ihm«, korrigierte der Alte kühl die dunkle Masse vor ihnen im Fensterrahmen.

»Was mich an ihm fasziniert, ist nicht so sehr seine Kochkunst, obgleich ich mich nicht so leicht für etwas anderes mehr begeistere, sondern die Möglichkeit eines Menschen, der nun wirklich ein Nihilist ist«, sagte der Schriftsteller. »Es ist immer atemberaubend, einem Schlagwort in Wirklichkeit zu begegnen.«

»Es ist vor allem immer atemberaubend, einem Schriftsteller zuzuhören«, sagte der Kommissär trocken.

»Vielleicht hat Gastmann mehr Gutes getan, als wir drei zusammen, die wir hier in diesem schiefen Zimmer sitzen«, fuhr der Schriftsteller fort. »Wenn ich ihn schlecht nenne, so darum, weil er das Gute ebenso aus einer Laune, aus einem Einfall tut wie das Schlechte, welches ich ihm zutraue. Er wird nie das Böse tun, um etwas zu erreichen, wie andere ihre Verbrechen begehen, um Geld zu besitzen, eine Frau zu erobern oder Macht zu gewinnen, er wird es tun, wenn es sinnlos ist, vielleicht, denn bei ihm sind immer zwei Dinge möglich, das Schlechte und das Gute, und der Zufall entscheidet.«

»Sie folgern dies, als wäre es Mathematik«, entgegnete der Alte.

»Es ist auch Mathematik«, antwortete der Schriftsteller. »Man könnte sein Gegenteil im Bösen konstruieren,

wie man eine geometrische Figur als Spiegelbild einer
andern konstruiert, und ich bin sicher, daß es auch einen
solchen Menschen gibt – irgendwo – vielleicht werden Sie
auch diesem begegnen. Begegnet man einem, begegnet
man dem andern.«

»Das klingt wie ein Programm«, sagte der Alte.

»Nun, es ist auch ein Programm, warum nicht«, sagte
der Schriftsteller. »So denke ich mir als Gastmanns Spiegelbild einen Menschen, der ein Verbrecher wäre, weil
das Böse seine Moral, seine Philosophie darstellt, das er
ebenso fanatisch täte wie ein anderer aus Einsicht das
Gute.«

Der Kommissär meinte, man solle nun doch lieber auf
Gastmann zurückkommen, der liege ihm näher.

»Wie Sie wollen«, sagte der Schriftsteller, »kommen
wir auf Gastmann zurück, Kommissär, zu diesem einen
Pol des Bösen. Bei ihm ist das Böse nicht der Ausdruck
einer Philosophie oder eines Triebes, sondern seiner Freiheit: Der Freiheit des Nichts.«

»Für diese Freiheit gebe ich keinen Pfennig«, antwortete der Alte.

»Sie sollen auch keinen Pfennig dafür geben«, entgegnete der andere. »Aber man könnte sein Leben daran
geben, diesen Mann und diese seine Freiheit zu studieren.«

»Sein Leben«, sagte der Alte.

Der Schriftsteller schwieg. Er schien nichts mehr sagen
zu wollen.

»Ich habe es mit einem wirklichen Gastmann zu tun«,
sagte der Alte endlich. »Mit einem Menschen, der bei
Lamlingen auf der Ebene des Tessenberges wohnt und
Gesellschaften gibt, die einen Polizeileutnant das Leben

gekostet haben. Ich sollte wissen, ob das Bild, das Sie mir
gezeigt haben, das Bild Gastmanns ist oder jenes Ihrer
Träume.«

»Unserer Träume«, sagte der Schriftsteller.

Der Kommissär schwieg.

»Ich weiß es nicht«, schloß der Schriftsteller und kam
auf die beiden zu, sich zu verabschieden, nur Bärlach die
Hand reichend, nur ihm: »Ich habe mich um dergleichen
nie gekümmert. Es ist schließlich Aufgabe der Polizei,
diese Frage zu untersuchen.«

Vierzehntes Kapitel

Die zwei Polizisten gingen wieder zu ihrem Wagen, vom
weißen Hündchen verfolgt, das sie wütend anbellte, und
Tschanz setzte sich ans Steuer.

Er sagte: »Dieser Schriftsteller gefällt mir nicht.« Bärlach ordnete den Mantel, bevor er einstieg. Das Hündchen war auf eine Rebmauer geklettert und bellte weiter.

»Nun zu Gastmann«, sagte Tschanz und ließ den
Motor anspringen. Der Alte schüttelte den Kopf.

»Nach Bern.«

Sie fuhren gegen Ligerz hinunter, hinein in ein Land,
das sich ihnen in einer ungeheuren Tiefe öffnete. Weit
ausgebreitet lagen die Elemente da: Stein, Erde, Wasser.
Sie selbst fuhren im Schatten, aber die Sonne, hinter den
Tessenberg gesunken, beschien noch den See, die Insel,
die Hügel, die Vorgebirge, die Gletscher am Horizont

und die übereinandergetürmten Wolkenungetüme, dahinschwimmend in den blauen Meeren des Himmels. Unbeirrbar schaute der Alte in dieses sich unaufhörlich ändernde Wetter des Vorwinters. Immer dasselbe, dachte er, wie es sich auch ändert, immer dasselbe. Doch wie die Straße sich jäh wandte und der See, ein gewölbter Schild, senkrecht unter ihnen lag, hielt Tschanz an.

»Ich muß mit Ihnen reden, Kommissär«, sagte er aufgeregt.

»Was willst du?« fragte Bärlach, die Felsen hinabschauend.

»Wir müssen Gastmann aufsuchen, es gibt keinen anderen Weg weiterzukommen, das ist doch logisch. Vor allem müssen wir die Diener verhören.«

Bärlach lehnte sich zurück und saß da, ein ergrauter, soignierter Herr, den Jungen neben sich aus seinen kalten Augenschlitzen ruhig betrachtend:

»Mein Gott, wir können nicht immer tun, was logisch ist, Tschanz. Lutz will nicht, daß wir Gastmann besuchen. Das ist verständlich, denn er mußte den Fall dem Bundesanwalt übergeben. Warten wir dessen Verfügung ab. Wir haben es eben mit heiklen Ausländern zu tun.« Bärlachs nachlässige Art machte Tschanz wild.

»Das ist doch Unsinn«, schrie er, »Lutz sabotiert mit seiner politischen Rücksichtnahme die Untersuchung. Von Schwendi ist sein Freund und Gastmanns Anwalt, da kann man sich doch sein Teil denken.«

Bärlach verzog nicht einmal sein Gesicht: »Es ist gut, daß wir allein sind, Tschanz. Lutz hat vielleicht etwas voreilig, aber mit guten Gründen gehandelt. Das Geheimnis liegt bei Schmied und nicht bei Gastmann.«

Tschanz ließ sich nicht beirren: »Wir haben nichts

anderes als die Wahrheit zu suchen«, rief er verzweifelt in die heranziehenden Wolkenberge hinein, »die Wahrheit und nur die Wahrheit, wer Schmieds Mörder ist!«

»Du hast recht«, wiederholte Bärlach, aber unpathetisch und kalt, »die Wahrheit, wer Schmieds Mörder ist.«

Der junge Polizist legte dem Alten die Hand auf die linke Schulter, schaute ihm ins undurchdringliche Antlitz:

»Deshalb haben wir mit allen Mitteln vorzugehen, und zwar gegen Gastmann. Eine Untersuchung muß lückenlos sein. Man kann nicht immer alles tun, was logisch ist, sagen Sie. Aber hier *müssen* wir es tun. Wir können Gastmann nicht überspringen.«

»Gastmann ist nicht der Mörder«, sagte Bärlach trocken.

»Die Möglichkeit besteht, daß Gastmann den Mord angeordnet hat. Wir müssen seine Diener vernehmen!« entgegnete Tschanz.

»Ich sehe nicht den geringsten Grund, der Gastmann hätte veranlassen können, Schmied zu ermorden«, sagte der Alte. »Wir müssen den Täter dort suchen, wo die Tat einen Sinn hätte haben können, und dies geht nur den Bundesanwalt etwas an«, fuhr er fort.

»Auch der Schriftsteller hält Gastmann für den Mörder«, rief Tschanz aus.

»Auch du hältst ihn dafür?« fragte Bärlach lauernd.

»Auch ich, Kommissär.«

»Dann du allein«, stellte Bärlach fest. »Der Schriftsteller hält ihn nur zu jedem Verbrechen fähig, das ist ein Unterschied. Der Schriftsteller hat nichts über Gastmanns Taten ausgesagt, sondern nur über seine Potenz.«

Nun verlor der andere die Geduld. Er packte den Alten bei den Schultern.

»Jahrelang bin ich im Schatten gestanden, Kommissär«, keuchte er. »Immer hat man mich übergangen, mißachtet, als letzten Dreck benutzt, als besseren Briefträger!«

»Das gebe ich zu, Tschanz«, sagte Bärlach, unbeweglich in das verzweifelte Gesicht des Jungen starrend, »jahrelang bist du im Schatten dessen gestanden, der nun ermordet worden ist.«

»Nur weil er bessere Schulen hatte! Nur weil er Lateinisch konnte.«

»Du tust ihm Unrecht«, antwortete Bärlach, »Schmied war der beste Kriminalist, den ich je gekannt habe.«

»Und jetzt«, schrie Tschanz, »da ich einmal eine Chance habe, soll alles wieder für nichts sein, soll meine einmalige Gelegenheit hinaufzukommen in einem blödsinnigen diplomatischen Spiel zugrunde gehen! Nur Sie können das noch ändern, Kommissär, sprechen Sie mit Lutz, nur Sie können ihn bewegen, mich zu Gastmann gehen zu lassen.«

»Nein, Tschanz«, sagte Bärlach, »ich kann das nicht.« Der andere rüttelte ihn wie einen Schulbuben, hielt ihn zwischen den Fäusten, schrie:

»Reden Sie mit Lutz, reden Sie!«

Doch der Alte ließ sich nicht erweichen: »Es geht nicht, Tschanz«, sagte er. »Ich bin nicht mehr für diese Dinge zu haben, Ich bin alt und krank. Da braucht man seine Ruhe. Du mußt dir selber helfen.«

»Gut«, sagte Tschanz, ließ plötzlich von Bärlach ab und ergriff wieder das Steuer, wenn auch totenbleich und zitternd. »Dann nicht. Sie können mir nicht helfen.« Sie fuhren wieder gegen Ligerz hinunter.

»Du bist doch in Grindelwald in den Ferien gewesen? Pension Eiger?« fragte der Alte.

»Jawohl, Kommissär.«

»Still und nicht zu teuer?«

»Wie Sie sagen.«

»Gut, Tschanz, ich fahre morgen dorthin, um mich auszuruhen. Ich muß in die Höhe. Ich habe für eine Woche Krankenurlaub genommen.«

Tschanz antwortete nicht sofort. Erst als sie in die Straße Biel-Neuenburg einbogen, meinte er, und seine Stimme klang wieder wie sonst:

»Die Höhe tut nicht immer gut, Kommissär.«

Fünfzehntes Kapitel

Noch am selben Abend ging Bärlach zu seinem Arzt am Bärenplatz, Doktor Samuel Hungertobel. Die Lichter brannten schon, von Minute zu Minute brach eine immer finsterere Nacht herein. Bärlach schaute von Hungertobels Fenster auf den Platz hinunter, auf die wogende Flut der Menschen. Der Arzt packte seine Instrumente zusammen. Bärlach und Hungertobel kannten sich schon lange, sie waren zusammen auf dem Gymnasium gewesen.

»Das Herz ist gut«, sagte Hungertobel, »Gott sei Dank!«

»Hast du Aufzeichnungen über meinen Fall?« fragte ihn Bärlach.

»Eine ganze Aktenmappe«, antwortete der Arzt und wies auf einen Papierstoß auf dem Schreibtisch. »Alles deine Krankheit.«

»Du hast zu niemandem über meine Krankheit geredet, Hungertobel?« fragte der Alte.

»Aber Hans?!« sagte der andere alte Mann, »das ist doch Arztgeheimnis.«

Drunten auf dem Platz fuhr ein Mercedes vor, leuchtete unter einer Straßenlaterne blau auf, hielt zwischen anderen Wagen, die dort parkten. Bärlach sah genauer hin. Tschanz stieg aus und ein Mädchen in weißem Regenmantel, über den das Haar in blonden Strähnen floß.

»Ist bei dir einmal eingebrochen worden, Samuel?« fragte der Kommissär.

»Wie kommst du darauf?«

»Nur so.«

»Einmal war mein Schreibtisch durcheinander«, gestand Hungertobel, »und deine Krankheitsgeschichte lag oben auf dem Schreibtisch. Geld fehlte keins, obschon ziemlich viel im Schreibtisch war.«

»Und warum hast du das nicht gemeldet?«

Der Arzt kratzte sich im Haar. »Geld fehlte, wie gesagt, keins, und ich wollte es eigentlich trotzdem melden. Aber dann habe ich es vergessen.«

»So«, sagte Bärlach, »du hast es vergessen. Bei dir wenigstens geht es den Einbrechern gut.« Und er dachte: »Daher weiß es also Gastmann.« Er schaute wieder auf den Platz hinunter. Tschanz trat nun mit dem Mädchen in das italienische Restaurant. »Am Tage seiner Beerdigung«, dachte Bärlach und wandte sich nun endgültig vom Fenster ab. Er sah Hungertobel an, der am Schreibtisch saß und schrieb.

»Wie steht es nun mit mir?«

»Hast du Schmerzen?«

Der Alte erzählte ihm seinen Anfall.

»Das ist schlimm, Hans«, sagte Hungertobel, »wir müssen dich innert drei Tagen operieren. Es geht nicht mehr anders.«

»Ich fühle mich jetzt wohl wie nie.«

»In vier Tagen wird ein neuer Anfall kommen, Hans«, sagte der Arzt, »und den wirst du nicht mehr überleben.«

»Zwei Tage habe ich also noch Zeit. Zwei Tage. Und am Morgen des dritten Tages wirst du mich operieren. Am Dienstagmorgen.«

»Am Dienstagmorgen«, sagte Hungertobel.

»Und dann habe ich noch ein Jahr zu leben, nicht wahr, Samuel?« sagte Bärlach und sah undurchdringlich wie immer auf seinen Schulfreund. Der sprang auf und ging durchs Zimmer.

»Wie kommst du auf solchen Unsinn!«

»Von dem, der meine Krankheitsgeschichte las.«

»Bist du der Einbrecher?« rief der Arzt erregt.

Bärlach schüttelte den Kopf: »Nein, nicht ich. Aber dennoch ist es so, Samuel; nur noch ein Jahr.«

»Nur noch ein Jahr«, antwortete Hungertobel, setzte sich an der Wand seines Ordinationszimmers auf einen Stuhl und sah hilflos zu Bärlach hinüber, der in der Mitte des Zimmers stand, in ferner, kalter Einsamkeit, unbeweglich und demütig, vor dessen verlorenem Blick der Arzt nun die Augen senkte.

Sechzehntes Kapitel

Gegen zwei Uhr nachts wachte Bärlach plötzlich auf. Er war früh zu Bett gegangen, hatte auch auf den Rat Hungertobels hin ein Mittel genommen, das erste Mal, so daß er zuerst sein heftiges Erwachen diesen ihm ungewohnten Vorkehrungen zuschrieb. Doch glaubte er wieder, durch irgendein Geräusch geweckt worden zu sein. Er war – wie oft, wenn wir mit einem Schlag wach werden – übernatürlich hellsichtig und klar; dennoch mußte er sich zuerst orientieren, und erst nach einigen Augenblicken – die uns dann Ewigkeiten scheinen – fand er sich zurecht. Er lag nicht im Schlafzimmer, wie es sonst seine Gewohnheit war, sondern in der Bibliothek; denn, auf eine schlechte Nacht vorbereitet, wollte er, wie er sich erinnerte, noch lesen; doch mußte ihn mit einem Male ein tiefer Schlaf übermannt haben. Seine Hände fuhren über den Leib, er war noch in den Kleidern; nur eine Wolldecke hatte er über sich gebreitet. Er horchte. Etwas fiel auf den Boden, es war das Buch, in dem er gelesen hatte. Die Finsternis des fensterlosen Raums war tief, aber nicht vollkommen; durch die offene Türe des Schlafzimmers drang schwaches Licht, von dort schimmerte der Schein der stürmischen Nacht. Er hörte von ferne den Wind aufheulen. Mit der Zeit erkannte er im Dunkel ein Büchergestell und einen Stuhl, auch die Kante des Tisches, auf dem, wie er mühsam erkannte, noch immer der Revolver lag. Da spürte er plötzlich einen Luftzug, im Schlafzimmer schlug ein Fenster, dann schloß sich die Türe mit einem heftigen Schlag. Unmittelbar nachher hörte der Alte vom Korridor her ein leises Schnappen. Er begriff. Jemand hatte die Haustüre geöffnet und war in den Korridor gedrungen, jedoch ohne mit der Möglichkeit eines Luftzuges zu rechnen. Bärlach stand auf und machte an der Stehlampe Licht.

Er ergriff den Revolver und entsicherte ihn. Da machte auch der andere im Korridor Licht. Bärlach, der durch die halboffene Türe die brennende Lampe erblickte, war überrascht; denn er sah in dieser Handlung des Unbekannten keinen Sinn. Er begriff erst, als es zu spät war. Er sah die Silhouette eines Arms und einer Hand, die in die Lampe griff, dann leuchtete eine blaue Flamme auf, es wurde finster: der Unbekannte hatte die Lampe herausgerissen und einen Kurzschluß herbeigeführt. Bärlach stand in vollkommener Dunkelheit, der andere hatte den Kampf aufgenommen und die Bedingungen gestellt: Bärlach mußte im Finstern kämpfen. Der Alte umklammerte die Waffe und öffnete vorsichtig die Türe zum Schlafzimmer. Er betrat den Raum. Durch die Fenster fiel ungewisses Licht, zuerst kaum wahrnehmbar, das sich jedoch, wie sich das Auge daran gewöhnt hatte, verstärkte. Bärlach lehnte sich zwischen dem Bett und Fenster, das gegen den Fluß ging, an die Wand; das andere Fenster war rechts von ihm, es ging gegen das Nebenhaus. So stand er in undurchdringlichem Schatten, zwar benachteiligt, da er nicht ausweichen konnte, doch hoffte er, daß seine Unsichtbarkeit dies aufwöge. Die Türe zur Bibliothek lag im schwachen Licht der Fenster. Er mußte den Umriß des Unbekannten erblicken, wenn er sie durchschritt. Da flammte in der Bibliothek der feine Strahl einer Taschenlampe auf, glitt suchend über die Einbände, dann über den Fußboden, über den Sessel, schließlich über den Schreibtisch. Im Strahl lag das Schlangenmesser. Wieder sah Bärlach die Hand durch die offene Türe ihm gegenüber. Sie steckte in einem braunen Lederhandschuh, tastete über den Tisch, schloß sich um den Griff des Schlangenmessers. Bärlach hob die Waffe, zielte. Da erlosch die Taschenlampe. Unverrichteter Dinge ließ der Alte den Revolver wieder sinken, wartete. Er sah von seinem Platz aus durch das Fenster, ahnte die schwarze Masse des unaufhörlich fließenden Flusses, die aufgetürmte Stadt jenseits, die Kathedrale, wie ein Pfeil in den Himmel stechend, und darüber die treibenden Wolken. Er stand unbeweglich und erwartete den Feind, der gekommen war, ihn zu töten. Sein Auge bohrte sich in den ungewissen Ausschnitt der Türe. Er wartete. Alles war still, leblos. Dann schlug die Uhr im Korridor: Drei. Er horchte. Leise hörte er von ferne das Ticken der Uhr. Irgendwo hupte ein Automobil, dann fuhr es vorüber. Leute von einer Bar. Einmal glaubte er, atmen zu hören, doch mußte er sich getäuscht haben. So stand er da, und irgendwo in seiner Wohnung stand der andere, und die Nacht, die unter ihrem schwarzen Mantel die tödliche Schlange barg, das Messer, das sein Herz suchte. Der Alte atmete kaum. Er stand da und umklammerte die Waffe, kaum daß er fühlte, wie kalter Schweiß über seinen Nacken floß. Er dachte an nichts mehr, nicht mehr an Gastmann, nicht mehr an Lutz, auch nicht mehr an die Krankheit, die an seinem Leibe fraß, Stunde um Stunde, im Begriff, das Leben zu zerstören, das er nun verteidigte, voll Gier zu leben und nur zu leben. Er war nur noch ein Auge, das die Nacht durchforschte, nur noch ein Ohr, das den kleinsten Laut überprüfte, nur noch eine Hand, die sich um das kühle Metall der Waffe

schloß. Doch nahm er endlich die Gegenwart des Mör-
ders anders wahr, als er geglaubt hatte; er spürte an seiner
Wange eine ungewisse Kälte, eine geringe Veränderung
der Luft. Lange konnte er sich das nicht erklären, bis er
erriet, daß sich die Türe, die vom Schlafzimmer ins
Eßzimmer führte, geöffnet hatte. Der Fremde hatte seine
Überlegung zum zweiten Male durchkreuzt, er war auf
einem Umweg ins Schlafzimmer gedrungen, unsichtbar,
unhörbar, unaufhaltsam, in der Hand das Schlangenmesser. Bärlach wußte nun, daß er den Kampf beginnen, daß
er zuerst handeln mußte, er, der alte, todkranke Mann,
den Kampf um ein Leben, das noch ein Jahr dauern
konnte, wenn alles gut ging, wenn Hungertobel gut und
richtig schnitt. Bärlach richtete den Revolver gegen das
Fenster, das nach der Aare sah. Dann schoß er, dann
noch einmal, dreimal im ganzen, schnell und sicher durch
die zersplitternde Scheibe hinaus in den Fluß, dann ließ
er sich nieder. Über ihm zischte es, es war das Messer,
das nun federnd in der Wand steckte. Aber schon hatte
der Alte erreicht, was er wollte: im andern Fenster wurde
es Licht, es waren die Leute des Nebenhauses, die sich
nun aus ihren geöffneten Fenstern bückten; zu Tode
erschrocken und verwirrt starrten sie in die Nacht. Bärlach richtete sich auf. Das Licht des Nebenhauses
erleuchtete das Schlafzimmer, undeutlich sah er noch in
der Eßzimmertüre den Schatten einer Gestalt, dann
schlug die Haustüre zu, hernach durch den Luftzug die
Türe zur Bibliothek, dann die zum Eßzimmer, ein Schlag
nach dem andern, das Fenster klappte, darauf war es still.
Die Leute von Nebenhaus starrten immer noch in die
Nacht. Der Alte rührte sich nicht an seiner Wand, in der
Hand immer noch die Waffe. Er stand da, unbeweglich,

als spüre er die Zeit nicht mehr. Die Leute zogen sich zurück, das Licht erlosch. Bärlach stand an der Wand, wieder in der Dunkelheit, eins mit ihr, allein im Haus.

Siebzehntes Kapitel

Nach einer halben Stunde ging er in den Korridor und suchte seine Taschenlampe. Er telephonierte Tschanz, er solle kommen. Dann vertauschte er die zerstörte Sicherung mit einer neuen, das Licht brannte wieder. Bärlach setzte sich in seinen Lehnstuhl, horchte in die Nacht. Ein Wagen fuhr draußen vor, bremste jäh. Wieder ging die Haustüre, wieder hörte er einen Schritt. Tschanz betrat den Raum.

»Man versuchte, mich zu töten«, sagte der Kommissär. Tschanz war bleich. Er trug keinen Hut, die Haare hingen ihm wirr in die Stirne, und unter dem Wintermantel kam das Pyjama hervor. Sie gingen zusammen ins Schlafzimmer. Tschanz zog das Messer aus der Wand, mühselig, denn es hatte sich tief in das Holz eingegraben.

»Mit dem?« fragte er.

»Mit dem, Tschanz.«

Der junge Polizist besah sich die zersplitterte Scheibe. »Sie haben ins Fenster hineingeschossen, Kommissär?« fragte er verwundert.

Bärlach erzählte ihm alles. »Das beste, was Sie tun konnten«, brummte der andere.

Sie gingen in den Korridor, und Tschanz hob die Glühbirne vom Boden.

»Schlau«, meinte er, nicht ohne Bewunderung, und

legte sie wieder weg. Dann gingen sie in die Bibliothek zurück. Der Alte streckte sich auf den Diwan, zog die Decke über sich, lag da, hilflos, plötzlich uralt und wie zerfallen. Tschanz hielt immer noch das Schlangenmesser in der Hand. Er fragte:

»Konnten Sie denn den Einbrecher nicht erkennen?«

»Nein. Er war vorsichtig und zog sich schnell zurück. Ich konnte nur einmal sehen, daß er braune Lederhandschuhe trug.«

»Das ist wenig.«

»Das ist nichts. Aber wenn ich ihn auch nicht sah, kaum seinen Atem hörte, ich weiß, wer es gewesen ist. Ich weiß es; ich weiß es.«

Das alles sagte der Alte fast unhörbar. Tschanz wog in seiner Hand das Messer, blickte auf die graue, liegende Gestalt, auf diesen alten, müden Mann, auf diese Hände, die neben dem zerbrechlichen Leib wie verwelkte Blumen neben einem Toten lagen. Dann sah er des Liegenden Blick. Ruhig, undurchdringlich und klar waren Bärlachs Augen auf ihn gerichtet. Tschanz legte das Messer auf den Schreibtisch.

»Heute morgen müssen Sie nach Grindelwald, Sie sind krank. Oder wollen Sie lieber doch nicht gehen? Es ist vielleicht nicht das Richtige, die Höhe. Es ist nun dort Winter.«

»Doch, ich gehe.«

»Dann müssen Sie noch etwas schlafen. Soll ich bei Ihnen wachen?«

»Nein, geh nur, Tschanz«, sagte der Kommissär.

»Gute Nacht«, sagte Tschanz und ging langsam hinaus. Der Alte antwortete nicht mehr, er schien schon zu schlafen. Tschanz öffnete die Haustüre, trat hinaus, schloß sie wieder. Langsam ging er die wenigen Schritte bis zur Straße, schloß auch die Gartentüre, die offen war. Dann kehrte er sich gegen das Haus zurück. Es war immer noch finstere Nacht. Alle Dinge waren verloren in dieser Dunkelheit, auch die Häuser nebenan. Nur weit oben brannte eine Straßenlampe, ein verlorener Stern in einer düsteren Finsternis, voll von Traurigkeit, voll vom Rauschen des Flusses. Tschanz stand da, und plötzlich stieß er einen leisen Fluch aus. Sein Fuß stieß die Gartentüre wieder auf, entschlossen schritt er über den Gartenweg bis zur Haustüre, den Weg, den er gegangen, noch einmal zurückgehend. Er ergriff die Falle und drückte sie nieder. Aber die Haustüre war jetzt verschlossen.

Bärlach erhob sich um sechs, ohne geschlafen zu haben. Es war Sonntag. Der Alte wusch sich, legte auch andere Kleider an. Dann telephonierte er einem Taxi, essen wollte er im Speisewagen. Er nahm den warmen Wintermantel und verließ die Wohnung, trat in den grauen Morgen hinaus, doch trug er keinen Koffer bei sich. Der Himmel war klar. Ein verbummelter Student wankte vorbei, nach Bier stinkend, grüßte. »Der Blaser«, dachte Bärlach, »schon zum zweiten Male durchs Physikum gefallen, der arme Kerl. Da fängt man an zu saufen.« Das Taxi fuhr heran, hielt. Es war ein großer amerikanischer Wagen. Der Chauffeur hatte den Kragen hochgeschlagen, Bärlach sah kaum die Augen. Der Chauffeur öffnete.

»Bahnhof«, sagte Bärlach und stieg ein. Der Wagen setzte sich in Bewegung.

»Nun«, sagte eine Stimme neben ihm, »wie geht es dir? Hast du gut geschlafen?«

Bärlach wandte den Kopf. In der andern Ecke saß Gastmann. Er war in einem hellen Regenmantel und hielt die Arme verschränkt. Die Hände steckten in braunen Lederhandschuhen. So saß er da wie ein alter, spöttischer Bauer. Vorne wandte der Chauffeur sein Gesicht nach hinten, grinste. Der Kragen war jetzt nicht mehr hochgeschlagen, es war einer der Diener. Bärlach begriff, daß er in eine Falle gegangen war.

»Was willst du wieder von mir?« fragte der Alte.

»Du spürst mir immer noch nach. Du warst beim Schriftsteller«, sagte der in der Ecke, und seine Stimme klang drohend.

»Das ist mein Beruf.«

Der andere ließ kein Auge von ihm: »Es ist noch jeder umgekommen, der sich mit mir beschäftigt hat, Bärlach.«

Der vorne fuhr wie der Teufel den Aargauerstalden hinauf.

»Ich lebe noch. Und ich habe mich immer mit dir beschäftigt«, antwortete der Kommissär gelassen.

Die beiden schwiegen.

Der Chauffeur fuhr in rasender Geschwindigkeit gegen den Viktoriaplatz. Ein alter Mann humpelte über die Straße und konnte sich nur mit Mühe retten.

»Gebt doch acht«, sagte Bärlach ärgerlich.

»Fahr schneller«, rief Gastmann schneidend und musterte den Alten spöttisch. »Ich liebe die Schnelligkeit der Maschinen.«

Der Kommissär fröstelte. Er liebte die luftleeren Räume nicht. Sie rasten über die Brücke, an einem Tram vorbei und näherten sich über das silberne Band des Flusses tief unter ihnen pfeilschnell der Stadt, die sich ihnen willig öffnete. Die Gassen waren noch öde und verlassen, der Himmel über der Stadt gläsern.

»Ich rate dir, das Spiel aufzugeben. Es wäre Zeit, deine

Niederlage einzusehen«, sagte Gastmann und stopfte seine Pfeife.

Der Alte sah nach den dunklen Wölbungen der Lauben, an denen sie vorüberglitten, nach den schattenhaften Gestalten zweier Polizisten, die vor der Buchhandlung Lang standen.

»Geißbühler und Zumsteg«, dachte er und dann: »Den Fontane sollte ich doch endlich einmal zahlen.«

»Unser Spiel«, antwortete er endlich, »können wir nicht aufgeben. Du bist in jener Nacht in der Türkei schuldig geworden, weil du die Wette geboten hast, Gastmann, und ich, weil ich sie angenommen habe.«

Sie fuhren am Bundeshaus vorbei.

»Du glaubst immer noch, ich hätte den Schmied getötet?« fragte der andere.

»Ich habe keinen Augenblick daran geglaubt«, antwortete der Alte und fuhr dann fort, gleichgültig zusehend, wie der andere seine Pfeife in Brand steckte:

»Es ist mir nicht gelungen, dich der Verbrechen zu überführen, die du begangen hast, nun werde ich dich eben dessen überführen, das du nicht begangen hast.«

Gastmann schaute den Kommissär prüfend an.

»Auf diese Möglichkeit bin ich noch gar nicht gekommen«, sagte er. »Ich werde mich vorsehen müssen.«

Der Kommissär schwieg.

»Vielleicht bist du ein gefährlicherer Bursche, als ich dachte, alter Mann«, meinte Gastmann in seiner Ecke nachdenklich.

Der Wagen hielt. Sie waren am Bahnhof.

»Es ist das letzte Mal, daß ich mit dir rede, Bärlach«, sagte Gastmann. »Das nächste Mal werde ich dich töten, gesetzt, daß du deine Operation überstehst.«

»Du irrst dich«, sagte Bärlach, der auf dem morgendlichen Platz stand, alt und leicht frierend. »Du wirst mich nicht töten. Ich bin der einzige, der dich kennt, und so bin ich auch der einzige, der dich richten kann. Ich habe dich gerichtet, Gastmann, ich habe dich zum Tode verurteilt. Du wirst den heutigen Tag nicht mehr überleben. Der Henker, den ich ausersehen habe, wird heute zu dir kommen. Er wird dich töten, denn das muß nun eben einmal in Gottes Namen getan werden.«

Gastmann zuckte zusammen und starrte den Alten verwundert an, doch dieser ging in den Bahnhof hinein, die Hände im Mantel vergraben, ohne sich umzukehren, hinein in das dunkle Gebäude, das sich langsam mit Menschen füllte.

»Du Narr!« schrie Gastmann nun plötzlich dem Kommissär nach, so laut, daß sich einige Passanten umdrehten. »Du Narr!« Doch Bärlach war nicht mehr zu sehen.

Achtzehntes Kapitel

Der Tag, der nun immer mehr heraufzog, war klar und mächtig, die Sonne, ein makelloser Ball, warf harte und lange Schatten, sie, höher rollend, nur wenig verkürzend. Die Stadt lag da, eine weiße Muschel, das Licht aufsaugend, in ihren Gassen verschluckend, um es nachts mit tausend Lichtern wieder auszuspeien, ein Ungeheuer, das immer neue Menschen gebar, zersetzte, begrub. Immer strahlender wurde der Morgen, ein leuchtender Schild über dem Verhallen der Glocken. Tschanz wartete, bleich im Licht, das von den Mauern prallte, eine Stunde lang. Er ging unruhig in den Lauben vor der Kathedrale auf und ab, sah auch zu den Wasserspeiern hinauf, wilde Fratzen, die auf das Pflaster starrten, das im Sonnenlicht lag. Endlich öffneten sich die Portale. Der Strom der Menschen war gewaltig, Lüthi hatte gepredigt, doch sah er sofort den weißen Regenmantel. Anna kam auf ihn zu. Sie sagte, daß sie sich freue, ihn zu sehen, und gab ihm die Hand. Sie gingen die Keßlergasse hinauf, mitten im Schwarm der Kirchgänger, umgeben von alten und jungen Leuten, hier ein Professor, da eine sonntäglich herausgeputzte Bäckersfrau, dort zwei Studenten mit einem Mädchen, einige Dutzend Beamte, Lehrer, alle sauber, alle gewaschen, alle hungrig, alle sich auf ein besseres Essen freuend. Sie erreichten den Kasinoplatz, überquerten ihn und gingen ins Marzili hinunter. Auf der Brücke blieben sie stehen.

»Fräulein Anna«, sagte Tschanz, »heute werde ich Ulrichs Mörder stellen.«

»Wissen Sie denn, wer es ist?« fragte sie überrascht.

Er schaute sie an. Sie stand vor ihm, bleich und schmal. »Ich glaube es zu wissen«, sagte er. »Werden Sie mir, wenn ich ihn gestellt habe«, er zögerte etwas in seiner Frage, »das gleiche wie Ihrem verstorbenen Bräutigam sein?«

Anna antwortete nicht sofort. Sie zog ihren Mantel enger zusammen, als fröre sie. Ein leichter Wind stieg auf, brachte ihre blonden Haare durcheinander, aber dann sagte sie:

»So wollen wir es halten.«

Sie gaben sich die Hand, und Anna ging ans andere Ufer. Er sah ihr nach. Ihr weißer Mantel leuchtete zwi-

schen den Birkenstämmen, tauchte zwischen Spaziergän-
gern unter, kam wieder hervor, verschwand endlich.
Dann ging er zum Bahnhof, wo er den Wagen gelassen
hatte. Er fuhr nach Ligerz. Es war gegen Mittag, als er
ankam; denn er fuhr langsam, hielt manchmal auch an,
ging rauchend in die Felder hinein, kehrte wieder zum
Wagen zurück, fuhr weiter. Er hielt in Ligerz vor der
Station, stieg dann die Treppe zur Kirche empor. Er war
ruhig geworden. Der See war tiefblau, die Reben ent-
laubt, und die Erde zwischen ihnen braun und locker.
Doch Tschanz sah nichts und kümmerte sich um nichts.
Er stieg unaufhaltsam und gleichmäßig hinauf, ohne sich
umzukehren und ohne innezuhalten. Der Weg führte
steil bergan, von weißen Mauern eingefaßt, ließ Rebberg
um Rebberg zurück. Tschanz stieg immer höher, ruhig,
langsam, unbeirrbar, die rechte Hand in der Manteltasche. Manchmal kreuzte eine Eidechse seinen Weg, Bus-
sarde stiegen auf, das Land zitterte im Feuer der Sonne,
als wäre es Sommer; er stieg unaufhaltsam. Später tauchte
er in den Wald ein, die Reben verlassend. Es wurde
kühler. Zwischen den Stämmen leuchteten die weißen
Jurafelsen. Er stieg immer höher hinan, immer im gleichen Schritt gehend, immer im gleichen stetigen Gang
vorrückend, und betrat die Felder. Es war Acker- und
Weideland; der Weg stieg sanfter. Er schritt an einem
Friedhof vorbei, ein Rechteck, von einer grauen Mauer
eingefaßt, mit weit offenem Tor. Schwarzgekleidete
Frauen schritten auf den Wegen, ein alter gebückter
Mann stand da, schaute dem Vorbeiziehenden nach, der
immer weiterschritt, die rechte Hand in der Manteltasche.

Er erreichte Prêles, schritt am Hotel Bären vorbei und

wandte sich gegen Lamboing. Die Luft über der Hoch-
ebene stand unbewegt und ohne Dunst. Die Gegenstän-
de, auch die entferntesten, traten überdeutlich hervor.
Nur der Grat des Chasserals war mit Schnee bedeckt,
sonst leuchtete alles in einem hellen Braun, durchbrochen
vom Weiß der Mauern und dem Rot der Dächer, von den
schwarzen Bändern der Äcker. Gleichmäßig schritt
Tschanz weiter; die Sonne schien ihm in den Rücken und
warf seinen Schatten vor ihm her. Die Straße senkte sich,
er schritt gegen die Sägerei, nun schien die Sonne seitlich.
Er schritt weiter, ohne zu denken, ohne zu sehen, nur
von *einem* Willen getrieben, von *einer* Leidenschaft beherrscht. Ein Hund bellte irgendwo, dann kam er heran,
beschnupperte den stetig Vordringenden, lief wieder
weg. Tschanz ging weiter, immer auf der rechten Straßenseite, einen Schritt um den andern, nicht langsamer,
nicht schneller, dem Haus entgegen, das nun im Braun
der Felder auftauchte, von kahlen Pappeln umrahmt.
Tschanz verließ den Weg und schritt über die Felder.
Seine Schuhe versanken in der warmen Erde eines unge-
pflügten Ackers, er schritt weiter. Dann erreichte er das
Tor. Es war offen, Tschanz schritt hindurch. Im Hof
stand ein amerikanischer Wagen. Tschanz achtete nicht
auf ihn. Er ging zur Haustüre. Auch sie war offen.
Tschanz betrat einen Vorraum, öffnete eine zweite Türe
und schritt dann in eine Halle hinein, die das Parterre
einnahm. Tschanz blieb stehen. Durch die Fenster ihm
gegenüber fiel grelles Licht. Vor ihm, nicht fünf Schritte
entfernt, stand Gastmann und neben ihm riesenhaft die
Diener, unbeweglich und drohend, zwei Schlächter. Alle
drei waren in Mänteln, Koffer neben sich getürmt, alle
drei waren reisefertig.

Tschanz blieb stehen.

»Sie sind es also«, sagte Gastmann, und sah leicht verwundert das ruhige, bleiche Gesicht des Polizisten und hinter diesem die noch offene Türe.

Dann fing er an zu lachen: »So meinte es der Alte! Nicht ungeschickt, ganz und gar nicht ungeschickt!«

Gastmanns Augen waren weitaufgerissen und eine gespenstische Heiterkeit leuchtete in ihnen auf.

Ruhig, ohne ein Wort zu sprechen, und fast langsam nahm einer der zwei Schlächter einen Revolver aus der Tasche und schoß. Tschanz fühlte an der linken Achsel einen Schlag, riß die Rechte aus der Tasche und warf sich auf die Seite. Dann schoß er dreimal in das nun wie in einem leeren, unendlichen Raume verhallende Lachen Gastmanns hinein.

Neunzehntes Kapitel

Von Tschanz durchs Telephon verständigt, eilte Charnel von Lamboing herbei, von Twann Clenin, und von Biel kam das Überfallkommando. Man fand Tschanz blutend bei den drei Leichen, ein weiterer Schuß hatte ihn am linken Unterarm getroffen. Das Gefecht mußte kurz gewesen sein, doch hatte jeder der drei nun Getöteten noch geschossen. Bei jedem fand man einen Revolver, der eine der Diener hielt den seinen mit der Hand umklammert. Was sich nach dem Eintreffen Charnels weiter ereignete, konnte Tschanz nicht mehr erkennen.

Als ihn der Arzt von Neuveville verband, fiel er zweimal in Ohnmacht; doch erwiesen sich die Wunden nicht als gefährlich. Später kamen Dorfbewohner, Bauern, Arbeiter, Frauen. Der Hof war überfüllt, und die Polizei sperrte ab; einem Mädchen aber gelang es, bis in die Halle zu dringen, wo es sich, laut schreiend, über Gastmann warf. Es war die Kellnerin, Charnels Braut. Er stand dabei, rot vor Wut. Dann brachte man Tschanz mitten durch die zurückweichenden Bauern in den Wagen.

»Da liegen sie alle drei«, sagte Lutz am andern Morgen und wies auf die Toten, aber seine Stimme klang nicht triumphierend, sie klang traurig und müde.

Von Schwendi nickte konsterniert. Der Oberst war mit Lutz im Auftrag seiner Klienten nach Biel gefahren. Sie hatten den Raum betreten, in dem die Leichen lagen. Durch ein kleines, vergittertes Fenster fiel ein schräger Lichtstrahl. Die beiden standen da in ihren Mänteln und froren. Lutz hatte rote Augen. Die ganze Nacht hatte er sich mit Gastmanns Tagebüchern beschäftigt, mit schwer leserlichen, stenographierten Dokumenten.

Lutz vergrub seine Hände tiefer in die Taschen. »Da stellen wir Menschen aus Angst voreinander Staaten auf, von Schwendi«, hob er fast leise wieder an, »umgeben uns mit Wächtern jeder Art, mit Polizisten, mit Soldaten, mit einer öffentlichen Meinung; aber was nützt es uns?« Lutzens Gesicht verzerrte sich, seine Augen traten hervor, und er lachte ein hohles, meckerndes Gelächter in den Raum hinein, der sie kalt und arm umgab. »Ein Hohlkopf an der Spitze einer Großmacht, Nationalrat, und schon werden wir weggeschwemmt, ein Gastmann, und schon sind unsere Ketten durchbrochen, die Vorposten umgangen.«

Von Schwendi sah ein, daß es am besten war, den Untersuchungsrichter auf realen Boden zu bringen, wußte aber nicht recht wie. »Unsere Kreise werden eben von allen möglichen Leuten geradezu schamlos ausgenützt«, sagte er endlich. »Es ist peinlich, überaus peinlich.«

»Niemand hatte eine Ahnung«, beruhigte ihn Lutz.

»Und Schmied?« fragte der Nationalrat, froh, auf ein Stichwort gekommen zu sein.

»Wir haben bei Gastmann eine Mappe gefunden, die Schmied gehörte. Sie enthielt Angaben über Gastmanns Leben und Vermutungen über dessen Verbrechen. Schmied versuchte, Gastmann zu stellen. Er tat dies als Privatperson. Ein Fehler, den er büßen mußte; denn es ist bewiesen, daß Gastmann auch Schmied ermorden ließ: Schmied muß mit der Waffe getötet worden sein, die einer der Diener in der Hand hielt, als ihn Tschanz erschoß. Die Untersuchung der Waffe hat dies sofort bestätigt. Auch der Grund seiner Ermordung ist klar: Gastmann fürchtete, durch Schmied entlarvt zu werden. Schmied hätte sich uns anvertrauen sollen. Aber er war jung und ehrgeizig.«

Bärlach betrat die Totenkammer. Als Lutz den Alten sah, wurde er melancholisch und verbarg die Hände wieder in seinen Taschen. »Nun Kommissär«, sagte er und stand von einem Bein auf das andere, »es ist schön, daß wir uns hier treffen. Sie sind rechtzeitig von ihrem Urlaub zurück, und ich kam auch nicht zu spät mit meinem Nationalrat hergebraust. Die Toten sind serviert. Wir haben uns viel gestritten, Bärlach, ich war für eine ausgeklügelte Polizei mit allen Schikanen, am liebsten hätte ich sie noch mit der Atombombe versehen, und Sie, Kommissär, mehr für etwas Menschliches, für eine

Art Landjägertruppe aus biederen Großvätern. Begraben wir den Streit. Wir hatten beide unrecht, Tschanz hat uns ganz unwissenschaftlich mit seinem bloßen Revolver widerlegt. Ich will nicht wissen, wie. Nun gut, es war Notwehr, wir müssen ihm glauben, und wir dürfen ihm glauben. Die Beute hat sich gelohnt, die Erschossenen verdienen tausendmal den Tod, wie die schöne Redensart heißt, und wenn es nach der Wissenschaft gegangen wäre, schnüffelten wir jetzt bei fremden Diplomaten herum. Ich werde Tschanz befördern müssen; aber wie Esel stehen wir da, wir beide. Der Fall Schmied ist abgeschlossen.«

Lutz senkte den Kopf, verwirrt durch das rätselhafte Schweigen des Alten, sank in sich zusammen, wurde plötzlich wieder der korrekte, sorgfältige Beamte, räusperte sich und wurde, wie er den noch immer verlegenen von Schwendi bemerkte, rot; dann ging er, vom Oberst begleitet, langsam hinaus, in das Dunkel irgendeines Korridors und ließ Bärlach allein zurück. Die Leichen lagen auf Tragbahren und waren mit schwarzen Tüchern zugedeckt. Von den kahlen, grauen Wänden blätterte der Gips. Bärlach trat zu der mittleren Bahre und deckte den Toten auf. Es war Gastmann. Bärlach stand leicht über ihn gebeugt, das schwarze Tuch noch in der linken Hand. Schweigend schaute er auf das wächserne Antlitz des Toten nieder, auf den immer noch heiteren Zug der Lippen, doch waren die Augenhöhlen jetzt noch tiefer, und es lauerte nichts Schreckliches mehr in diesen Abgründen. So trafen sie sich zum letzten Male, der Jäger und das Wild, das nun erledigt zu seinen Füßen lag. Bärlach ahnte, daß sich nun das Leben *beider* zu Ende gespielt hatte, und noch einmal glitt sein Blick die Jahre

hindurch, legte sein Geist den Weg durch die geheimnisvollen Gänge des Labyrinths zurück, das beider Leben
war. Nun blieb zwischen ihnen nichts mehr als die
Unermeßlichkeit des Todes, ein Richter, dessen Urteil
das Schweigen ist. Bärlach stand immer noch gebückt,
und das fahle Licht der Zelle lag auf seinem Gesicht und
auf seinen Händen, umspielte auch die Leiche, für beide
geltend, für beide erschaffen, beide versöhnend. Das
Schweigen des Todes sank auf ihn, kroch in ihn hinein,
aber es gab ihm keine Ruhe wie dem andern. Die Toten
haben immer recht. Langsam deckte Bärlach das Gesicht
Gastmanns wieder zu. Das letzte Mal, daß er ihn sah;
von nun an gehörte sein Feind dem Grab. Nur *ein*
Gedanke hatte ihn jahrelang beherrscht: den zu vernichten, der nun im kahlen, grauen Raume zu seinen Füßen
lag, vom niederfallenden Gips wie mit leichtem, spärli-
chem Schnee bedeckt; und nun war dem Alten nichts
mehr geblieben als ein müdes Zudecken, als eine
demütige Bitte um Vergessen, die einzige Gnade, die ein
Herz besänftigen kann, das ein wütendes Feuer ver-
zehrt.

Zwanzigstes Kapitel

Dann, noch am gleichen Tag, Punkt acht, betrat Tschanz
das Haus des Alten im Altenberg, von ihm dringend für
diese Stunde hergebeten. Ein junges Dienstmädchen mit
weißer Schürze hatte ihm zu seiner Verwunderung geöff-

net, und wie er in den Korridor kam, hörte er aus der
Küche das Kochen und Brodeln von Wasser und Speisen,
das Klirren von Geschirr. Das Dienstmädchen nahm ihm
den Mantel von den Schultern. Er trug den linken Arm in
der Schlinge; trotzdem war er im eigenen Wagen gekommen. Das Mädchen öffnete ihm die Türe zum Eßzimmer,
und erstarrt blieb Tschanz stehen: der Tisch war feierlich
für zwei Personen gedeckt. In einem Leuchter brannten
Kerzen, und an einem Ende des Tisches saß Bärlach in
einem Lehnstuhl, von den stillen Flammen rot beschienen, ein unerschütterliches Bild der Ruhe.

»Nimm Platz, Tschanz«, rief der Alte seinem Gast
entgegen und wies auf einen zweiten Lehnstuhl, der an
den Tisch gerückt war. Tschanz setzte sich betäubt.

»Ich wußte nicht, daß ich zu einem Essen komme«,
sagte er endlich.

»Wir müssen deinen Sieg feiern«, antwortete der Alte
ruhig und schob den Leuchter etwas auf die Seite, so daß
sie sich voll ins Gesicht sahen. Dann klatschte er in die
Hände. Die Türe öffnete sich, und eine stattliche, rundli-
che Frau brachte eine Platte, die bis zum Rande überhäuft war mit Sardinen, Krebsen, Salaten von Gurken,
Tomaten, Erbsen, besetzt mit Bergen von Mayonnaise
und Eiern, dazwischen kalter Aufschnitt, Hühnerfleisch
und Lachs. Der Alte nahm von allem. Tschanz, der sah,
was für eine Riesenportion der Magenkranke aufschich-
tete, ließ sich in seiner Verwunderung nur etwas Kartoffelsalat geben.

»Was wollen wir trinken?« sagte Bärlach, »Ligerzer?«

»Gut, Ligerzer«, antwortete Tschanz wie träumend.
Das Dienstmädchen kam und schenkte ein. Bärlach fing
an zu essen, nahm dazu Brot, verschlang den Lachs, die

Sardinen, das Fleisch der roten Krebse, den Aufschnitt, die Salate, die Mayonnaise und den kalten Braten, klatschte in die Hände, verlangte noch einmal. Tschanz, wie starr, war noch nicht mit seinem Kartoffelsalat fertig. Bärlach ließ sich das Glas zu dritten Male füllen.

»Nun die Pasteten und den roten Neuenburger«, rief er. Die Teller wurden gewechselt. Bärlach ließ sich drei Pasteten auf den Teller legen, gefüllt mit Gänseleber, Schweinefleisch und Trüffeln.

»Sie sind doch krank, Kommissär«, sagte Tschanz endlich zögernd.

»Heute nicht, Tschanz, heute nicht. Ich feiere, daß ich Schmieds Mörder endlich gestellt habe!«

Er trank das zweite Glas Roten aus und fing die dritte Pastete an, pausenlos essend, gierig die Speisen dieser Welt in sich hineinschlingend, zwischen den Kiefern zermalmend, ein Dämon, der einen unendlichen Hunger stillte. An der Wand zeichnete sich, zweimal vergrößert, in wilden Schatten seine Gestalt ab, die kräftigen Bewegungen der Arme, das Senken des Kopfes, gleich dem Tanz eines triumphierenden Negerhäuptlings. Tschanz sah voll Entsetzen nach diesem unheimlichen Schauspiel, das der Todkranke bot. Unbeweglich saß er da, ohne zu essen, ohne den geringsten Bissen zu sich zu nehmen, nicht einmal am Glas nippte er. Bärlach ließ sich Kalbskoteletten, Reis, Pommes frites und grünen Salat bringen, dazu Champagner. Tschanz zitterte.

»Sie verstellen sich«, keuchte er, »Sie sind nicht krank!«

Der andere antwortete nicht sofort. Zuerst lachte er, und dann beschäftigte er sich mit dem Salat, jedes Blatt einzeln genießend. Tschanz wagte nicht, den grauenvollen Alten ein zweites Mal zu fragen.

»Ja, Tschanz«, sagte Bärlach endlich, und seine Augen funkelten wild, »ich habe mich verstellt. Ich war nie krank«, und er schob sich ein Stück Kalbfleisch in den Mund, aß weiter, unaufhörlich, unersättlich.

Da begriff Tschanz, daß er in eine heimtückische Falle geraten war, deren Türe nun hinter ihm ins Schloß schnappte. Kalter Schweiß brach aus seinen Poren. Das Entsetzen umklammerte ihn mit immer stärkeren Armen. Die Erkenntnis seiner Lage kam zu spät, es gab keine Rettung mehr.

»Sie wissen es, Kommissär«, sagte er leise.

»Ja, Tschanz, ich weiß es«, sagte Bärlach fest und ruhig, aber ohne dabei die Stimme zu heben, als spräche er von etwas Gleichgültigem. »Du bist Schmieds Mörder.« Dann griff er nach dem Glas Champagner und leerte es in einem Zug.

»Ich habe es immer geahnt, daß Sie es wissen«, stöhnte der andere fast unhörbar.

Der Alte verzog keine Miene. Es war, als ob ihn nichts mehr interessierte als dieses Essen; unbarmherzig häufte er sich den Teller zum zweitenmal voll mit Reis, goß Sauce darüber, türmte ein Kalbskotelett obenauf. Noch einmal versuchte sich Tschanz zu retten, sich gegen den teuflischen Esser zur Wehr zu setzen.

»Die Kugel stammt aus dem Revolver, den man beim Diener gefunden hat«, stellte er trotzig fest. Aber seine Stimme klang verzagt.

In Bärlachs zusammengekniffenen Augen wetterleuchtete es verächtlich. »Unsinn, Tschanz. Du weißt genau, daß es *dein* Revolver ist, den der Diener in der Hand hielt, als man ihn fand. Du selbst hast ihn dem Toten in die Hand gedrückt. Nur die Entdeckung, daß Gastmann ein Verbrecher war, verhinderte, dein Spiel zu durchschauen.«

»Das werden Sie mir *nie* beweisen können«, lehnte sich Tschanz verzweifelt auf.

Der Alte reckte sich in seinem Stuhl, nun nicht mehr krank und zerfallen, sondern mächtig und gelassen, das Bild einer übermenschlichen Überlegenheit, ein Tiger, der mit seinem Opfer spielt, und trank den Rest des Champagners aus. Dann ließ er sich von der unaufhörlich kommenden und gehenden Bedienerin Käse servieren; dazu aß er Radieschen, Salzgurken und Perlzwiebeln. Immer neue Speisen nahm er zu sich, als koste er nur noch einmal, zum letzten Male das, was die Erde dem Menschen bietet.

»Hast du es immer noch nicht begriffen, Tschanz«, sagte er endlich, »daß du mir deine Tat schon lange bewiesen hast? Der Revolver stammt von dir; denn Gastmanns Hund, den du erschossen hast, mich zu retten, wies eine Kugel vor, die von der Waffe stammen mußte, die Schmied den Tod brachte: von *deiner* Waffe. Du selbst brachtest die Indizien herbei, die ich brauchte. Du hast dich verraten, als du mir das Leben rettetest.«

»Als ich Ihnen das Leben rettete! Darum fand ich die Bestie nicht mehr«, antwortete Tschanz mechanisch. »Wußten Sie, daß Gastmann einen Bluthund besaß?«

»Ja. Ich hatte meinen linken Arm mit einer Decke umwickelt.«

»Dann haben Sie mir auch hier eine Falle gestellt«, sagte der Mörder fast tonlos.

»Auch damit. Aber den ersten Beweis hast du mir gegeben, als du mit mir am Freitag über Ins nach Ligerz fuhrst, um mir die Komödie mit dem ›blauen Charon‹

vorzuspielen. Schmied fuhr am Mittwoch über Zollikofen, das wußte ich, denn er hielt in jener Nacht bei der
Garage in Lyß.«

»Wie konnten Sie das wissen?« fragte Tschanz.

»Ich habe ganz einfach telephoniert. Wer in jener Nacht
über Ins und Erlach fuhr, war der Mörder: du Tschanz. Du
kamst von Grindelwald. Die Pension Eiger besitzt ebenfalls einen blauen Mercedes. Seit Wochen hattest du
Schmied beobachtet, jeden seiner Schritte überwacht,
eifersüchtig auf seine Fähigkeiten, auf seinen Erfolg, auf
seine Bildung, auf sein Mädchen. Du wußtest, daß er sich
mit Gastmann beschäftigte, du wußtest sogar, wann er ihn
besuchte, aber du wußtest nicht, warum. Da fiel dir durch
Zufall auf seinem Pult die Mappe mit den Dokumenten in
die Hände. Du beschlossest, den Fall zu übernehmen und
Schmied zu töten, um einmal selber Erfolg zu haben. Du
dachtest richtig, es würde dir leicht fallen, Gastmann mit
einem Mord zu belasten. Als ich nun in Grindelwald einen
blauen Mercedes sah, wußte ich, wie du vorgegangen bist:
Du hast den Wagen am Mittwochabend gemietet. Ich habe
mich erkundigt. Das weitere ist einfach: du fuhrst über
Ligerz nach Schernelz und ließest den Wagen im Twann-
bachwald stehen, du durchquertest den Wald auf einer
Abkürzung durch die Schlucht, wodurch du auf die Straße
Twann-Lamboing gelangtest. Bei den Felsen wartetest du
Schmied ab, er erkannte dich und stoppte verwundert. Er
öffnete die Türe, und dann hast du ihn getötet. Du hast es
mir ja selbst erzählt. Und nun hast du, was du wolltest:
seinen Erfolg, seinen Posten, seinen Wagen und seine
Freundin.«

Tschanz hörte dem unerbittlichen Schachspieler zu,
der ihn matt gesetzt hatte und nun sein grauenhaftes

Mahl beendete. Die Kerzen brannten unruhiger, das Licht flackerte auf den Gesichtern der zwei Männer, die Schatten verdichteten sich. Totenstille herrschte in dieser nächtlichen Hölle, die Dienerinnen kamen nicht mehr. Der Alte saß jetzt unbeweglich, er schien nicht einmal mehr zu atmen, das flackernde Licht umfloß ihn mit immer neuen Wellen, rotes Feuer, das sich am Eis seiner Stirne und seiner Seele brach.

»Sie haben mit mir gespielt«, sagte Tschanz langsam.

»Ich habe mit dir gespielt«, antwortete Bärlach mit furchtbarem Ernst. »Ich konnte nicht anders. Du hast mir Schmied getötet, und nun mußte ich dich nehmen.«

»Um Gastmann zu töten«, ergänzte Tschanz, der mit einem Male die ganze Wahrheit begriff.

»Du sagst es. Mein halbes Leben habe ich hingegeben, Gastmann zu stellen, und Schmied war meine letzte Hoffnung. Ich hatte ihn auf den Teufel in Menschengestalt gehetzt, ein edles Tier auf eine wilde Bestie. Aber dann bist du gekommen, Tschanz, mit deinem lächerlichen, verbrecherischen Ehrgeiz, und hast mir meine einzige Chance vernichtet. Da habe ich *dich* genommen, dich, den Mörder, und habe dich in meine furchtbarste Waffe verwandelt, denn dich trieb die Verzweiflung, der Mörder mußte einen anderen Mörder finden. Ich machte mein Ziel zu deinem Ziel.«

»Es war für mich die Hölle«, sagte Tschanz.

»Es war für uns beide die Hölle«, fuhr der Alte mit fürchterlicher Ruhe fort. »Von Schwendis Dazwischenkommen trieb dich zum Äußersten, du mußtest auf irgendeine Weise Gastmann als Mörder entlarven, jedes Abweichen von der Spur, die auf Gastmann deutete, konnte auf deine führen. Nur noch Schmieds Mappe konnte dir helfen. Du wußtest, daß sie in meinem Besitze war, aber du wußtest nicht, daß sie Gastmann bei mir geholt hatte. Darum hast du mich in der Nacht vom Samstag auf den Sonntag überfallen. Auch beunruhigte dich, daß ich nach Grindelwald ging.«

»Sie wußten, daß ich es war, der Sie überfiel?« sagte Tschanz tonlos.

»Ich wußte das vom ersten Moment an. Alles was ich tat, geschah mit der Absicht, dich in die äußerste Verzweiflung zu treiben. Und wie die Verzweiflung am größten war, gingst du hin nach Lamboing, um irgendwie die Entscheidung zu suchen.«

»Einer von Gastmanns Dienern fing an zu schießen«, sagte Tschanz.

»Ich habe Gastmann am Sonntagmorgen gesagt, daß ich einen schicken würde, ihn zu töten.«

Tschanz taumelte. Es überlief ihn eiskalt. »Da haben Sie mich und Gastmann aufeinander gehetzt wie Tiere!«

»Bestie gegen Bestie«, kam es unerbittlich vom andern Lehnstuhl her.

»Dann waren Sie der Richter, und ich der Henker«, keuchte der andere.

»Es ist so«, antwortete der Alte.

»Und ich, der ich nur Ihren Willen ausführte, ob ich wollte oder nicht, bin nun ein Verbrecher, ein Mensch, den man jagen wird!«

Tschanz stand auf, stützte sich mit der rechten, unbehinderten Hand auf die Tischplatte. Nur noch eine Kerze brannte. Tschanz suchte mit brennenden Augen in der Finsternis des Alten Umrisse zu erkennen, sah aber nur einen unwirklichen, schwarzen Schatten. Unsicher und tastend machte er eine Bewegung gegen die Rocktasche.

»Laß das«, hörte er den Alten sagen. »Es hat keinen Sinn. Lutz weiß, daß du bei mir bist, und die Frauen sind noch im Haus.«

»Ja, es hat keinen Sinn«, antwortete Tschanz leise.

»Der Fall Schmied ist erledigt«, sagte der Alte durch die Dunkelheit des Raumes hindurch. »Ich werde dich nicht verraten. Aber geh! Irgendwohin! Ich will dich nie mehr sehen. Es ist genug, daß ich *einen* richtete. Geh! Geh!«

Tschanz ließ den Kopf sinken und ging langsam hinaus, verwachsend mit der Nacht, und wie die Türe ins Schloß fiel und wenig später draußen ein Wagen davonfuhr, erlosch die Kerze, den Alten, der die Augen geschlossen hatte, noch einmal in das Licht einer grellen Flamme tauchend.

Einundzwanzigstes Kapitel

Bärlach saß die ganze Nacht im Lehnstuhl, ohne aufzustehen, ohne sich zu erheben. Die ungeheure, gierige Lebenskraft, die noch einmal mächtig in ihm aufgeflammt war, sank in sich zusammen, drohte zu erlöschen. Tollkühn hatte der Alte noch einmal ein Spiel gewagt, aber in einem Punkte hatte er Tschanz belogen, und als am frühen Morgen, bei Tagesanbruch, Lutz ins Zimmer stürmte, verwirrt berichtend, Tschanz sei zwischen Ligerz und Twann unter seinem vom Zug erfaßten Wagen tot aufgefunden worden, traf er den Kommissär todkrank. Mühsam befahl der Alte, Hungertobel zu benachrichtigen, jetzt sei Dienstag und man könne ihn operieren.

»Nur noch ein Jahr«, hörte Lutz den zum Fenster hinaus in den gläsernen Morgen starrenden Alten sagen. »Nur noch ein Jahr.«

Der Verdacht

1951

Erster Teil

Der Verdacht

Bärlach war anfangs November 1948 ins Salem eingeliefert worden, in jenes Spital, von dem aus man die Altstadt Berns mit dem Rathaus sieht. Eine Herzattacke schob den dringend gewordenen Eingriff zwei Wochen hinaus. Als die schwierige Operation unternommen wurde, verlief sie glücklich, doch ergab der Befund jene hoffnungslose Krankheit, die man vermutete. Es stand schlimm um den Kommissär. Zweimal schon hatte sein Chef, der Untersuchungsrichter Lutz, sich mit dessen Tod abgefunden, und zweimal durfte er neue Hoffnung schöpfen, als endlich kurz vor Weihnachten die Besserung eintrat. Über die Feiertage schlief zwar der Alte noch, aber am siebenundzwanzigsten, an einem Montag, war er munter und schaute sich alte Nummern der amerikanischen Zeitschrift ›Life‹ aus dem Jahre fünfundvierzig an.

»Es waren Tiere, Samuel«, sagte er, als Dr. Hungertobel in das abendliche Zimmer trat, seine Visite zu machen, »es waren Tiere«, und reichte ihm die Zeitschrift. »Du bist Arzt und kannst es dir vorstellen. Sieh dir dieses Bild aus dem Konzentrationslager Stutthof an! Der Lagerarzt Nehle führt an einem Häftling eine Bauchoperation ohne Narkose durch und ist dabei photographiert worden.«

Das hätten die Nazis manchmal getan, sagte der Arzt und sah sich das Bild an, erbleichte jedoch, wie er die Zeitschrift schon weglegen wollte.

»Was hast du denn?« fragte der Kranke verwundert.

Hungertobel antwortete nicht sofort. Er legte die aufgeschlagene Zeitschrift auf Bärlachs Bett, griff in die rechte obere Tasche seines weißen Kittels und zog eine Hornbrille hervor, die er – wie der Kommissär bemerkte – sich etwas zitternd aufsetzte; dann besah er sich das Bild zum zweiten Mal.

»Warum ist er denn so nervös?« dachte Bärlach.

»Unsinn«, sagte endlich Hungertobel ärgerlich und legte die Zeitschrift auf den Tisch zu den andern. »Komm, gib mir deine Hand. Wir wollen nach dem Puls sehen.«

Es war eine Minute still. Dann ließ der Arzt den Arm seines Freundes fahren und sah auf die Tabelle über dem Bett.

»Es steht gut mit dir, Hans.«

»Noch ein Jahr?« fragte Bärlach.

Hungertobel wurde verlegen. »Davon wollen wir jetzt nicht reden«, sagte er. »Du mußt aufpassen und wieder zur Untersuchung kommen.«

Er passe immer auf, brummte der Alte.

Dann sei es ja gut, sagte Hungertobel, indem er sich verabschiedete.

»Gib mir doch noch das ›Life‹«, verlangte der Kranke scheinbar gleichgültig. Hungertobel gab ihm eine Zeitschrift vom Stoß, der auf dem Nachttisch lag.

»Nicht die«, sagte der Kommissär und blickte etwas spöttisch nach dem Arzt: »Ich will jene, die du mir genommen hast. So leicht komme ich nicht von einem Konzentrationslager los.«

Hungertobel zögerte einen Augenblick, wurde rot, als er Bärlachs prüfenden Blick auf sich gerichtet sah, und gab ihm die Zeitschrift. Dann ging er schnell hinaus, so als sei ihm etwas unangenehm. Die Schwester kam. Der Kommissär ließ die andern Zeitschriften hinaustragen.

»Die nicht?« fragte die Schwester und wies auf die Zeitung, die auf Bärlachs Bettdecke lag.

»Nein, die nicht«, sagte der Alte.

Als die Schwester gegangen war, schaute er sich das Bild von neuem an. Der Arzt, der das bestialische Experiment ausführte, wirkte in seiner Ruhe götzenhaft. Der größte Teil des Gesichts war durch den Nasen- und Mundschutz verdeckt.

Der Kommissär versorgte die Zeitschrift in seiner Nachttischschublade und verschränkte die Hände hinter dem Kopf. Er hatte die Augen weit offen und sah der Nacht zu, die immer mehr das Zimmer füllte. Licht machte er nicht.

Später kam die Schwester und brachte das Essen. Es war immer noch wenig und Diät: Haferschleimsuppe. Den Lindenblütentee, den er nicht mochte, ließ er stehen. Nachdem er die Suppe ausgelöffelt hatte, löschte er das Licht und sah von neuem in die Dunkelheit, in die immer undurchdringlicheren Schatten.

Er liebte es, die Lichter der Stadt durchs Fenster fallen zu sehen.

Als die Schwester kam, den Kommissär für die Nacht herzurichten, schlief er schon.

Am Morgen um zehn kam Hungertobel.

Bärlach lag in seinem Bett, die Hände hinter dem Kopf, und auf der Bettdecke lag die Zeitschrift aufgeschlagen. Seine Augen waren aufmerksam auf den Arzt gerichtet. Hungertobel sah, daß es das Bild aus dem Konzentrationslager war, das der Alte vor sich hatte.

»Willst du mir nicht sagen, warum du bleich geworden bist wie ein Toter, als ich dir dieses Bild im ›Life‹ zeigte?« fragte der Kranke.

Hungertobel ging zum Bett, nahm die Tabelle herunter, studierte sie aufmerksamer denn gewöhnlich und hing sie wieder an ihren Platz. »Es war ein lächerlicher Irrtum, Hans«, sagte er. »Nicht der Rede wert.«

»Du kennst diesen Doktor Nehle?« Bärlachs Stimme klang seltsam erregt.

»Nein«, antwortete Hungertobel. »Ich kenne ihn nicht. Er hat mich nur an jemanden erinnert.«

Die Ähnlichkeit müsse groß sein, sagte der Kommissär.

Die Ähnlichkeit sei groß, gab der Arzt zu und schaute sich das Bild noch einmal an, von neuem beunruhigt, wie Bärlach deutlich sehen konnte. Aber die Photographie zeige auch nur die Hälfte des Gesichts. Alle Ärzte glichen sich beim Operieren, sagte er.

»An wen erinnert dich denn diese Bestie?« fragte der Alte unbarmherzig.

»Das hat doch alles keinen Sinn!« antwortete Hungertobel. »Ich habe es dir gesagt, es muß ein Irrtum sein.«

»Und dennoch würdest du schwören, daß er es ist, nicht wahr, Samuel?«

Nun ja, entgegnete der Arzt. Er würde es schwören, wenn er nicht wüßte, daß es der Verdächtigte nicht sein könne. Sie sollten diese ungemütliche Sache jetzt lieber sein lassen. Es tue nicht gut, kurz nach einer Operation, bei der es auf Tod und Leben gegangen sei, in einem alten ›Life‹ zu blättern. Dieser Arzt da, fuhr er nach einer Weile fort und beschaute sich das Bild hypnotisiert von neuem, könne nicht der sein, den er kenne, weil der

Betreffende während des Krieges in Chile gewesen sei.
Also sei das ganze Unsinn, das sehe doch ein jeder.

»In Chile, in Chile«, sagte Bärlach. »Wann ist er denn
zurückgekommen, dein Mann, der nicht in Frage
kommt, Nehle zu sein?«

»Fünfundvierzig.«

»In Chile, in Chile«, sagte Bärlach von neuem. »Und
du willst mir nicht sagen, an wen dich das Bild erinnert?«

Hungertobel zögerte mit der Antwort. Die Angelegenheit war dem alten Arzt peinlich.

»Wenn ich dir den Namen sage, Hans«, brachte er
endlich hervor, »wirst du Verdacht gegen den Mann
schöpfen.«

«Ich habe gegen ihn Verdacht geschöpft«, antwortete
der Kommissär.

Hungertobel seufzte. »Siehst du, Hans«, sagte er, »das
habe ich befürchtet. Ich möchte das nicht, verstehst du?
Ich bin ein alter Arzt und möchte niemandem Böses
getan haben. Dein Verdacht ist ein Wahnsinn. Man kann
doch nicht auf eine bloße Photographie hin einen Menschen einfach verdächtigen, um so weniger, als das Bild
nicht viel vom Gesicht zeigt. Und außerdem war er in
Chile, das ist eine Tatsache.«

Was er denn dort gemacht habe, warf der Kommissär
ein. Er habe in Santiago eine Klinik geleitet, sagte Hungertobel.

»In Chile, in Chile«, sagte Bärlach wieder. Das sei
ein gefährlicher Kehrreim und schwer zu überprüfen.
Samuel habe recht, ein Verdacht sei etwas Schreckliches
und komme vom Teufel.

»Nichts macht einen so schlecht wie ein Verdacht«,
fuhr er fort, »das weiß ich genau, und ich habe oft

meinen Beruf verflucht. Man soll sich nicht damit einlassen. Aber jetzt haben wir den Verdacht, und du hast ihn mir gegeben. Ich gebe ihn dir gern zurück, alter Freund, wenn auch du deinen Verdacht fallen läßt; denn du bist es, der nicht von diesem Verdacht loskommt.«

Hungertobel setzte sich an des Alten Bett. Er schaute hilflos nach dem Kommissär. Die Sonne fiel in schrägen Strahlen durch die Vorhänge ins Zimmer. Draußen war ein schöner Tag, wie oft in diesem milden Winter.

»Ich kann nicht«, sagte der Arzt endlich in die Stille des Krankenzimmers hinein: »Ich kann nicht. Gott soll mir helfen, ich bringe den Verdacht nicht los. Ich kenne ihn zu gut. Ich habe mit ihm studiert, und zweimal war er mein Stellvertreter. Er ist es auf diesem Bild. Die Operationsnarbe über der Schläfe ist auch da. Ich kenne sie, ich habe Emmenberger selbst operiert.«

Hungertobel nahm die Brille von der Nase und steckte sie in die rechte obere Tasche. Dann wischte er sich den Schweiß von der Stirne.

»Emmenberger?« fragte der Kommissär nach einer Weile ruhig. »So heißt er?«

»Nun habe ich es gesagt«, antwortete Hungertobel beunruhigt. »Fritz Emmenberger.«

»Ein Arzt?«

»Ein Arzt.«

»Und lebt in der Schweiz?«

»Er besitzt die Klinik Sonnenstein auf dem Zürichberg«, antwortete der Arzt. »Zweiunddreißig wanderte er nach Deutschland aus und dann nach Chile. Fünfundvierzig kehrte er zurück und übernahm die Klinik. Eines der teuersten Spitäler der Schweiz«, fügte er leise hinzu.

»Nur für Reiche?«

»Nur für Schwerreiche.«

»Ist er ein guter Wissenschaftler, Samuel?« fragte der Kommissär.

Hungertobel zögerte. Es sei schwer auf seine Frage zu antworten, sagte er: »Er war einmal ein guter Wissenschaftler, nur wissen wir nicht recht, ob er es geblieben ist. Er arbeitet mit Methoden, die uns fragwürdig vorkommen müssen. Wir wissen von den Hormonen, auf die er sich spezialisiert hat, noch herzlich wenig, und wie überall in Gebieten, die sich die Wissenschaft zu erobern anschickt, tummelt sich allerlei herum. Wissenschaftler und Scharlatane, oft beides in einer Person. Was will man, Hans? Emmenberger ist bei seinen Patienten beliebt, und sie glauben an ihn wie an einen Gott. Das ist ja das Wichtigste, scheint mir, für so reiche Patienten, denen auch die Krankheit ein Luxus sein soll; ohne Glauben geht es nicht; am wenigsten bei den Hormonen. So hat er eben seine Erfolge, wird verehrt und findet sein Geld. Wir nennen ihn denn ja auch den Erbonkel –.«

Hungertobel hielt plötzlich mit Reden inne, als reue es ihn, Emmenbergers Übernamen ausgesprochen zu haben.

«Den Erbonkel. Wozu dieser Spitzname?« fragte Bärlach.

Die Klinik habe das Vermögen vieler Patienten geerbt, antwortete Hungertobel mit sichtlich schlechtem Gewissen. Das sei dort so ein wenig Mode.

»Das ist euch Ärzten also aufgefallen!« sagte der Kommissär.

Die beiden schwiegen. In der Stille lag etwas Unausgesprochenes, vor dem sich Hungertobel fürchtete.

»Du darfst jetzt nicht denken, was du denkst«, sagte er plötzlich entsetzt.

»Ich denke nur deine Gedanken«, antwortete der Kommissär ruhig. »Wir wollen genau sein. Mag es auch ein Verbrechen sein, was wir denken, wir sollten uns nicht vor unseren Gedanken fürchten. Nur wenn wir sie vor unserem Gewissen auch zugeben, vermögen wir sie zu überprüfen und, wenn wir unrecht haben, zu überwinden. Was denken wir nun, Samuel? Wir denken: Emmenberger zwingt seine Patienten mit den Methoden, die er im Konzentrationslager Stutthof lernte, ihm das Vermögen zu vermachen, und tötet sie nachher.«

»Nein«, rief Hungertobel mit fiebrigen Augen: »Nein!« Er starrte Bärlach hilflos an. »Wir dürfen das nicht denken! Wir sind keine Tiere!« rief er aufs neue und erhob sich, um aufgeregt im Zimmer auf und ab zu gehen, von der Wand zum Fenster, vom Fenster zum Bett.

»Mein Gott«, stöhnte der Arzt, »es gibt nichts Fürchterlicheres als diese Stunde.«

»Der Verdacht«, sagte der Alte in seinem Bett, und dann noch einmal unerbittlich: »Der Verdacht.«

Hungertobel blieb an Bärlachs Bett stehen: »Vergessen wir dieses Gespräch, Hans«, sagte er. »Wir ließen uns gehen. Freilich, man liebt es manchmal, mit Möglichkeiten zu spielen. Das tut nie gut. Kümmern wir uns nicht mehr um Emmenberger. Je mehr ich das Bild ansehe, desto weniger ist er es, das ist keine Ausrede. Er war in Chile und nicht in Stutthof, und damit ist unser Verdacht sinnlos geworden.«

»In Chile, in Chile«, sagte Bärlach, und seine Augen funkelten gierig nach einem neuen Abenteuer. Sein Leib dehnte sich, und dann lag er wieder unbeweglich und entspannt, die Hände hinter dem Kopf.

»Du mußt jetzt zu deinen Patienten gehen, Samuel«, meinte er nach einer Weile. »Die warten auf dich. Ich wünsche dich nicht länger aufzuhalten. Vergessen wir unser Gespräch, das wird am besten sein, da hast du recht.«

Als Hungertobel sich unter der Türe noch einmal mißtrauisch zum Kranken wandte, war der Kommissär eingeschlafen.

Das Alibi

Am andern Morgen fand Hungertobel den Alten um halb acht nach dem Morgenessen beim Studium des Stadtanzeigers, etwas verwundert; denn der Arzt war früher als sonst gekommen, und Bärlach pflegte um diese Zeit wieder zu schlafen, oder doch wenigstens, die Hände hinter dem Kopf, vor sich hinzudösen. Auch war es dem Arzt, als sei der Kommissär frischer als sonst, und aus seinen Augenschlitzen schien die alte Vitalität zu leuchten.

Wie es denn gehe, begrüßte Hungertobel den Kranken.

Er wittere Morgenluft, antwortete dieser undurchsichtig.

»Ich bin heute früher als sonst bei dir, und ich komme auch nicht eigentlich dienstlich«, sagte Hungertobel und trat zum Bett. »Ich bringe nur schnell einen Stoß ärztlicher Zeitungen: die ›Schweizerische medizinische Wochenschrift‹, eine französische, und vor allem, da du

auch Englisch verstehst, verschiedene Nummern der
›Lancet‹, der berühmten englischen Zeitschrift für Medizin.«

»Das ist lieb von dir, anzunehmen, ich interessiere
mich für dergleichen«, antwortete Bärlach, ohne vom
Anzeiger aufzublicken, »aber ich weiß nicht, ob es
gerade die geeignete Lektüre für mich ist. Du weißt, ich
bin kein Freund der Medizin.«

Hungertobel lachte: »Das sagt einer, dem wir geholfen
haben!«

Eben, sagte Bärlach, das mache das Übel nicht besser.

Was er denn im Anzeiger lese? fragte Hungertobel
neugierig.

»Briefmarkenangebote«, antwortete der Alte.

Der Arzt schüttelte den Kopf: »Trotzdem wirst du dir
die Zeitschriften ansehen, auch wenn du um uns Ärzte
für gewöhnlich einen Bogen machst. Es liegt mir daran,
dir zu beweisen, daß unser Gespräch gestern eine Torheit
war, Hans. Du bist Kriminalist, und ich traue dir zu, daß
du aus heiterem Himmel unseren verdächtigen Modearzt
samt seinen Hormonen verhaftest. Ich begreife nicht, wie
ich es vergessen konnte. Der Beweis, daß Emmenberger
in Santiago war, ist leicht zu erbringen. Er hat von dort in
verschiedenen medizinischen Fachzeitschriften Artikel
veröffentlicht, auch in englischen und amerikanischen,
hauptsächlich über Fragen der inneren Sekretion, und
sich damit einen Namen gemacht; schon als Student
zeichnete er sich literarisch aus und schrieb eine ebenso
witzige wie glänzende Feder. Du siehst, er war ein
tüchtiger und gründlicher Wissenschaftler. Um so bedau-
ernswerter ist seine jetzige Wendung ins Modische, wenn
ich so sagen darf; denn was er gegenwärtig treibt, ist nun

doch zu billig, Schulmedizin hin oder her. Der letzte Artikel erschien in der ›Lancet‹ noch im Januar fünfundvierzig, einige Monate bevor er in die Schweiz zurückkehrte. Das ist gewiß ein Beweis, daß unser Verdacht eine rechte Eselei war. Ich schwöre dir, mich nie mehr als Kriminalist zu versuchen. Der Mann auf dem Bild kann nicht Emmenberger sein, oder die Photographie ist gefälscht.«

»Das wäre ein Alibi«, sagte Bärlach und faltete den Anzeiger zusammen. »Du kannst mir die Zeitschriften dalassen.«

Als Hungertobel um zehn zur ordentlichen Arztvisite zurückkam, lag der Alte, eifrig in den Zeitschriften lesend, in seinem Bett.

Ihn scheine auf einmal die Medizin doch zu interessieren, sagte der Arzt verwundert und prüfte Bärlachs Puls.

Hungertobel habe recht, meinte der Kommissär, die Artikel kämen aus Chile.

Hungertobel freute sich und war erleichtert. »Siehst du! Und wir sahen Emmenberger schon als Massenmörder.«

»Man hat heute in dieser Kunst die frappantesten Fortschritte gemacht«, antwortete Bärlach trocken. »Die Zeit, mein Freund, die Zeit. Die englischen Zeitschriften brauche ich nicht, aber die schweizerischen Nummern kannst du mir lassen.«

»Emmenbergers Artikel in der ›Lancet‹ sind doch viel bedeutender, Hans!« widersprach Hungertobel, der schon überzeugt war, dem Freund gehe es um die Medizin. »Die mußt du lesen.«

In der medizinischen Wochenschrift schreibe Emmenberger aber deutsch, entgegnete Bärlach etwas spöttisch.

»Und?« fragte der Arzt, der nichts begriff.

»Ich meine, mich beschäftigt sein Stil, Samuel, der Stil eines Arztes, der einst eine gewandte Feder führte und nun reichlich unbeholfen schreibt«, sagte der Alte vorsichtig.

Was denn dabei sei, fragte Hungertobel noch immer ahnungslos, mit der Tabelle über dem Bett beschäftigt.

»So leicht ist ein Alibi nun doch nicht zu erbringen«, sagte der Kommissär.

»Was willst du damit sagen?« rief der Arzt bestürzt aus. »Du bist den Verdacht immer noch nicht los?«

Bärlach sah seinem fassungslosen Freund nachdenklich ins Gesicht, in dieses alte, noble, mit Falten überzogene Antlitz eines Arztes, der es in seinem Leben mit seinen Patienten nie leicht genommen hatte, und der doch nichts von den Menschen wußte, und dann sagte er: »Du rauchst doch immer noch deine ›Little-Rose of Sumatra‹, Samuel? Es wäre jetzt schön, wenn du mir eine anbieten würdest. Ich stelle es mir angenehm vor, so eine nach meiner langweiligen Haferschleimsuppe in Brand zu stecken.«

Die Entlassung

Doch bevor es noch zum Mittagessen kam, erhielt der Kranke, der immer wieder den gleichen Artikel Emmenbergers über die Bauchspeicheldrüse las, seinen ersten Besuch seit seiner Operation. Es war der »Chef«, der um elf das Krankenzimmer betrat und etwas verlegen am Bett des Alten Platz nahm, ohne den Wintermantel abzulegen, den Hut in der Hand. Bärlach wußte genau, was dieser Besuch bedeuten sollte, und der Chef wußte genau, wie es um den Kommissär stand.

»Nun, Kommissär«, begann Lutz, »wie geht's? Wir mußten ja zeitweilig das Schlimmste befürchten.«

»Langsam aufwärts«, antwortete Bärlach und verschränkte wieder die Hände hinter dem Nacken.

»Was lesen Sie denn da?« fragte Lutz, der nicht gern aufs eigentliche Thema seines Besuches kam und nach einer Ablenkung suchte: »Ei, Bärlach, sieh da, medizinische Zeitschriften!«

Der Alte war nicht verlegen: »Das liest sich wie ein Kriminalroman«, sagte er. »Man erweitert ein wenig seinen Horizont, wenn man krank ist, und sieht sich nach neuen Gebieten um.«

Lutz wollte wissen, wie lange denn Bärlach nach Meinung der Ärzte noch das Bett hüten müsse.

»Zwei Monate«, gab der Kommissär zur Antwort, »zwei Monate soll ich noch liegen.«

Nun mußte der Chef, ob er wollte oder nicht, mit der Sprache heraus. »Die Altersgrenze«, brachte er mühsam hervor: »Die Altersgrenze, Kommissär, Sie verstehen, wir kommen wohl nicht mehr darum herum, denke ich, wir haben da unsere Gesetze.«

»Ich verstehe«, antwortete der Kranke und verzog nicht einmal das Gesicht.

»Was sein muß, muß sein«, sagte Lutz. »Sie müssen sich schonen, Kommissär, das ist der Grund.«

»Und die moderne wissenschaftliche Kriminalistik, wo man den Verbrecher findet wie ein etikettiertes Konfitüren-

glas«, meinte der Alte, Lutz etwas korrigierend. Wer
nachrücke, wollte er noch wissen.

»Röthlisberger«, antwortete der Chef. »Er hat ja Ihre
Stellvertretung schon übernommen.«

Bärlach nickte. »Der Röthlisberger. Der wird mit seinen fünf Kindern auch froh sein über das bessere
Gehalt«, sagte er. »Von Neujahr an?«

»Von Neujahr an«, bestätigte Lutz.

Noch bis Freitag also, sagte Bärlach, und dann sei er
Kommissär gewesen. Er sei froh, daß er nun den Staatsdienst hinter sich habe, sowohl den türkischen als auch
den bernischen. Nicht gerade, weil er jetzt wohl mehr
Zeit habe, Molière zu lesen und Balzac, was sicher auch
schön sei, aber der Hauptgrund bleibe doch, daß die
bürgerliche Weltordnung auch nicht mehr das Wahre sei.
Er kenne sich aus in den Affären. Die Menschen seien
immer gleich, ob sie nun am Sonntag in die Hagia Sophia
oder ins Berner Münster gingen. Man lasse die großen
Schurken laufen und stecke die kleinen ein. Überhaupt
gebe es einen ganzen Haufen Verbrechen, die man nicht
beachte, nur weil sie etwas ästhetischer seien als so ein ins
Auge springender Mord, der überdies noch in die Zeitung komme, die aber beide aufs gleiche hinausliefen,
wenn man's genau nehme und die Phantasie habe. Die
Phantasie, das sei es eben, die Phantasie! Aus lauter
Phantasiemangel begehe ein braver Geschäftsmann zwischen dem Aperitif und dem Mittagessen oft mit irgendeinem gerissenen Geschäft ein Verbrechen, das kein
Mensch ahne und der Geschäftsmann am wenigsten, weil
niemand die Phantasie besitze, es zu sehen. Die Welt sei
aus Nachlässigkeit schlecht und daran, aus Nachlässigkeit zum Teufel zu gehen. Diese Gefahr sei noch größer

als der ganze Stalin und alle übrigen Josephe zusammen-
genommen. Für einen alten Spürhund wie ihn sei der
Staatsdienst nicht mehr gut. Zuviel kleines Zeug, zuviel
Schnüffelei; aber das Wild, das rentiere und das man jagen
sollte, die wirklich großen Tiere, meine er, würden unter
Staatsschutz genommen wie im zoologischen Garten.

Der Doktor Lucius Lutz machte ein langes Gesicht, als
er diese Rede hörte; das Gespräch kam ihm peinlich vor,
und eigentlich fand er es unschicklich, bei so bösartigen
Ansichten nicht zu protestieren, doch der Alte war
schließlich krank und Gott sei Dank pensioniert. Er
müsse nun leider gehen, sagte er, den Ärger hinunter-
schluckend, er habe um halb zwölf noch eine Sitzung mit
der Armendirektion.

Die Armendirektion habe auch mehr mit der Polizei zu
tun als mit dem Finanzdepartement, da stimme etwas
nicht, bemerkte darauf der Kommissär, und Lutz mußte
wieder das Schlimmste befürchten, doch zu seiner Er-
leichterung zielte Bärlach auf etwas anderes: »Sie können
mir einen Gefallen tun, jetzt, da ich krank bin und zu
nichts mehr zu gebrauchen.«

»Aber gern«, versprach Lutz.

»Sehen Sie, Doktor, es handelt sich um eine Auskunft.
Ich bin für mich privat etwas neugierig und vergnüge
mich in meinem Bett mit kriminalistischen Kombinatio-
nen. Auch eine alte Katze kann das Mausen nicht lassen.
Da finde ich in einem ›Life‹ das Bild eines Lagerarztes der
SS von Stutthof, namens Nehle. Fragen Sie doch einmal
nach, ob der noch in einem Gefängnis lebe, oder was
sonst aus ihm geworden sei. Wir haben doch den interna-
tionalen Dienst für diese Fälle, der uns nichts kostet, seit
die SS zur Verbrecherorganisation erklärt worden ist.«

Lutz notierte sich alles.

Er werde nachfragen lassen, versprach er, verwundert über den Spleen des Alten. Dann verabschiedete er sich.

»Leben Sie wohl, und werden Sie gesund«, sagte er, indem er die Hand des Kommissärs schüttelte. »Noch diesen Abend will ich Ihnen Bescheid geben lassen, dann können Sie nach Herzenslust kombinieren. Der Blatter ist auch noch da und will Sie grüßen. Ich warte draußen im Wagen.«

So kam denn der große, dicke Blatter herein, und Lutz verschwand.

»Grüß dich, Blatter«, sagte Bärlach zum Polizisten, der oft sein Chauffeur gewesen war, »das freut mich, dich zu sehen.«

Es freue ihn auch, sagte Blatter. »Sie fehlen uns, Herr Kommissär. Überall fehlen Sie uns.«

»Nun Blatter, jetzt kommt der Röthlisberger an meinen Platz und wird ein anderes Lied singen, stelle ich mir vor«, antwortete der Alte.

»Schade«, sagte der Polizist, »ich will ja nichts gesagt haben, und der Röthlisberger ist sicher auch recht, wenn Sie nur wieder gesund werden!«

Blatter kenne doch das Antiquariat in der Matte, das der Jude mit dem weißen Bart besitze, der Feitelbach? fragte Bärlach.

Blatter nickte: »Der mit den Briefmarken im Schaufenster, die immer die gleichen sind.«

»Dann geh doch diesen Nachmittag dort vorbei und sag dem Feitelbach, er soll mir ›Gullivers Reisen‹ ins Salem schicken. Es ist der letzte Dienst, den ich von dir verlange.«

»Das Buch mit den Zwergen und Riesen?« wunderte sich der Polizist.

Bärlach lachte: »Siehst du, Blatter, ich liebe eben Märchen!«

Irgend etwas in diesem Lachen kam dem Polizisten unheimlich vor; aber er wagte nicht zu fragen.

Die Hütte

Noch am selben Mittwoch abend ließ Lutz anläuten. Hungertobel saß gerade am Bett seines Freundes und hatte sich, da er nachher operieren mußte, eine Tasse Kaffee bringen lassen; er wollte die Gelegenheit ein wenig ausnützen, Bärlach im Spital »bei sich« zu haben. Nun klingelte das Telephon und unterbrach das Gespräch der beiden.

Bärlach meldete sich und lauschte gespannt. Nach einer Weile sagte er: »Es ist gut, Favre, schicken Sie mir noch das Material zu«, und hängte auf. »Nehle ist tot«, sagte er.

»Gott sei Dank«, rief Hungertobel aus, »das müssen wir feiern«, und steckte sich eine ›Little-Rose of Sumatra‹ in Brand. »Die Schwester wird wohl nicht gerade kommen.«

»Schon am Mittag war es ihr nicht recht«, stellte Bärlach fest. »Ich habe mich jedoch auf dich berufen, und sie sagte, das sehe dir ähnlich.«

Wann denn Nehle gestorben sei, fragte der Arzt.

Fünfundvierzig, am zehnten August. Er habe sich in einem Hamburger Hotel das Leben genommen, mit Gift, wie man feststellte, antwortete der Kommissär.

»Siehst du«, nickte Hungertobel, »jetzt ist auch der Rest deines Verdachtes ins Wasser gefallen.«

Bärlach blinzelte nach den Rauchwolken, die Hungertobel genießerisch in Ringen und Spiralnebeln aus seinem Munde entließ. Nichts sei so schwer zu ertränken wie ein Verdacht, weil nichts so leicht immer wieder auftauche, antwortete er endlich.

Der Kommissär sei unverbesserlich, lachte Hungertobel, der das Ganze als einen harmlosen Spaß ansah.

»Die erste Tugend des Kriminalisten«, entgegnete der Alte, und dann fragte er: »Samuel, bist du mit Emmenberger befreundet gewesen?«

»Nein«, antwortete Hungertobel, »das nicht, und soviel ich weiß, niemand von uns, die mit ihm studierten. Ich habe immer wieder über den Vorfall mit dem Bild im ›Life‹ nachgedacht, Hans, und ich will dir sagen, warum es mir passierte, dieses Scheusal von einem SS-Arzt für Emmenberger zu halten; du hast dir gewiß darüber auch Gedanken gemacht. Viel sieht man ja nicht auf dem Bild, und die Verwechslung muß von etwas anderem als von einer Ähnlichkeit kommen, die sicher auch da ist. Ich habe schon lange nicht mehr an die Geschichte gedacht, nicht nur, weil sie weit zurückliegt, sondern noch mehr, weil sie scheußlich war; und man liebt es, Geschichten zu vergessen, die einem widerwärtig sind. Ich war einmal dabei, Hans, als Emmenberger einen Eingriff ohne Narkose ausführte, und das war für mich wie eine Szene, die in der Hölle vorkommen könnte, wenn es eine gibt.«

»Es gibt eine«, antwortete Bärlach ruhig. »Emmenberger hat also so etwas schon einmal gemacht?«

»Siehst du«, sagte der Arzt, »es gab damals keinen anderen Ausweg, und der arme Kerl, an dem der Eingriff unternommen werden mußte, lebt noch jetzt. Wenn du ihn siehst, wird er bei allen Heiligen schwören, Emmenberger sei ein Teufel, und das ist ungerecht, denn ohne Emmenberger wäre er nun tot. Doch, offen gestanden, ich kann ihn begreifen. Es war entsetzlich.«

»Wie kam denn das?« fragte Bärlach gespannt.

Hungertobel nahm den letzten Schluck aus seiner Tasse und mußte seine ›Little-Rose‹ noch einmal anzünden. »Eine Zauberei war es nicht, um ehrlich zu sein. Wie in allen Berufen gibt's auch im unsrigen keine Zaubereien. Es brauchte nicht mehr dazu als ein Taschenmesser und Mut, auch, natürlich, Kenntnis der Anatomie. Aber wer von uns jungen Studenten besaß die nötige Geistesgegenwart schon?

Wir waren, etwa fünf Mediziner, vom Kiental aus ins Blümlisalpmassiv gestiegen; wo wir hin wollten, weiß ich nicht mehr, ich bin nie ein großer Bergsteiger gewesen und ein noch schlechterer Geograph. Ich schätze, es war so um das Jahr 1908 herum im Juli, und es war ein heißer Sommer, das ist mir noch deutlich. Übernachtet haben wir auf einer Alp in einer Hütte. Es ist merkwürdig, daß mir vor allem diese Hütte geblieben ist. Ja, manchmal träume ich noch von ihr und schrecke dann schweißgebadet auf; aber eigentlich, ohne dabei an das zu denken, was sich in ihr abspielte. Sicher wird sie nicht anders gewesen sein, als nun eben die Alphütten sind, die den Winter über leer stehen, und das Schreckliche ist allein in meiner Phantasie. Daß dies der Fall sein muß, glaube ich daran zu erkennen, weil ich sie immer mit feuchtem Moos überwachsen vor mir sehe, und das sieht man doch an Alphütten nicht, scheint mir. Man liest oft von Schinderhütten, ohne recht zu wissen, was dies eigentlich sein soll. Nun, unter einer Schinderhütte stelle ich mir so etwas wie diese Alphütte vor. Föhren standen um sie herum und ein Brunnen nicht weit von ihrer Türe. Auch war das Holz dieser Hütte nicht schwarz, sondern weißlich und faulig, und überall in den Ritzen waren Schwämme, doch kann auch das nur eine nachträgliche Einbildung sein; die Jahre liegen in einer so großen Anzahl zwischen heute und diesem Vorfall, daß Traum und Wirklichkeit unentwirrbar ineinander verwoben sind. An eine unerklärliche Furcht erinnere ich mich jedoch noch bestimmt. Sie befiel mich, als wir uns der Hütte über eine mit Felstrümmern übersäte Alp her näherten, die jenen Sommer nicht benutzt wurde, und in deren Mulde das Gebäude lag. Ich bin überzeugt, daß diese Furcht alle überfiel, Emmenberger vielleicht ausgenommen. Die Gespräche hörten auf, und jeder schwieg. Der Abend, der hereinbrach, bevor wir noch die Hütte erreichten, war um so schauerlicher, als eine, wie es schien, unerträgliche Zeitspanne lang ein seltsames tiefrotes Licht über dieser menschenleeren Welt von Eis und Stein lag; eine tödliche, außerirdische Beleuchtung, die unsere Gesichter und Hände verfärbte, wie sie auf einem Planeten herrschen muß, der sich weiter von der Sonne entfernt bewegt als der unsrige. So waren wir denn wie gehetzt ins Innere der Hütte gedrungen. Dies war leicht; denn die Türe war unverschlossen. Schon im Kiental hatte man uns gesagt, daß man in dieser Hütte übernachten könne. Der Innenraum war erbärmlich und nichts vorhanden als einige Pritschen. Doch bemerkten wir im schwachen Licht oben unter dem Dach Stroh. Eine schwarze, verbogene Leiter führte hinauf, an der noch Mist und Dreck vom vorigen Jahr klebte. Emmenberger holte draußen vom Brunnen Wasser, mit einer seltsamen Hast, als wüßte er, was nun geschehen sollte. Das ist natürlich unmöglich. Dann machten wir auf dem primitiven Herd Feuer. Ein Kessel war vorhanden. Und da ist denn, in dieser merkwürdigen Stimmung von Grauen und Müdigkeit, die uns gefangen hielt, einer von uns lebensgefährlich verunglückt. Ein dicker Luzerner, Sohn eines Wirts, der wie wir Medizin studierte – wieso, wußte eigentlich niemand –, und der auch ein Jahr darauf das Studium aufgab, um doch die Wirtschaft zu übernehmen. Dieser etwas linkische Bursche also fiel, da die Leiter zusammenbrach, die er bestiegen hatte, um unter dem Dach das Stroh zu holen, so unglücklich mit der Kehle auf einen vorspringenden Balken in der Mauer, daß er stöhnend liegenblieb. Der Sturz war heftig. Wir glaubten zuerst, er habe etwas gebrochen, doch fing er nach kurzem an, nach Atem zu ringen. Wir hatten ihn hinaus auf eine Bank getragen, und nun lag er da in diesem fürchterlichen Licht der schon untergegangenen Sonne, das von übereinander geschichteten Wolkenbänken sandigrot niederstrahlte. Der Anblick, den der Verunglückte bot, war beängstigend. Der blutig geschürfte Hals war dick angeschwollen, den Kopf hielt er, während sich der Kehlkopf heftig und ruckweise bewegte, nach hinten. Entsetzt bemerkten wir, daß sein Gesicht immer dunkler wurde, fast schwarz in diesem infernalischen Glühen der Horizonte, und seine weitaufgerissenen Augen glänzten wie zwei weiße, nasse Kiesel in seinem Antlitz. Wir bemühten uns verzweifelt mit feuchten Umschlägen. Vergeblich. Der Hals schwoll immer mehr nach innen, und er drohte zu ersticken. War der Verunglückte zuerst von einer fieberhaften Unruhe erfüllt gewesen, so fiel er jetzt zusehends in Apathie. Sein Atem ging pfeifend, reden konnte er nicht mehr. So viel wußten wir, daß er sich in äußerster Lebensgefahr befand; wir waren ratlos. Es fehlte uns jede Erfahrung und wohl auch die Kenntnis. Wir wußten zwar, daß es eine Notoperation gab, die Hilfe schaffen konnte, aber keiner wagte, daran zu denken. Nur Emmenberger begriff und zögerte auch nicht, zu handeln. Er untersuchte eingehend den Luzerner, desinfizierte im kochenden Wasser über dem Herd sein Taschenmesser und führte dann einen Schnitt aus, den wir als Coniotomie bezeichnen, der in Notfällen manchmal angewandt werden muß, und bei dem man über dem Kehlkopf, zwischen dem Adamsapfel und dem Ringknorpel, mit quergestelltem Messer einsticht, um Luft zu schaffen. Nicht dieser Eingriff war entsetzlich, Hans, der mußte nun wohl mit dem Taschenmesser gemacht werden; sondern das Grauenhafte war etwas anderes, es spielte sich gleichsam zwischen den beiden in ihren Gesichtern ab. Wohl war der Verunglückte schon fast betäubt vor Atemnot, aber noch waren seine Augen offen, ja weit aufgerissen, und so mußte er noch alles bemerken, was geschah, wenn auch vielleicht wie im Traum; und als Emmenberger diesen Schnitt ausführte, mein Gott, Hans, hatte er die Augen ebenfalls weit aufgerissen, sein Gesicht verzerrte sich; es war plötzlich, als breche aus diesen Augen etwas Teuflisches, eine Art übermäßiger Freude, zu quälen, oder wie man dies sonst nennen soll, daß ich eine menschliche Angst empfand, wenn auch nur für eine Sekunde; denn schon war alles vorbei. Doch glaube ich, das hat niemand außer mir empfunden; denn die andern wagten nicht hinzusehen. Ich glaube auch, daß dies zum großen Teil Einbildung ist, was ich erlebte, daß die finstere Hütte und das unheimliche Licht an diesem Abend das ihre zu dieser Täuschung beigetragen haben; merkwürdig am Vorfall ist nur, daß später der Luzerner, dem Emmenberger durch die Coniotomie das Leben rettete, niemals mehr mit diesem gesprochen hat, ja, ihm kaum dankte, was ihm von vielen übelgenommen wurde. Über Emmenberger hingegen hat man sich seitdem immer anerkennend geäußert, er galt als ganz großes Licht. Seine Laufbahn war seltsam. Wir hatten geglaubt, er werde Karriere machen, aber es lag ihm nichts daran. Er studierte viel und wild durcheinander. Die Physik, die Mathematik, nichts schien ihn zu befriedigen; auch in philosophischen und theologischen Vorlesungen wurde er gesehen. Das Examen war glänzend, doch übernahm er später nie eine Praxis, arbeitete in Stellvertretungen, auch bei mir, und ich muß zugeben, die Patienten waren begeistert von ihm, außer einigen, die ihn nicht mochten. So führte er ein unruhiges und einsames Leben, bis er endlich auswanderte; er veröffentlichte seltsame Traktate, so eine Schrift über die Berechtigung der Astrologie, die etwas vom Sophistischsten ist, was ich je gelesen habe. Soweit ich informiert bin, hatte niemand zu ihm Zugang, auch wurde er ein zynischer, unzuverlässiger Patron, um so unangenehmer, weil sich seinem Witz niemand gewachsen zeigte. Verwundert hat es uns nur, daß er in Chile plötzlich so anders wurde, was für eine nüchterne und wissenschaftliche Arbeit er dort drüben leistete; das muß durchaus am Klima liegen, oder an der Umgebung. In der Schweiz ist er ja wieder gleich der alte geworden, der er von jeher gewesen ist.«

Hoffentlich habe er das Traktat über die Astrologie aufbewahrt, sagte Bärlach, als Hungertobel geendet hatte.

Er könne es ihm morgen mitbringen, antwortete der Arzt.

Das sei also die Geschichte, meinte der Kommissär nachdenklich.

»Du siehst«, sagte Hungertobel, »ich habe vielleicht doch in meinem Leben zuviel geträumt.«

»Träume lügen nicht«, entgegnete Bärläch.

»Vor allem die Träume lügen«, sagte Hungertobel. »Aber du mußt mich entschuldigen, ich habe zu operieren«, und damit erhob er sich von seinem Stuhl.

Bärlach reichte ihm die Hand. »Ich will hoffen, keine Coniotomie, oder wie du das nennst.«

Hungertobel lachte. »Einen Leistenbruch, Hans; der ist mir sympathischer, wenn es auch, offen gestanden, schwerer ist. Doch jetzt mußt du Ruhe haben. Unbedingt. Du hast nichts nötiger als einen zwölfstündigen Schlaf.«

Gulliver

Doch schon gegen Mitternacht wachte der Alte auf, als vom Fenster her ein leises Geräusch kam und kalte Nachtluft ins Krankenzimmer strömte.

Der Kommissär machte nicht sofort Licht, sondern überlegte sich, was denn eigentlich vor sich gehe. Endlich erriet er, daß der Rolladen langsam nach oben geschoben wurde. Die Dunkelheit, die ihn umgab, wurde aufgehellt, schemenhaft blähten sich die Vorhänge im ungewissen Licht, dann hörte er, wie sich der Rolladen wieder vorsichtig nach unten bewegte. Aufs neue umgab ihn die undurchdringliche Finsternis der Mitternacht, doch spürte er, wie sich eine Gestalt vom Fenster her ins Zimmer schob.

»Endlich«, sagte Bärlach. »Da bist du ja, Gulliver«, und drehte seine Nachttischlampe an.

Im Zimmer stand in einem alten, fleckigen und zerrissenen Kaftan ein riesenhafter Jude, vom Licht der Lampe rot beschienen.

Der Alte legte sich wieder in die Kissen zurück, die Hände hinter dem Kopf. »Ich habe mir halb gedacht, daß du mich noch diese Nacht besuchen würdest. Daß du dich auch auf die Fassadenkletterei verstehst, konnte ich mir ja vorstellen«, sagte er.

»Du bist mein Freund«, erwiderte der Eingedrungene, »so bin ich gekommen.« Sein Kopf war kahl und mächtig, die Hände edel, aber alles mit fürchterlichen Narben bedeckt, die von unmenschlichen Mißhandlungen zeugten, doch hatte nichts vermocht, die Majestät dieses Gesichts und dieses Menschen zu zerstören. Der Riese stand unbeweglich mitten im Zimmer, leicht gebückt, die Hände auf den Schenkeln; geisterhaft lag sein Schatten an der Wand und an den Vorhängen, die wimperlosen, diamantenen Augen blickten mit einer unerschütterlichen Klarheit nach dem Alten.

»Wie konntest du wissen, daß ich in Bern anwesend zu

sein nötig habe?« kam es aus dem zerschlagenen, fast lippenlosen Mund, in einer umständlichen, überängstlichen Ausdrucksweise, wie von einem, der sich in zu vielen Sprachen bewegt und sich nun nicht sofort im Deutschen zurechtfindet; doch war seine Aussprache akzentlos. »Gulliver läßt keine Spur zurück«, sagte er dann nach kurzem Schweigen. »Ich arbeite unsichtbar.«

»Jeder läßt eine Spur zurück«, entgegnete der Kommissär. »Die deine ist die, ich kann es dir ja sagen: Wenn du in Bern bist, läßt Feitelbach, der dich versteckt, wieder einmal im Anzeiger ein Inserat erscheinen, daß er alte Bücher und Marken verkauft. Dann hat nämlich der Feitelbach etwas Geld, denke ich.«

Der Jude lachte: »Die große Kunst Kommissar Bärlachs besteht darin, das Einfache zu finden.«

»Nun kennst du deine Spur«, sagte der Alte. Es gebe nichts Schlimmeres als einen Kriminalisten, der seine Geheimnisse ausplaudere.

»Für den Kommissar Bärlach werde ich meine Spur stehen lassen. Feitelbach ist ein armer Jude. Er wird es nie verstehen, ein Geschäft zu machen.«

Damit setzte sich das mächtige Gespenst an des Alten Bett. Er griff in seinen Kaftan und holte eine große, staubige Flasche und zwei kleine Gläser hervor. »Wodka«, meinte der Riese. »Wir wollen zusammen trinken, Kommissar, wir haben immer zusammen getrunken.«

Bärlach schnupperte am Glas, er liebte bisweilen den Schnaps, doch hatte er kein gutes Gewissen, er dachte sich, daß Dr. Hungertobel große Augen machen würde, wenn er dies alles sähe: den Schnaps, den Juden und die Mitternacht, in der man doch schon längst schlafen sollte. Ein schöner Kranker, würde Hungertobel wettern und einen Spektakel veranstalten, er kannte ihn doch.

»Wo kommt denn der Wodka her?« fragte er, als er den ersten Schluck genommen hatte. »Der ist aber gut.«

»Aus Rußland«, lachte Gulliver. »Den habe ich von den Sowjetern.«

»Bist du denn wieder in Rußland gewesen?«

»Mein Geschäft, Kommissar.«

»Kommissär«, verbesserte ihn Bärlach. »Im Bernischen gibt's nur Kommissäre. Hast du denn deinen scheußlichen Kaftan auch im Sowjetparadies nicht ausgezogen?«

»Ich bin ein Jude und trage meinen Kaftan, das habe ich geschworen. Ich liebe das Nationalkostüm meines armen Volkes«, antwortete Gulliver.

»Gib mir doch noch einen Wodka«, sagte Bärlach.

Der Jude füllte die beiden Gläser.

»Hoffentlich war die Fassadenkletterei nicht zu schwierig«, meinte Bärlach stirnrunzelnd. »Das ist wieder etwas Gesetzwidriges, was du da heute nacht angestellt hast.«

Gulliver dürfe nicht gesehen werden, gab der Jude knapp zur Antwort.

»Um acht ist es doch schon längst dunkel, und man hätte dich hier im Salem sicher zu mir hereingelassen. Es ist ja keine Polizei da.«

»Dann kann ich auch ebensogut fassadenklettern«, entgegnete der Riese und lachte. »Es war ein Kinderspiel, Kommissar. Den Kännel hinauf und einen Mauervorsprung entlang.«

»Es ist doch gut, daß ich pensioniert werde.« Bärlach schüttelte den Kopf. »Dann habe ich so etwas wie dich nicht mehr auf dem Gewissen. Ich hätte dich schon längst hinter Schloß und Riegel stecken sollen und dabei einen Fang getan, der mir in ganz Europa hoch angerechnet worden wäre.«

»Du wirst es nicht tun, weil du weißt, wofür ich kämpfe«, antwortete der Jude unbeweglich.

»Du könntest dir doch wirklich einmal so etwas wie Papiere verschaffen«, schlug der Alte vor. »Ich habe zwar nicht viel übrig für dergleichen; aber irgendeine Ordnung muß in Gottes Namen sein.«

»Ich bin gestorben«, sagte der Jude. »Die Nazis haben mich erschossen.«

Bärlach schwieg. Er wußte, worauf der Riese anspielte. Das Licht der Lampe umgab die Männer mit einem ruhigen Kreis. Irgendwoher schlug es Mitternacht. Der Jude schenkte Wodka ein. Seine Augen blitzten in einer sonderbaren Heiterkeit höherer Art.

»Als unsere Freunde von der SS mich an einem schönen Maientag des Jahres fünfundvierzig bei angenehmster Witterung – an eine kleine weiße Wolke erinnere ich mich noch gut – in irgendeiner hundsgemeinen Kalkgrube inmitten fünfzig erschossener Männer meines armen Volkes aus Versehen liegen ließen, und als ich mich nach Stunden blutüberströmt unter den Flieder verkriechen konnte, der nicht weit davon blühte, so daß mich das Kommando, welches das Ganze zuschaufelte, übersah, habe ich geschworen, von nun an immer diese armselige Existenz eines geschändeten und geprügelten Stück Viehs zu führen, wenn es schon Gott gefalle, daß wir in diesem Jahrhundert oft wie die Tiere zu leben haben. Von da an habe ich nur noch in der Dunkelheit der Gräber gelebt und mich in Kellern und ähnlichem aufgehalten, nur die Nacht hat mein Antlitz gesehen, und nur die Sterne und der Mond diesen armseligen und tausendmal zerfetzten Kaftan beschienen. Das ist recht so. Die Deutschen haben mich getötet, und ich habe bei meiner ehemaligen arischen Frau – sie ist jetzt tot, und das ist gut für dieses Weib – meinen Totenschein gesehen, den sie per Reichspost bekam, er war gründlich ausgeführt und machte den guten Schulen alle Ehre, in denen man dieses Volk zur Zivilisation erzieht. Tot ist tot, das gilt für Jude und Christ, verzeih die Reihenfolge, Kommissar. Für einen Toten gibt es keine Papiere, das mußt du zugeben, und keine Grenzen; er kommt in jedes Land, wo es noch verfolgte und gemarterte Juden gibt. Prosit, Kommissar, ich trinke auf unsere Gesundheit!«

Die zwei Männer tranken ihre Gläser leer; der Mann im Kaftan schenkte neuen Wodka ein und sagte, indem sich seine Augen zu zwei funkelnden Schlitzen zusammenzogen: »Was willst du von mir, Kommissar Bärlach?«

»Kommissär«, verbesserte der Alte.

»Kommissar«, behauptete der Jude.

»Ich möchte eine Auskunft von dir«, sagte Bärlach.

»Eine Auskunft ist gut«, lachte der Riese. »Sie ist Goldes wert, eine solide Auskunft. Gulliver weiß mehr als die Polizei.«

»Das werden wir sehen. Du bist in allen Konzentrationslagern gewesen, das hast du mir gegenüber einmal erwähnt. Du erzählst ja sonst wenig von dir«, sagte Bärlach.

Der Jude füllte die Gläser. »Man hat meine Person einmal so überaus wichtig genommen, daß man mich von einer Hölle in die andere schleppte, und es gab deren mehr als die neun, von denen Dante singt, der in keiner war. Von jeder habe ich tüchtige Narben mit in mein Leben nach dem Tode gebracht.« Er streckte seine linke Hand aus. Sie war verkrüppelt.

»So kennst du vielleicht einen Arzt der SS namens Nehle?« fragte der Alte gespannt.

Der Jude schaute einen Augenblick lang nachdenklich auf den Kommissär. »Meinst du den vom Lager Stutthof?« fragte er dann.

»Den«, antwortete Bärlach.

Der Riese sah den Alten spöttisch an. »Der hat sich am zehnten August fünfundvierzig in Hamburg in einem armseligen Hotel das Leben genommen«, sagte er nach einer Weile.

Bärlach dachte etwas enttäuscht: »Gulliver weiß einen Dreck mehr als die Polizei«, und er sagte: »Bist du jemals in deiner Laufbahn – oder wie man das schon nennen soll – Nehle begegnet?«

Der zerlumpte Jude sah den Kommissär erneut prüfend an, und sein narbenüberdecktes Antlitz verzog sich zu einer Grimasse. »Was frägst du nach dieser ausgefallenen Bestie?« erwiderte er dann.

Bärlach überlegte, wie weit er sich dem Juden eröffnen sollte, beschloß jedoch, zu schweigen und den Verdacht, den er gegen Emmenberger gefaßt hatte, bei sich zu behalten.

»Ich sah sein Bild«, sagte er deshalb, »und es interessiert mich, was aus so einem geworden ist. Ich bin ein kranker Mann, Gulliver, und muß noch lange liegen, immer Molière lesen geht auch nicht, da hängt man eben seinen Gedanken nach. So nimmt es mich denn wunder, was ein Massenmörder wohl für ein Mensch ist.«

»Alle Menschen sind gleich. Nehle war ein Mensch. Also war Nehle wie alle Menschen. Das ist ein perfider Syllogismus, doch kann niemand gegen ihn aufkommen«, antwortete der Riese und ließ Bärlach nicht aus den Augen. Nichts in seinem mächtigen Gesicht verriet, was er denken mochte.

»Ich nehme an, du wirst Nehles Bild im ›Life‹ gesehen haben, Kommissar«, fuhr der Jude fort. »Es ist das einzige Bild, das von ihm existiert. So sehr man suchte auf dieser schönen Welt, nie ist ein anderes zum Vorschein gekommen. Das ist um so peinlicher, als ja auf dem berühmten Bilde nicht viel von diesem sagenhaften Folterknecht zu erkennen ist.«

»Nur ein Bild gibt es also«, sagte Bärlach nachdenklich. »Wie ist das möglich?«

»Der Teufel sorgt für die Auserwählten seiner Gemeinde besser, als es der Himmel für die seinen tut, und ließ verschiedene Umstände zusammenkommen«, antwortete der Jude spöttisch. »In der Liste der SS, wie sie jetzt zum Gebrauch der Kriminologie in Nürnberg aufbewahrt wird, ist Nehle nicht eingetragen, sein Name befindet sich auch nicht in einem anderen Verzeichnis; er wird der SS nicht angehört haben. Die offiziellen Berichte aus dem Lager Stutthof an das SS-Führerhauptquartier erwähnen seinen Namen nie, auch in den beigelegten Tabellen über den Stand des Personals ist er unterschlagen. Es haftet dieser Gestalt, die ungezählte Opfer auf dem ruhigen Gewissen hat, etwas Legendenhaftes und Illegales an, als ob sich auch die Nazis ihrer geschämt hätten. Und doch lebte Nehle, und niemand hat je gezweifelt, daß er existierte, nicht einmal die ausgekochtesten Atheisten; denn an einen Gott, der die teuflischsten Qualen ausheckt, glaubt man am schnellsten. So haben wir denn dazumal in den Konzentrationslagern, die Stutthof gewiß in nichts nachstanden, immer von ihm gesprochen, wenn auch mehr wie von einem Gerücht, als von einem der bösesten und unbarmherzigsten Engel in diesem Paradies der Richter und Henker. Das wurde auch nicht besser, als sich der Nebel zu lichten begann. Vom Lager selbst war niemand mehr vorhanden, den man hätte ausfragen können. Stutthof liegt bei Danzig. Die wenigen Häftlinge, welche die Torturen überstanden, wurden von der SS niedergemacht, als die Russen kamen, die dafür an den Wärtern die Gerechtigkeit vollzogen und sie aufknüpften: Nehle jedoch befand sich nicht unter den Galgenvögeln, Kommissar. Er mußte vorher das Lager verlassen haben.«

»Der wurde doch gesucht«, sagte Bärlach.

Der Jude lachte: »Wer wurde damals nicht gesucht, Bärlach! Das ganze deutsche Volk war zu einer kriminellen Affäre geworden. Doch an Nehle hätte sich kein Mensch mehr erinnert, weil sich kein Mensch mehr hätte erinnern können, seine Verbrechen wären unbekannt geblieben, wenn nicht bei Kriegsende im ›Life‹ dieses Bild erschienen wäre, das du kennst, das Bild einer kunstgerechten und meisterhaften Operation mit dem kleinen Schönheitsfehler, daß sie ohne Narkose durchgeführt wurde. Die Menschheit war pflichtgemäß empört, und so fing man denn an zu suchen. Sonst hätte sich Nehle unbehelligt ins Privatleben zurückziehen können, um sich in einen harmlosen Landarzt zu verwandeln oder als Badedoktor irgendein kostspieliges Sanatorium zu leiten.«

»Wie kam denn das ›Life‹ zu diesem Bild?« fragte der Alte ahnungslos.

»Das Einfachste in der Welt«, antwortete der Riese gelassen. »Ich habe es ihm gegeben!«

Bärlach schnellte mit dem Oberkörper hoch und starrte dem Juden überrascht ins Gesicht. Gulliver wisse doch mehr als die Polizei, dachte er bestürzt. Das abenteuerliche Leben, das dieser zerfetzte Riese führte, dem unzählige Juden ihre Rettung verdankten, spielte sich in Gebieten ab, wo die Fäden der Verbrechen und der ungeheuerlichsten Laster zusammenliefen. Ein Richter aus eigenen Gesetzen saß vor Bärlach, der nach eigener Willkür richtete, freisprach und verdammte, unabhängig von den Zivilgesetzbüchern und dem Strafvollzug der glorreichen Vaterländer dieser Erde.

»Trinken wir Wodka«, sagte der Jude. »So ein Schnaps tut immer gut. An den muß man sich halten, sonst verliert man auf diesem gottverlassenen Planeten noch jede süße Illusion.«

Und er füllte die Gläser und schrie: »Es lebe der Mensch!« Dann stürzte er das Glas hinunter und sagte: »Aber wie? Das ist oft schwierig.«

Er solle nicht so schreien, sagte der Kommissär, sonst komme die Nachtschwester. Sie seien in einem soliden Spital.

»Die Christenheit, die Christenheit«, sagte der Jude. »Sie hat gute Krankenschwestern hervorgebracht und ebenso tüchtige Mörder.«

Einen Moment dachte der Alte, es sei doch jetzt genug mit dem Wodka, aber schließlich trank er auch.

Das Zimmer drehte sich einen Moment, Gulliver erinnerte ihn an eine riesige Fledermaus, dann blieb das Zimmer wieder ruhig, wenn auch ein wenig schräg. Aber das mußte man wohl in Kauf nehmen.

»Du hast Nehle gekannt«, sagte Bärlach.

Der Riese antwortete, er habe gelegentlich mit ihm zu tun gehabt, und beschäftigte sich weiter mit seinem Wodka. Dann fing er an zu erzählen, aber nun nicht mehr mit der kalten, klaren Stimme von vorher, sondern in einem merkwürdig singenden Ton, der sich verstärkte, wenn die Ironie und der Spott mitschwangen, manchmal aber auch leise wurde, gedämpft, so daß Bärlach begriff, daß alles, auch das Wilde und Höhnische, nur ein Ausdruck einer unermeßlichen Trauer war über den unbegreiflichen Sündenfall einer einst schönen, von Gott erschaffenen Welt. So saß nun in der Mitternacht dieser riesenhafte Ahasver bei ihm, dem alten Kommissär, der da todkrank in seinem Bette lag und den Worten des jammervollen Mannes lauschte, den die Geschichte unserer Epoche zu einem düsteren, furchterregenden Todesengel geschaffen hatte.

»Es war im Dezember vierundvierzig«, berichtete Gulliver in seinem Singsang, halb in Wodka versponnen, auf dessen Meeren sich sein Schmerz wie eine dunkle, ölige Fläche ausbreitete, »und dann noch im Januar des folgenden Jahres, als die glasige Sonne der Hoffnung eben fern an den Horizonten über Stalingrad und Afrika emporstieg. Und doch waren diese Monate verflucht, Kommissar, und ich habe zum erstenmal bei allen unseren ehrwürdigen Talmudisten und ihren grauen Bärten geschworen, daß ich sie nicht überlebe. Daß dies doch geschah, lag an Nehle, dessen Leben zu erfahren du so begierig bist. Von diesem Jünger der Medizin darf ich dir melden, daß er mir das Leben rettete, indem er mich in die unterste Hölle tauchte und an den Haaren wieder emporriß, eine Methode, der meines Wissens nur einer widerstand, ich nämlich, der ich verflucht bin, alles zu überstehen; und aus übergroßer Dankbarkeit habe ich denn nicht gezögert, ihn zu verraten, indem ich ihn photographierte. In dieser verkehrten Welt gibt es Wohltaten, die man nur mit Schurkereien bezahlen kann.«

»Ich verstehe nicht, was du da erzählst«, entgegnete der Kommissär, der nicht recht wußte, ob dabei der Wodka im Spiele stand oder nicht.

Der Riese lachte und holte eine zweite Flasche aus seinem Kaftan. »Verzeih«, sagte er, »ich mache lange Sätze, aber meine Qualen waren noch länger. Es ist einfach, was ich sagen will: Nehle hat mich operiert. Ohne Narkose. Mir wurde diese unerhörte Ehre zuteil. Verzeih zum zweitenmal, Kommissar, aber ich muß Wodka trinken und dies wie Wasser, wenn ich daran denke, denn es war scheußlich.«

»Teufel«, rief Bärlach aus, und dann noch einmal in die Stille des Spitals hinein: »Teufel.« Er hatte sich halb aufgerichtet und hielt dem Ungeheuer, das an seinem Bette saß, mechanisch das leere Glas hin.

»Die Geschichte braucht nichts als ein wenig Nerven, sie zu vernehmen; aber weniger, als sie zu erleben«, fuhr der Jude im alten, verschimmelten Kaftan mit singendem Tone fort. »Man solle die Dinge endlich vergessen, sagt man, und dies nicht nur in Deutschland; in Rußland kämen jetzt auch Grausamkeiten vor, und Sadisten gebe es überall; aber ich will nichts vergessen und dies nicht nur, weil ich ein Jude bin – sechs Millionen meines Volkes haben die Deutschen getötet, sechs Millionen! –; nein, weil ich immer noch ein Mensch bin, auch wenn ich in meinen Kellerlöchern mit den Ratten lebe! Ich weigere mich, einen Unterschied zwischen den Völkern zu

machen und von guten und schlechten Nationen zu
sprechen; aber einen Unterschied zwischen den Menschen muß ich machen, das ist mir eingeprügelt worden,
und vom ersten Hieb an, der in mein Fleisch fuhr, habe
ich zwischen Peinigern und Gepeinigten unterschieden.
Die neuen Grausamkeiten anderer Wärter in anderen
Ländern ziehe ich nicht von der Rechnung ab, die ich den
Nazis entgegenhalte, und die sie mir bezahlen müssen,
sondern ich zähle sie dazu. Ich nehme mir die Freiheit,
nicht zwischen denen zu unterscheiden, die quälen. Sie
haben alle dieselben Augen. Wenn es einen Gott gibt,
Kommissar, und nichts erhofft mein geschändetes Herz
mehr, so sind vor ihm keine Völker, sondern nur Menschen, und er wird jeden nach dem Maß seiner Verbrechen richten und nach dem Maß seiner Gerechtigkeit
freisprechen. Christ, Christ, vernimm, was ein Jude dir
erzählt, dessen Volk euren Heiland gekreuzigt hat und
der nun mit seinem Volk von den Christen ans Kreuz
geschlagen wurde: Da lag ich im Elend meines Fleisches
und meiner Seele im Konzentrationslager Stutthof, in
einem Vernichtungslager, wie man sie nennt, in der Nähe
der altehrwürdigen Stadt Danzig, der zuliebe dieser ver-
brecherische Krieg ausgebrochen war, und dort ging es
dann radikal zu. Jehova war fern, mit anderen Welten
beschäftigt, oder er studierte an einem theologischen
Problem herum, das gerade seinen erhabenen Geist in
Anspruch nahm, kurz, um so übermütiger wurde sein
Volk in den Tod getrieben, vergast und erschossen, je
nach Laune der SS, und wie's die Witterung ergab: bei
Ostwind wurde gehängt, und bei Südwind hetzte man
Hunde auf Juda. Da war denn also auch dieser Doktor
Nehle vorhanden, auf dessen Schicksal du so begierig

bist, Mann einer sittlichen Weltordnung. Er war einer der Lagerärzte, von denen es in jedem Lager ganze Geschwüre voll gab; Schmeißfliegen, die sich mit wissenschaftlichem Eifer dem Massenmord hingaben, die Häftlinge zu Hunderten mit Luft, Phenol, Karbolsäure und was sonst noch zu diesem infernalischen Vergnügen zwischen Himmel und Erde zur Verfügung stand, abspritzten, oder gar, wenn es darauf ankam, ihre Versuche am Menschen ohne Narkose ausführten, aus Not, wie sie versicherten, da der dicke Reichsmarschall ja die Vivisektion an Tieren verboten hatte. Nehle befand sich demnach nicht allein. – Es wird nun nötig sein, daß ich von ihm spreche. Ich habe mir im Verlauf meiner Reise durch die verschiedenen Lager die Peiniger genau angesehen und lernte, wie man so sagt, meine Brüder kennen. Nehle zeichnete sich in seinem Metier in vielem aus. Die Grausamkeit der andern machte er nicht mit. Ich muß zugeben, daß er den Gefangenen half, so gut dies möglich war, und soweit dies in einem Lager, dessen Bestimmung darin bestand, alles zu vernichten, überhaupt noch einen Zweck hatte. Er war in einem ganz andern Sinn als die andern Ärzte fürchterlich, Kommissar. Seine Experimente zeichneten sich nicht durch erhöhte Quälereien aus; auch bei den andern starben die kunstvoll gefesselten Juden brüllend unter den Messern am Schock, den die Schmerzen auslösten, und nicht an der ärztlichen Kunst. Seine Teufelei war, daß er all dies mit der Zustimmung seiner Opfer ausführte. So unwahrscheinlich es ist, Nehle operierte nur Juden, die sich freiwillig meldeten, die genau wußten, was ihnen bevorstand, die sogar, das setzte er zur Bedingung, den Operationen beiwohnen mußten, um die vollen Schrecken der Tortur zu sehen, bevor sie ihre Zustimmung geben konnten, nun dasselbe zu erleiden.«

»Wie war dies möglich?« fragte Bärlach atemlos.

»Die Hoffnung«, lachte der Riese, und seine Brust hob und senkte sich. »Die Hoffnung, Christ.« Seine Augen funkelten in einer unergründlichen, tierhaften Wildheit, die Narben seines Gesichts hoben sich überdeutlich ab, die Hände lagen gleich Tatzen auf Bärlachs Bettdecke, der zerschlagene Mund, der gierig immer neue Mengen Wodka in diesen geschändeten Leib sog, stöhnte in weltferner Trauer: »Glaube, Hoffnung, Liebe, diese drei, wie es so schön im Korinther dreizehn heißt. Aber die Hoffnung ist die zäheste unter ihnen, das steht bei mir, dem Juden Gulliver, mit roten Malen in mein Fleisch gezeichnet. Die Liebe und der Glaube, die *gingen* in Stutthof zum Teufel, aber die Hoffnung, die blieb, mit der ging *man* zum Teufel. Die Hoffnung, die Hoffnung! Die hatte Nehle fixfertig in der Tasche, und bot sie jedem, der sie haben wollte, und es wollten sie viele haben. Es ist nicht zu glauben, Kommissar, aber Hunderte ließen sich von Nehle ohne Narkose operieren, nachdem sie zitternd und totenbleich ihren Vordermann auf dem Operationstisch hatten krepieren sehen, und immer noch nein sagen konnten, und dies alles auf die bloße Hoffnung hin, die Freiheit zu erlangen, wie ihnen Nehle versprach. Die Freiheit! Wie muß der Mensch sie lieben, daß er alles zu dulden gewillt ist, sie zu bekommen, so sehr, daß er auch damals in Stutthof freiwillig in die flammendste Hölle ging, nur um diesen erbärmlichen Bankert von Freiheit zu umarmen, der ihm da geboten wurde. Die Freiheit ist bald eine Dirne und bald eine Heilige, für jeden etwas anderes, für einen Arbeiter etwas anderes, für einen

Geistlichen etwas anderes, für einen Bankier etwas anderes und für einen armen Juden in einem Vernichtungslager, wie Auschwitz, Lublin, Maidanek, Natzweiler und Stutthof, wieder etwas anderes: Da war Freiheit alles, was außerhalb dieses Lagers war, aber nicht Gottes schöne Welt, o nein, man hoffte in grenzenloser Bescheidenheit nur, wieder nach einem so angenehmen Ort wie Buchenwald oder Dachau zurückversetzt zu werden, in denen man *jetzt* die goldene Freiheit sah, wo man nicht Gefahr lief, vergast, sondern nur zu Tode geprügelt zu werden, wo noch ein Tausendstel Promille Hoffnung bestand, durch einen unwahrscheinlichen Zufall doch gerettet zu werden, gegenüber der absoluten Sicherheit des Todes in den Vernichtungslagern. Mein Gott, Kommissar, laß uns kämpfen, daß die Freiheit für alle das gleiche wird, daß sich keiner vor dem andern für seine Freiheit zu schämen hat! Es ist zum Lachen: die Hoffnung, in ein anderes Konzentrationslager zu kommen, trieb die Leute in Massen, oder wenigstens in größerer Zahl auf Nehles Schinderbrett; es ist zum Lachen (hier stimmte der Jude wirklich ein Hohngelächter der Verzweiflung an und der Wut), und auch ich, Christ, habe mich auf den blutigen Schragen gelegt, sah Nehles Messer und seine Zangen im Lichte des Scheinwerfers schattenhaft über mir und tauchte dann unter in die unendlich abgestuften Orte der Qualen, in diese gleißenden Spiegelkabinette der Schmerzen, die uns immer qualvoller enthüllen! Auch ich ging hinein zu ihm in der Hoffnung, doch noch einmal davonzukommen, doch noch einmal dieses gottverfluchte Lager zu verlassen; denn, da sich dieser famose Psychologe Nehle sonst als hilfsbereit und zuverlässig erwies, glaubte man ihm in diesem Punkt, wie man stets an ein Wunder glaubt, wenn die Not am größten ist. Wahrlich, wahrlich, er hat Wort gehalten! Als ich als einziger eine sinnlose Magenresektion überstand, ließ er mich gesundpflegen und schickte mich in den ersten Tagen des Februars nach Buchenwald zurück, das ich jedoch nach endlosen Transporten nie erreichen sollte; denn da kam in der Nähe der Stadt Eisleben jener schöne Maientag mit dem blühenden Flieder, unter den ich mich verkroch. – Das sind die Taten des vielgewanderten Mannes, der vor dir sitzt an deinem Bett, Kommissar, seine Leiden und seine Reisen durch die blutigen Meere des Unsinns dieser Epoche, und immer noch wird das Wrack meines Leibes und meiner Seele weitergeschwemmt durch die Strudel unserer Zeit, die Millionen um Millionen verschlingen, Unschuldige und Schuldige gleichermaßen. Aber nun ist auch die zweite Flasche Wodka leergetrunken, und es ist notwendig, daß Ahasver den Weg über die Staatsstraße des Mauervorsprungs und des Kännels zurück zum feuchten Keller in Feitelbachs Hause nimmt.«

Der Alte jedoch ließ Gulliver, der sich erhoben hatte und dessen Schatten das Zimmer bis zur Hälfte in Dunkelheit hüllte, noch nicht gehen.

Was Nehle denn für ein Mensch gewesen sei, fragte er, und seine Stimme war kaum mehr denn ein Flüstern.

»Christ«, sagte der Jude, der die Flaschen und die Gläser wieder in seinen schmutzigen Kaftan verborgen hatte: »Wer wüßte auf deine Frage zu antworten? Nehle ist tot, er hat sich bloß das Leben genommen, sein Geheimnis ist bei Gott, der über Himmel und Hölle regiert, und Gott gibt seine Geheimnisse nicht mehr her, nicht einmal den Theologen. Es ist tödlich, nachzuforschen, wo es nur Totes gibt. Wie oft habe ich mich bemüht, hinter die Maske dieses Arztes zu schleichen, mit dem kein Gespräch möglich war, der auch mit niemandem von der SS oder von den anderen Ärzten verkehrte, geschweige denn mit einem Häftling! Wie oft versuchte ich zu ergründen, was hinter seinen funkelnden Brillengläsern vor sich ging! Was sollte ein armer Jude wie ich tun, wenn er seinen Peiniger nie anders als mit halbverhülltem Gesicht im Operationskittel sah? Denn so, wie ich unter Lebensgefahr Nehle photographiert habe – nichts war gefährlicher, als im Konzentrationslager zu photographieren – war er stets: eine in Weiß gehüllte, hagere Gestalt, die leicht gebückt und lautlos, wie aus Furcht, sich anzustecken, in diesen Baracken voll grauser Not und Jammers herumging. Er war darauf aus, vorsichtig zu sein, denke ich. Er rechnete wohl immer damit, daß eines schönen Tages der ganze infernalische Spuk der Konzentrationslager verschwinden würde – um anderswo wie ein Aussatz mit anderen Peinigern und anderen politischen Systemen aufs neue aus den Tiefen des menschlichen Instinkts hervorzubrechen. So mußte er seit jeher seine Flucht ins Privatleben vorbereitet haben, als sei er in der Hölle nur fakultativ angestellt. Danach habe ich meinen Schlag berechnet, Kommissar, und ich habe gut gezielt: Als das Bild im ›Life‹ erschien, hat Nehle sich erschossen; es genügte dazu, daß die Welt seinen Namen wußte, Kommissar, denn wer vorsichtig ist, verbirgt seinen Namen (das war das letzte, was der Alte von Gulliver hörte, es war wie der dumpfe Schlag einer ehernen Glocke, schrecklich dröhnend im Ohr des Kranken), seinen Namen!«

Nun tat der Wodka seine Wirkung. Zwar war dem

Kranken noch, als ob sich die Vorhänge da drüben am Fenster wie die Segel eines dahinschwindenden Schiffes blähten, als ob ferner das Rasseln eines Rolladens vernehmbar sei, der sich in die Höhe schob; dann, noch undeutlicher, als ob ein riesenhafter, massiger Leib hinab in die Nacht tauche; aber dann, da durch die klaffende Wunde des offenen Fensters die unabsehbare Fülle der Sterne brach, stieß im Alten ein unbändiger Trotz hoch, in *dieser* Welt zu bestehen und für eine andere, bessere, zu kämpfen, zu kämpfen auch mit diesem seinem jammervollen Leib, an welchem der Krebs fraß, gierig und unaufhaltsam, und dem man noch ein Jahr gab und nicht mehr, grölend sang er, als der Wodka wie Feuer in seinen Eingeweiden zu brennen anfing, den Berner Marsch hinein in die Stille des Spitals, daß die Kranken unruhig wurden. Nichts Kräftigeres fiel ihm ein; doch war er dann, als die fassungslose Nachtschwester hereinstürzte, schon eingeschlafen.

Die Spekulation

Am andern Morgen, es war Donnerstag, erwachte Bärlach, wie vorauszusehen war, erst gegen zwölf, kurz bevor das Mittagessen gebracht wurde. Sein Kopf schien ihm ein wenig schwer, aber sonst fühlte er sich wohl wie lange nicht und dachte, hin und wieder ein richtiger Schluck Schnaps sei doch das Beste, besonders wenn man schon im Bett liege und nicht trinken dürfe. Auf dem

Nachttisch lag die Post; Lutz hatte Bericht über Nehle schicken lassen. Über die Organisation bei der Polizei ließ sich heute wirklich nichts mehr sagen, vor allem nicht, wenn man nun pensioniert wurde, was übermorgen Gott sei Dank der Fall war; in Konstantinopel mußte man Anno dazumal monatelang auf eine Auskunft warten. Doch bevor sich der Alte hinters Lesen machen konnte, brachte die Krankenschwester das Essen. Es war die Schwester Lina, die er besonders mochte, doch schien sie ihm heute reserviert, gar nicht mehr ganz so wie früher. Es wurde dem Kommissär unheimlich. Man mußte doch irgendwie hinter die gestrige Nacht gekommen sein, vermutete er. Unbegreiflich. Es war ihm zwar, als ob er am Schluß den Berner Marsch gesungen hätte, als Gulliver gegangen war, aber dies mußte eine Täuschung sein, er war ja überhaupt nicht patriotisch. Verflixt, dachte er, wenn man sich nur erinnern könnte! Der Alte sah sich mißtrauisch im Zimmer um, während er die Haferschleimsuppe löffelte. (Immer Haferschleimsuppe!) Auf dem Waschtisch standen einige Flaschen und Medikamente, die vorher nicht dagewesen waren. Was sollte denn dies wieder bedeuten? Dem Ganzen war nicht zu trauen. Überdies erschienen alle zehn Minuten immer andere Schwestern, um irgend etwas zu holen, zu suchen oder zu bringen; eine kicherte draußen im Korridor, er hörte es deutlich. Nach Hungertobel wagte er nicht zu fragen, es war ihm auch ganz recht, daß dieser erst gegen Abend kam, weil er doch über Mittag seine Praxis in der Stadt hatte. Bärlach schluckte trübsinnig den Grießbrei mit Apfelmus hinunter (auch dies war keine Abwechslung), war dann aber überrascht, als es darauf zum Dessert einen starken Kaffee mit Zucker gab – auf besondere Anweisung Doktor Hungertobels, wie sich die Schwester vorwurfsvoll ausdrückte. Sonst war dies nie der Fall gewesen. Der Kaffee schmeckte ihm und heiterte ihn auf. Dann vertiefte er sich in die Akten, das war das Gescheiteste, was zu tun war, doch schon nach eins kam zu seiner Überraschung Hungertobel herein, mit einem bedenklichen Gesicht, wie der Alte, scheinbar immer noch in seine Papiere vertieft, mit einer unmerklichen Bewegung seiner Augen wahrnahm.

»Hans«, sagte Hungertobel und trat entschlossen ans Bett, »was ist denn um Himmels willen geschehen? Ich würde schwören, und mit mir alle Schwestern, daß du einen Bombenrausch gehabt hast!«

»So«, sagte der Alte und sah von seinen Akten auf. Und dann sagte er: »Ei!«

Jawohl, antwortete Hungertobel, es mache alles diesen Eindruck. Er habe den ganzen Morgen umsonst versucht, ihn wach zu bekommen.

Das tue ihm aber leid, bedauerte der Kommissär.

»Es ist praktisch einfach unmöglich, daß du Alkohol getrunken hast, du müßtest denn auch die Flasche verschluckt haben!« rief der Arzt verzweifelt aus.

Das glaube er auch, schmunzelte der Alte.

Er stehe vor einem Rätsel, sagte Hungertobel und putzte sich die Brille. Das tat er, wenn er aufgeregt war.

Lieber Samuel, sagte der Kommissär, es sei wohl nicht immer leicht, einen Kriminalisten zu beherbergen, das gebe er zu, den Verdacht, ein heimlicher Süffel zu sein, müsse er durchaus auf sich nehmen, und er bitte ihn nur, die Klinik Sonnenstein in Zürich anzurufen, und Bärlach unter dem Namen Blaise Kramer als frischoperierten, bettlägerigen, aber reichen Patienten anzumelden.

»Du willst zu Emmenberger?« fragte Hungertobel bestürzt und setzte sich.

»Natürlich«, antwortete Bärlach.

»Hans«, sagte Hungertobel, »ich verstehe dich nicht. Nehle ist tot.«

»Ein Nehle ist tot«, verbesserte der Alte. »Wir müssen jetzt feststellen, welcher.«

»Um Gottes willen«, fragte der Arzt atemlos: »Gibt es denn zwei Nehle?«

Bärlach nahm die Akten zur Hand. »Betrachten wir zusammen den Fall«, fuhr er ruhig fort, »und untersuchen wir, was uns dabei auffällt. Du wirst sehen, unsere Kunst setzt sich aus etwas Mathematik zusammen und aus sehr viel Phantasie.«

Er verstehe nichts, stöhnte Hungertobel, den ganzen Morgen verstehe er nichts mehr.

Er lese die Angaben, fuhr der Kommissär fort: »Große, hagere Gestalt, die Haare grau, früher braunrot, die Augen grünlichgrau, Ohren abstehend, das Gesicht schmal und bleich, mit Säcken unter den Augen, die Zähne gesund. Besonderes Kennzeichen: Narbe an der rechten Augenbraue.«

Das sei er genau, sagte Hungertobel.

Wer, fragte Bärlach.

Emmenberger, antwortete der Arzt. Er habe ihn aus der Beschreibung erkannt.

Es sei aber die Beschreibung des in Hamburg tot aufgefundenen Nehle, entgegnete Bärlach, wie sie in den Akten der Kriminalpolizei stehe.

Um so natürlicher, daß er die beiden verwechselt habe, stellte Hungertobel befriedigt fest. »Jeder von uns kann einem Mörder gleichen. Meine Verwechslung hat die einfachste Erklärung der Welt gefunden. Das mußt du doch einsehen.«

»Das ist ein Schluß«, sagte der Kommissär. »Es sind jedoch noch andere Schlüsse möglich, die auf den ersten Blick nicht so zwingend erscheinen, aber doch als ›auch möglich‹ näher untersucht werden müssen. Ein anderer Schluß wäre: nicht Emmenberger war in Chile, sondern Nehle unter dessen Namen, während Emmenberger unter des andern Namen in Stutthof war.«

Das sei ein unwahrscheinlicher Schluß, wunderte sich Hungertobel. Gewiß, antwortete Bärlach, aber ein zulässiger. Sie müßten alle Möglichkeiten in Betracht ziehen.

»Wo kämen wir denn da um Gottes willen hin!« protestierte der Arzt. »Da hätte Emmenberger sich in Hamburg getötet und der Arzt, der jetzt die Klinik Sonnenstein leitet, wäre Nehle.«

»Hast du Emmenberger seit seiner Rückkehr aus Chile gesehen?« warf der Alte ein.

»Nur flüchtig«, antwortete Hungertobel stutzend und griff sich verwirrt an den Kopf. Die Brille hatte er endlich wieder aufgesetzt.

»Siehst du, diese Möglichkeit ist vorhanden!« fuhr der Kommissär fort. »Möglich wäre auch folgende Lösung: der Tote in Hamburg ist der aus Chile zurückgekehrte Nehle, und Emmenberger kehrte aus Stutthof, wo er den Namen Nehle führte, in die Schweiz zurück.«

Da müßten sie schon ein Verbrechen annehmen, sagte Hungertobel kopfschüttelnd, um diese sonderbare These verfechten zu können.

»Richtig, Samuel!« nickte der Kommissär. »Wir müßten annehmen, daß Nehle von Emmenberger getötet worden sei.«

»Wir können mit dem gleichen Recht auch das Umgekehrte annehmen: Nehle tötete Emmenberger. Deiner Phantasie sind offenbar nicht die geringsten Grenzen gesetzt.«

»Auch diese These ist richtig«, sagte Bärlach. »Auch sie können wir annehmen, wenigstens im jetzigen Grad der Spekulation.«

Das sei alles Unsinn, sagte der alte Arzt verärgert.

»Möglich«, antwortete Bärlach undurchdringlich.

Hungertobel wehrte sich energisch. Mit der primitiven Art und Weise, wie der Kommissär mit der Wirklichkeit vorgehe, könne kinderleicht bewiesen werden, was man nur wolle. Mit dieser Methode würde überhaupt alles in Frage gestellt, sagte er.

»Ein Kriminalist hat die Pflicht, die Wirklichkeit in Frage zu stellen«, antwortete der Alte. »Das ist nun einmal so. Wir müssen in diesem Punkt durchaus wie die Philosophen vorgehen, von denen es heißt, daß sie erst einmal alles bezweifeln, bevor sie sich hinter ihr Metier machen und die schönsten Spekulationen über die Kunst zu sterben und vom Leben nach dem Tode ausdenken, nur daß wir vielleicht noch weniger taugen als sie. Wir haben zusammen verschiedene Thesen aufgestellt. Alle sind möglich. Dies ist der erste Schritt. Der nächste wird sein, daß wir von den möglichen Thesen die wahrscheinlichen unterscheiden. Das Mögliche und das Wahrscheinliche sind nicht dasselbe; das Mögliche braucht noch lange nicht das Wahrscheinliche zu sein. Wir müssen deshalb den Wahrscheinlichkeitsgrad unserer Thesen untersuchen. Wir haben zwei Personen, zwei Ärzte: auf der einen Seite Nehle, einen Verbrecher, und auf der andern deinen Jugendbekannten Emmenberger, den Lei-

ter der Klinik Sonnenstein in Zürich. Wir haben im
wesentlichen zwei Thesen aufgestellt, beide sind möglich. Ihr Wahrscheinlichkeitsgrad ist auf den ersten Blick
verschieden. Die eine These behauptet, daß zwischen
Emmenberger und Nehle keine Beziehung bestehe, und
ist wahrscheinlich, die zweite setzt eine Beziehung und
ist unwahrscheinlicher.«

Eben, unterbrach Hungertobel den Alten, das habe er
immer gesagt.

»Lieber Samuel«, antwortete Bärlach, »ich bin leider
nun einmal ein Kriminalist und verpflichtet, in den
menschlichen Beziehungen die Verbrechen herauszufin-
den. Die erste These, die zwischen Nehle und Emmenberger keine Beziehung setzt, interessiert mich nicht.
Nehle ist tot und gegen Emmenberger liegt nichts vor.
Dagegen zwingt mich mein Beruf, die zweite, unwahr-
scheinlichere These näher zu untersuchen. Was ist an
dieser These wahrscheinlich? Sie besagt, daß Nehle und
Emmenberger ihre Rollen vertauscht haben, daß
Emmenberger als Nehle in Stutthof war und ohne Narkose an Häftlingen Operationen vornahm; ferner, daß
Nehle in der Rolle des Emmenberger in Chile weilte und
von dort Berichte und Abhandlungen an ärztliche Zeitschriften schickte; über das Weitere, den Tod Nehles in
Hamburg und den jetzigen Aufenthalt Emmenbergers in
Zürich ganz zu schweigen. Diese These ist phantastisch,
das wollen wir erst einmal ruhig zugeben. Möglich ist sie
insofern, als beide, Emmenberger und Nehle, nicht nur
Ärzte sind, sondern sich zudem gleichen. Hier ist der
erste Punkt erreicht, bei dem wir zu verweilen haben. Es
ist die erste Tatsache, die in unserer Spekulation, in
diesem Gewirr von Möglichem und Wahrscheinlichem,

auftaucht. Untersuchen wir diese Tatsache. Wie gleichen sich die beiden? Ähnlichkeiten treffen wir oft an, große Ähnlichkeiten seltener, am seltensten sind wohl Ähnlichkeiten, die auch in den zufälligen Dingen übereinstimmen, in Merkmalen, die nicht von der Natur, sondern von einem bestimmten Vorfall herrühren. Das ist hier so. Beide haben nicht nur die gleichen Haar- und Augenfarben, ähnliche Gesichtszüge, gleichen Körperbau und so weiter, sondern auch an der rechten Augenbraue die gleiche, eigentümliche Narbe.«

Nun, das sei Zufall, sagte der Arzt.

»Oder auch Kunst«, ergänzte der Alte. Hungertobel habe einst Emmenberger an der Augenbraue operiert. Was er denn gehabt habe?

Die Narbe stamme von einer Operation her, die man bei einer weit fortgeschrittenen Stirnhöhleneiterung anwenden müsse, antwortete Hungertobel.

»Den Schnitt führt man in der Augenbraue durch, damit die Narbe weniger sichtbar wird. Das ist mir damals bei Emmenberger wohl nicht recht gelungen. Ein gewisses Künstlerpech muß da durchaus eine Rolle gespielt haben, ich operiere doch sonst geschickt. Die Narbe wurde deutlicher, als es für einen Chirurgen schicklich war, und außerdem fehlte nachher ein Teil der Braue«, sagte er.

Ob diese Operation häufig vorkomme, wollte der Kommissär wissen.

Nun, antwortete Hungertobel, häufig nicht gerade. Man lasse eine Sache in der Stirnhöhle gar nicht so weit kommen, daß man gleich operieren müsse.

»Siehst du«, sagte Bärlach, »das ist nun das Merkwürdige: diese nicht allzuhäufige Operation wurde auch bei

Nehle durchgeführt, und auch bei ihm weist die Braue
eine Lücke vor, an der gleichen Stelle, wie es hier in den
Akten steht: die Leiche in Hamburg wurde genau untersucht. Hatte Emmenberger am linken Unterarm eine
handbreite Brandnarbe?«

Warum er darauf komme, fragte Hungertobel verwundert. Emmenberger habe einmal bei einem chemischen
Versuch einen Unfall gehabt.

Auch an der Leiche in Hamburg habe man diese Narbe
gefunden, sagte Bärlach befriedigt. Ob Emmenberger
diese Merkmale noch heute besitze? Es wäre wichtig, das
zu wissen – Hungertobel habe ihn flüchtig gesehen.

Letzten Sommer in Ascona, antwortete der Arzt. Da
habe er noch beide Narben gehabt, das sei ihm gleich
aufgefallen. Emmenberger sei noch ganz der alte gewesen, habe einige boshafte Bemerkungen gemacht und ihn
im übrigen kaum mehr erkannt.

»So«, sagte der Kommissär, »er schien dich kaum mehr
zu kennen. Du siehst, die Ähnlichkeit geht so weit, daß
man nicht mehr recht weiß, wer wer ist. Wir müssen
entweder an einen seltenen und sonderbaren Zufall glauben, oder an einen Kunstgriff. Wahrscheinlich ist die
Ähnlichkeit zwischen beiden im Grunde nicht so groß,
wie wir jetzt glauben. Was in den amtlichen Papieren und
in einem Paß ähnlich scheint, genügt nicht, um die beiden
ohne weiteres zu verwechseln; wenn sich die Ähnlichkeit
jedoch auch auf so zufällige Dinge erstreckt, ist die
Chance größer, daß einer den andern vertreten kann. Der
Kunstgriff einer Scheinoperation und eines künstlich her-
beigeführten Unfalls hätte dann den Sinn gehabt, die
Ähnlichkeit in eine Identität zu verwandeln. Doch können wir in diesem Stand der Untersuchung nur Vermu-

tungen aussprechen; aber du mußt zugeben, daß diese Art von Ähnlichkeit unsere zweite These wahrscheinlicher macht.«

Ob es denn kein Bild Nehles außer der Photographie in dem »Life« gebe, fragte Hungertobel.

»Drei Aufnahmen der hamburgischen Kriminalpolizei«, antwortete der Kommissär, entnahm die Bilder den Akten und gab sie seinem Freund hinüber. »Sie zeigen einen Toten.«

»Da ist nicht mehr viel zu erkennen«, meinte Hungertobel nach einiger Zeit enttäuscht. Seine Stimme zitterte. »Eine starke Ähnlichkeit mag vorhanden sein, ja, ich kann mir denken, daß auch Emmenberger im Tode so aussehen müßte. Wie hat sich Nehle denn das Leben genommen?«

Der Alte sah nachdenklich, fast lauernd zum Arzt hinüber, der recht hilflos in seinem weißen Kittel an seinem Bette saß und alles vergessen hatte, Bärlachs Rausch und die wartenden Patienten. »Mit Blausäure«, antwortete der Kommissär endlich. »Wie die meisten Nazis.«

»In welcher Form?«

»Er zerbiß eine Kapsel und verschluckte sie.«

»Bei nüchternem Magen?«

»Das hat man festgestellt.«

Dies wirke auf der Stelle, sagte Hungertobel, und auf diesen Bildern scheine es, daß Nehle vor seinem Tode etwas Entsetzliches gesehen habe. Die beiden schwiegen.

Endlich meinte der Kommissär: »Gehen wir weiter, wenn auch Nehles Tod seine Rätsel haben wird; wir haben noch die andern verdächtigen Punkte zu untersuchen.«

»Ich verstehe nicht, wie du von weiteren verdächtigen Punkten sprechen kannst«, sagte Hungertobel verwundert und bedrückt zugleich. »Das ist doch übertrieben.«

»O nein«, sagte Bärlach. »Da ist einmal dein Studienerlebnis. Ich will es nur kurz berühren. Es hilft mir in der Weise, als es mir einen psychologischen Anhaltspunkt dafür gibt, *warum* Emmenberger unter Umständen zu den Taten fähig wäre, die wir bei ihm annehmen müssen, *wenn* er in Stutthof war. Doch ich komme zu einer anderen, wichtigeren Tatsache: ich bin hier im Besitz des Lebenslaufs dessen, den wir unter dem Namen Nehle kennen. Seine Herkunft ist düster. Er wurde 1890 geboren, ist also drei Jahre jünger als Emmenberger. Er ist Berliner. Sein Vater ist unbekannt, seine Mutter ein Dienstmädchen, das den unehelichen Knaben bei den Großeltern ließ, ein unstetes Leben führte, später ins Korrektionshaus kam und dann verschwand. Der Großvater arbeitete bei den Borsigwerken; ebenfalls unehelich, ist er in seiner Jugend aus Bayern nach Berlin gekommen. Die Großmutter ist eine Polin. Nehle besuchte die Volksschule und rückte dann vierzehn ein, war bis fünfzehn Infanterist, wurde dann in die Sanität versetzt, dies auf Antrag eines Sanitätsoffiziers. Hier schien auch ein unwiderstehlicher Trieb zur Medizin erwacht zu sein; er wurde mit dem Eisernen Kreuz ausgezeichnet, weil er mit Erfolg Notoperationen durchführte. Nach dem Krieg arbeitete er als Medizingehilfe in verschiedenen Irrenhäusern und Spitälern, bereitete sich in der Freizeit auf die Maturität vor, um Arzt studieren zu können, fiel jedoch zweimal in der Prüfung durch: er versagte in den alten Sprachen und in der Mathematik. Der Mann scheint nur für die Medizin begabt gewesen zu sein. Dann wurde er Naturarzt und Wunderdoktor, zu dem alle Schichten der Bevölkerung liefen, kam mit dem Gesetz in Konflikt, wurde mit einer nicht allzu großen Buße bestraft, weil, wie das Gericht feststellte, ›seine medizinischen Kenntnisse erstaunlich‹ seien. Eingaben wurden gemacht, die Zeitungen schrieben für ihn. Vergeblich. Dann ward es still um den Fall. Da er immer wieder rückfällig wurde, drückte man schließlich ein Auge zu, Nehle dokterte in den dreißiger Jahren in Schlesien, Westfalen, im Bayrischen und im Hessischen herum. Dann, nach zwanzig Jahren, die große Wendung: achtunddreißig besteht er die Maturität. (Siebenunddreißig wanderte Emmenberger von Deutschland nach Chile aus!) Die Leistung Nehles in den alten Sprachen und in der Mathematik waren glänzend. Auf der Universität wird ihm durch ein Dekret das Studium erlassen, und er bekommt das Staatsdiplom nach einem wie die Maturität glänzenden Staatsexamen, verschwindet jedoch zum allgemeinen Erstaunen als Arzt in den Konzentrationslagern.«

»Mein Gott«, sagte Hungertobel, »was willst du daraus wieder schließen?«

»Das ist einfach«, antwortete Bärlach nicht ohne Spott: »Nehmen wir jetzt die Artikel zur Hand, die wir in der ›Schweizerischen medizinischen Wochenschrift‹ von Emmenberger zur Verfügung haben, und die aus Chile stammen. Auch sie sind eine Tatsache, die wir nicht leugnen können, und die wir zu untersuchen haben. Diese Artikel seien wissenschaftlich bemerkenswert. Ich will das glauben. Aber was ich nicht glauben kann, ist, daß sie von einem Menschen stammen, der sich durch einen literarischen Stil auszeichnen soll, wie du das von

Emmenberger behauptest. Schwerfälliger kann man sich wohl kaum mehr ausdrücken.«

»Eine wissenschaftliche Abhandlung ist noch lange kein Gedicht«, protestierte der Arzt. »Auch Kant hat schließlich kompliziert geschrieben.«

»Laß mir den Kant in Ruh«, brummte der Alte. »Der hat schwierig, aber nicht schlecht geschrieben. Der Verfasser dieser Beiträge aus Chile aber schreibt nicht nur schwerfällig, sondern auch grammatikalisch falsch. Der Mann scheint sich über den Dativ und den Akkusativ nicht im klaren gewesen zu sein, wie man das von den Berlinern behauptet, die auch nie wissen, ob man jetzt dir oder dich sagt. Merkwürdig ist auch, daß er Griechisch oft als Lateinisch bezeichnet, als hätte er von diesen Sprachen keine Ahnung, so zum Beispiel in der Nummer fünfzehn vom Jahre zweiundvierzig das Wort Gastrolyse.«

Im Zimmer herrschte eine tödliche Stille.

Minutenlang.

Dann zündete sich Hungertobel eine ›Little-Rose of Sumatra‹ an.

Bärlach glaube also, daß Nehle diese Abhandlung geschrieben habe? fragte er endlich.

Er halte es für wahrscheinlich, antwortete der Kommissär gelassen.

»Ich kann dir nichts mehr entgegnen«, sagte der Arzt düster. »Du hast mir die Wahrheit bewiesen.«

»Wir dürfen jetzt nicht übertreiben«, meinte der Alte und schloß die Mappe auf seiner Bettdecke. »Ich habe dir nur die Wahrscheinlichkeit meiner Thesen bewiesen. Aber das Wahrscheinliche ist noch nicht das Wirkliche. Wenn ich sage, daß es morgen wahrscheinlich regnet, braucht es morgen doch nicht zu regnen. In dieser Welt ist der Gedanke mit der Wahrheit nicht identisch. Wir hätten es sonst in vielem leichter, Samuel. Zwischen dem Gedanken und der Wirklichkeit steht immer noch das Abenteuer dieses Daseins, und das wollen wir nun denn in Gottes Namen bestehen.«

»Das hat doch keinen Sinn«, stöhnte Hungertobel und sah hilflos nach seinem Freund, der, wie immer unbeweglich, die Hände hinter dem Kopf, in seinem Bette lag.

»Du begibst dich in eine fürchterliche Gefahr, wenn deine Spekulation stimmt, denn Emmenberger ist dann ein Teufel!« meinte er.

»Ich weiß«, nickte der Kommissär.

»Es hat keinen Sinn«, sagte der Arzt noch einmal, leise, fast flüsternd.

»Die Gerechtigkeit hat immer Sinn«, beharrte Bärlach auf seinem Unternehmen. »Melde mich bei Emmenberger. Morgen will ich fahren.«

»Am Silvester?« Hungertobel sprang auf.

»Ja«, antwortete der Alte, »am Silvester.« Und dann funkelten seine Augen spöttisch: »Hast du mir Emmenbergers Traktat über Astrologie mitgebracht?«

»Gewiß«, stotterte der Arzt.

Bärlach lachte: »Dann gib es her, ich bin doch neugierig, ob nicht etwas über *meinen* Stern darin steht. Vielleicht habe ich eben doch eine Chance.«

Noch ein Besuch

Der fürchterliche Alte, der nun den Nachmittag damit verbrachte, einen ganzen Bogen mühsam vollzuschreiben, des weiteren mit der Kantonalbank und einem Notar telephonierte, dieser götzenhaft undurchsichtige Kranke, zu dem die Schwestern immer zögernder gingen und der mit unerschütterlicher Ruhe seine Fäden spann, einer Riesenspinne vergleichbar, unbeirrbar einen Schluß an den andern fügend, erhielt gegen Abend, kurz nachdem ihm Hungertobel mitgeteilt hatte, er könne am Silvester im Sonnenstein eintreten, noch einen Besuch, von dem man nicht wußte, kam er freiwillig, oder war er vom Kommissär gerufen. Der Besucher war ein kleiner, dürrer Kerl mit einem langen Hals. Sein Leib steckte in einem offenen Regenmantel, dessen Taschen mit Zeitungen vollgestopft waren. Unter dem Mantel trug er eine zerrissene graue Kleidung mit braunen Streifen und ebenfalls überall Zeitungen; um den schmutzigen Hals wand sich ein zitronengelbes, fleckiges Seidentuch, auf dem Kopf klebte an der Glatze eine Baskenmütze. Die Augen funkelten unter buschigen Brauen, die starke Hakennase schien zu groß für das Männchen, und der Mund darunter war erbärmlich eingefallen, denn die Zähne fehlten. Er sprach laut vor sich hin, Verse, wie es schien, dazwischen tauchten wie Inseln einzelne Worte auf, so etwa: Trolleybus, Verkehrspolizei; Dinge, über die er sich aus irgendeinem Grund maßlos zu ärgern schien. Zu der armseligen Kleidung wollte der zwar elegante, aber ganz aus der Mode gekommene schwarze Spazierstock mit einem silbernen Griff nicht passen, der aus einem andern Jahrhundert stammen mußte und mit dem er unmotiviert herumfuchtelte. Schon beim Haupteingang rannte er gegen eine Krankenschwester, verbeugte sich, stammelte eine überschwengliche Entschuldigung, verirrte sich darauf hoffnungslos in die Geburtenabteilung, platzte fast in den Gebärsaal, wo alles in voller Tätigkeit war, wurde von einem Arzt verscheucht, stolperte über eine Vase mit Nelken, wie sie dort in Massen vor den Türen stehen; endlich führte man ihn in den Neubau (man hatte ihn wie ein verängstigtes Tier eingefangen), doch geriet ihm, noch bevor er in des Alten Zimmer trat, der Stock zwischen die Beine und er schlitterte durch den halben Korridor, um hart gegen eine Türe zu prallen, hinter der ein Schwerkranker lag.

»Diese Verkehrspolizei!« rief der Besucher aus, als er endlich vor Bärlachs Bett stand. (Gott sei Lob und Dank, dachte die Lehrschwester, die ihn begleitet hatte.) »Überall stehen sie herum. Eine ganze Stadt voll Verkehrspolizisten!«

»He«, antwortete der Kommissär, der vorsichtigerweise auf den aufgeregten Besucher einging, »so eine Verkehrspolizei ist eben nun einmal nötig, Fortschig. In den Verkehr muß Ordnung kommen, sonst gibt es noch mehr Tote, als wir schon haben.«

»Ordnung in den Verkehr!« rief Fortschig mit seiner quietschenden Stimme. »Schön. Das ließe sich hören. Aber dazu braucht man keine besondere Verkehrspolizei, dazu braucht man vor allem mehr Vertrauen in die Anständigkeit des Menschen. Das ganze Bern ist ein einziges Verkehrspolizistenlager geworden, kein Wunder, daß da jeder Straßenbenützer wild wird. Aber das ist Bern immer gewesen, ein trostloses Polizistennest, eine heillose Diktatur hat in dieser Stadt seit jeher genistet. Schon Lessing wollte eine Tragödie über Bern schreiben, als ihm der jämmerliche Tod des armen Henzi gemeldet wurde. Jammerschade, daß er sie nicht schrieb! Fünfzig Jahre lebe ich jetzt in diesem Nest von einer Hauptstadt, und was es für einen Wortsteller heißt (ich stelle Worte auf, nicht Schriften!), in dieser eingeschlafenen, dicken Stadt zu vegetieren und zu hungern (man kriegt nichts als das wöchentliche Literaturblatt des ›Bund‹ vorgesetzt), will ich nicht beschreiben. Schaudervoll, höchst schaudervoll! Fünfzig Jahre schloß ich die Augen, wenn ich durch Bern ging, schon im Kinderwagen habe ich das getan; denn ich wollte diese Unglücksstadt nicht sehen, in der mein Vater als irgendein Adjunkt zugrunde ging, und jetzt, da ich die Augen öffne, was sehe ich? Verkehrspolizisten, überall Verkehrspolizisten.«

»Fortschig«, sagte der Alte energisch, »wir haben jetzt nicht von der Verkehrspolizei zu reden«, und er sah streng nach der verkommenen und verschimmelten Gestalt hinüber, die sich auf den Stuhl gesetzt hatte und jämmerlich hin und her schwankte mit großen Eulenaugen, vom Elend geschüttelt.

»Ich weiß gar nicht, was mit Ihnen los ist«, fuhr der Alte fort. »Zum Teufel, Fortschig, Sie haben doch was auf der Palette, Sie waren doch ein ganzer Kerl, und der ›Apfelschuß‹, den Sie herausgeben, war eine gute Zeitung, wenn auch eine kleine; aber jetzt füllen Sie sie mit lauter so gleichgültigem Zeug wie Verkehrspolizei, Trolleybus, Hunden, Briefmarkensammlern, Kugelschreibern, Radioprogrammen, Theaterklatsch, Trambilletten, Kinoreklame, Bundesräten und Jassen. Die Energie und das Pathos, mit der Sie gegen solche Dinge anrennen – es

geht bei Ihnen immer gleich zu wie in Schillers Wilhelm
Tell –, ist, weiß Gott, einer andern Sache würdig.«

»Kommissär«, krächzte der Besuch, »Kommissär!
Versündigen Sie sich nicht an einem Dichter, an einem
schreibenden Menschen, der das unendliche Pech hat, in
der Schweiz leben zu müssen und, was noch zehnmal
schlimmer ist, *von* der Schweiz leben zu müssen.«

»Nun, nun«, versuchte Bärlach zu begütigen; aber
Fortschig wurde immer wilder.

»Nun, nun«, schrie er und sprang vom Stuhl auf, lief
zum Fenster und dann wieder zur Türe und so immer
fort wie ein Pendel. »Nun, nun, das ist leicht gesagt. Was
ist mit dem ›Nun, nun‹ entschuldigt? Nichts! Bei Gott,
nichts! Zugegeben, ich bin eine lächerliche Figur geworden, beinahe eine solche wie unsere Habakuke, Theo-
balde, Eustache und Mustache, oder wie sie alle zu
heißen vorgeben, die unsere Spalten in den lieben, langweiligen Tageszeitungen mit ihren Abenteuern füllen, die
sie mit Kragenknöpfen, Ehefrauen und Rasierklingen zu
bestehen haben – unter dem Strich, versteht sich; aber
wer ist nicht alles unter den Strich gesunken in diesem
Lande, wo man immer noch vom Raunen der Seele
dichtet, wenn ringsum die ganze Welt zusammenkracht!
Kommissär, Kommissär, was habe ich nicht versucht,
um mir ein menschenwürdiges Dasein zu schaffen mit
meiner Schreibmaschine; aber nicht einmal zum Einkom-
men eines mittleren Dorfarmen brachte ich es, ein Unternehmen nach dem andern mußte aufgegeben werden,
eine Hoffnung nach der andern, die besten Dramen, die
feurigsten Gedichte, die erhabensten Erzählungen! Kartenhäuser, nichts als Kartenhäuser! Die Schweiz schuf
mich zu einem Narren, zu einem Spinnbruder, zu einem

Don Quijote, der gegen Windmühlen und Schafherden kämpft. Da soll man für die Freiheit und Gerechtigkeit und für jene andern Artikel einstehen, die man auf dem vaterländischen Märit feilbietet, und eine Gesellschaft hochhalten, die einen zwingt, die Existenz eines Schlufis und Bettlers zu führen, wenn man sich dem Geist verschreibt, anstatt den Geschäften. Man will das Leben genießen, aber keinen Tausendstel von diesem Genuß abgeben, kein Weggli und kein Räppli, und wie man einmal in einem tausendjährigen Reich den Revolver entsicherte, sobald man das Wort Kultur hörte, so sichert man hierzulande das Portemonnaie.«

»Fortschig«, sagte Bärlach streng, »es ist nur gut, daß Sie mit dem Don Quijote kommen, das ist nämlich ein Lieblingsthema von mir. Don Quijotes sollen wir wohl alle sein, wenn wir nur ein wenig das Herz auf dem rechten Fleck haben und ein Körnchen Verstand unter der Schädeldecke. Aber wir haben nicht gegen Windmühlen zu kämpfen wie der alte schäbige Ritter mit der blechernen Rüstung, mein Freund, es geht heute gegen gefährliche Riesen ins Feld, bald gegen Ungeheuer an Brutalität und Verschlagenheit, bald gegen wahre Riesensaurier, die seit jeher das Hirn eines Spatzen haben: alles Biester, die nicht in den Märchenbüchern stehen oder in unserer Phantasie, sondern in der Wirklichkeit. Das ist nun einmal unsere Aufgabe, daß wir die Unmenschlichkeit in jeder Form und unter allen Umständen bekämpfen. Aber es ist nun eben wichtig, *wie* wir kämpfen, und daß wir auch ein wenig klug dabei vorgehen. Der Kampf gegen das Böse darf nicht ein Spiel mit dem Feuer sein. Doch gerade Sie, Fortschig, spielen mit dem Feuer, weil Sie einen guten Kampf unklug führen, gleich einem Feuerwehrmann, der Öl spritzt statt Wasser. Wenn man die Zeitschrift liest, die Sie herausgeben, dieses armselige Blättchen, meint man gleich, die ganze Schweiz müsse abgeschafft werden. Daß in diesem Lande vieles – und wie vieles! – nicht in Ordnung ist, davon kann ich Ihnen doch auch ein Lied singen, und ein wenig grau geworden bin ich schließlich auch darüber; aber deswegen gleich alles ins Feuer werfen, als wohne man in Sodom und Gomorra, ist ganz verkehrt und auch nicht recht manierlich. Sie tun beinahe, als ob Sie sich schämten, dieses Land überhaupt noch zu lieben. Das gefällt mir nicht, Fortschig. Man soll sich seiner Liebe nicht schämen, und die Vaterlandsliebe ist immer noch eine gute Liebe, nur muß sie streng und kritisch sein, sonst wird sie eine Affenliebe. So soll man denn wohl hinters Fegen und Scheuern, wenn man am Vaterland Flecken und schmutzige Stellen entdeckt, wie ja sogar auch der Herkules den Stall des Augias ausmistete – diese Arbeit ist mir von seinen zehn die sympathischste –, aber gleich das ganze Haus abreißen ist sinnlos und nicht gescheit; denn es ist schwer, in dieser armen lädierten Welt ein neues Haus zu bauen; da braucht es mehr als eine Generation dazu, und wenn es endlich gebaut ist, wird es auch nicht besser sein als das alte. Wichtig ist, daß die Wahrheit gesagt werden kann und daß man den Kampf für sie führen darf und nicht gleich nach Witzwil kommt. Das ist in der Schweiz möglich, wir wollen das ruhig zugeben und auch dankbar dafür sein, wir haben uns vor keinem Regierungs- oder Bundesrat zu fürchten, oder wie die Räte alle heißen. Freilich, es muß mancher dabei in Lumpen gehen und lebt etwas ungemütlich ins Blaue hinein. Daß dies eine Schweinerei ist, gebe ich zu. Aber ein echter Don Quijote ist stolz auf seine armselige Rüstung. Der Kampf gegen die Dummheit und den Egoismus der Menschen war seit jeher schwer und kostspielig, mit der Armut verbunden und mit der Demütigung; aber er ist ein heiliger Kampf, der nicht mit Jammern, sondern mit Würde ausgefochten werden muß. Sie jedoch wettern und fluchen unseren guten Bernern die Ohren sturm, was für ein ungerechtes Schicksal Sie unter ihnen erleiden, und wünschen sich den nächsten Kometenschwanz herbei, um unsere alte Stadt in Trümmer zu schlagen. Fortschig, Fortschig, Sie durchsetzen Ihren Kampf mit kleinlichen Motiven. Es muß einer vom Verdacht frei sein, es gehe ihm nur um den Brotkorb, wenn er von der Gerechtigkeit reden will. Kommen Sie wieder los von Ihrem Unglück und Ihren zerschlissenen Hosen, die Sie nun eben tragen müssen, von diesem Kleinkrieg mit nichtigen Dingen; es geht in dieser Welt in Gottes Namen um mehr als um die Verkehrspolizei.«

Fortschigs dürre Jammergestalt kroch wieder auf den Sessel zurück, zog den langen gelben Hals ein und die Beinchen hoch. Die Baskenmütze fiel unter den Sessel, und das zitronengelbe Halstuch hing dem Männchen wehmütig auf die eingesunkene Brust.

»Kommissär«, sagte er weinerlich, »Sie sind streng zu mir, wie ein Moses oder Jesaias mit dem Volk Israel, und ich weiß, wie recht Sie haben; doch seit vier Tagen aß ich nichts Warmes, und nicht einmal zum Rauchen habe ich Geld.«

Ob er denn nicht mehr bei Leibundguts esse, fragte der Alte stirnrunzelnd und plötzlich etwas verlegen.

»Ich habe mit Frau Direktor Leibundgut einen Streit über Goethes Faust gehabt. Sie ist für den zweiten Teil und ich dagegen. Da hat sie mich nicht mehr eingeladen. Der zweite Teil von Faust sei das Allerheiligste für seine Frau, hat mir der Direktor geschrieben, und er könne leider nichts mehr für mich tun«, antwortete der Schriftsteller winselnd.

Der arme Teufel tat Bärlach leid. Er dachte, daß er doch zu streng mit ihm gewesen sei, und brummte endlich aus lauter Verlegenheit, was denn die Frau eines Schokoladedirektors mit Goethe zu tun habe. »Wen laden die Leibundguts denn jetzt ein?« wollte er schließlich wissen. »Wieder den Tennislehrer?«

»Bötzinger«, antwortete Fortschig kleinlaut.

»So hat wenigstens der für ein paar Monate jeden dritten Tag was Gutes«, meinte der Alte etwas ausgesöhnt. »Guter Musiker. Seine Kompositionen kann man sich allerdings nicht anhören, obgleich ich doch noch von Konstantinopel her an schreckliche Geräusche gewöhnt bin. Aber das ist ein anderes Blatt. Nur, denke ich, wird der Bötzinger mit der Frau Direktor bald über Beethovens Neunte nicht einer Meinung sein. Und dann nimmt sie doch wieder den Tennislehrer. Die sind geistig am besten zu dominieren. Sie, Fortschig, will ich Grollbachs empfehlen von der Kleiderhandlung Grollbach-Kühne; die kochen gut, wenn auch ein wenig fettig. Ich glaube, das könnte besser halten als bei Leibundguts. Grollbach ist unliterarisch und interessiert sich weder für den Faust noch für den Goethe.«

»Und die Frau?« erkundigte sich Fortschig ängstlich.

»Stockschwerhörig«, beruhigte ihn der Kommissär. »Ein Glücksfall für Sie, Fortschig. Und nehmen Sie die kleine braune Zigarre zu sich, die auf dem Tischchen liegt. Eine ›Little-Rose‹; Dr. Hungertobel hat sie extra dagelassen, Sie können ruhig in diesem Zimmer rauchen.«

Fortschig steckte sich die ›Little-Rose‹ umständlich in Brand.

»Wollen Sie für zehn Tage nach Paris fahren?« fragte der Alte wie beiläufig.

»Nach Paris?« schrie das Männchen und sprang vom Stuhl. »Bei meiner Seligkeit, falls ich eine besitze, nach Paris? Ich, der ich die französische Literatur wie kein zweiter verehre? Mit dem nächsten Zug!«

Fortschig schnappte vor Überraschung und Freude nach Luft.

»Fünfhundert Franken und ein Billett liegen für Sie beim Notar Butz in der Bundesgasse bereit«, sagte Bärlach ruhig. »Die Fahrt tut Ihnen gut. Paris ist eine schöne Stadt, die schönste Stadt, die ich kenne, von Konstantinopel abgesehen; und die Franzosen, ich weiß nicht, Fortschig, die Franzosen sind doch die besten und kultiviertesten Kerle. Da kommt nicht einmal so ein waschechter Türke dagegen auf.«

»Nach Paris, nach Paris«, stammelte der arme Teufel.

»Aber vorher brauche ich Sie in einer Affäre, die mir schwer auf dem Magen liegt«, sagte Bärlach und faßte das Männchen scharf ins Auge. »Es ist eine heillose Sache.«

»Ein Verbrechen?« zitterte der andere.

Es gelte eins aufzudecken, antwortete der Kommissär.

Fortschig legte langsam die ›Little-Rose‹ auf den Aschenbecher neben sich. »Ist es gefährlich, was ich unternehmen muß?« fragte er leise mit großen Augen.

»Nein«, sagte der Alte. »Es ist nicht gefährlich. Und damit auch jede Möglichkeit der Gefahr beseitigt wird, schicke ich Sie nach Paris. Aber Sie müssen mir gehor-

chen. Wann erscheint die nächste Nummer des ›Apfelschuß‹?«

»Ich weiß nicht. Wenn ich Geld habe.«

»Wann können Sie eine Nummer verschicken?« fragte
der Kommissär.

»Sofort«, antwortete Fortschig.

Ob er den ›Apfelschuß‹ allein herstelle, wollte Bärlach
wissen.

»Allein. Mit der Schreibmaschine und einem alten
Vervielfältigungsapparat«, antwortete der Redaktor.

»In wieviel Exemplaren?«

»In fünfundvierzig. Es ist eben eine ganz kleine Zeitung«, kam es leise vom Stuhl her. »Es haben nie mehr als
fünfzehn abonniert.«

Der Kommissär überlegte einen Augenblick.

»Die nächste Nummer des ›Apfelschuß‹ soll in einer
Riesenauflage erscheinen. In dreihundert Exemplaren.
Ich zahle Ihnen die ganze Auflage. Ich verlange nichts
von Ihnen, als daß Sie für diese Nummer einen bestimmten Artikel verfassen; was sonst noch darin steht, ist Ihre
Sache. In diesem Artikel (er überreichte ihm den Bogen)
wird das stehen, was ich hier niedergeschrieben habe;
aber in Ihrer Sprache, Fortschig, in Ihrer besten möchte
ich es haben, wie in Ihrer guten Zeit. Mehr als meine
Angaben brauchen Sie nicht zu wissen, auch nicht, wer
der Arzt ist, gegen den sich das Pamphlet richtet. Meine
Behauptungen sollen Sie nicht irritieren; daß sie stimmen, dürfen Sie mir glauben, ich bürge dafür. Im Artikel,
den Sie an bestimmte Spitäler senden werden, steht nur
eine Unwahrheit, die nämlich, daß Sie, Fortschig, die
Beweise zu Ihrer Behauptung in Händen hätten und auch
den Namen des Arztes wüßten. Das ist der gefährliche

Punkt. Darum müssen Sie nach Paris, wenn Sie den ›Apfelschuß‹ auf die Post gebracht haben. Noch in der gleichen Nacht.«

»Ich werde schreiben, und ich werde fahren«, versicherte der Schriftsteller, den Bogen in der Hand, den ihm der Alte überreicht hatte.

Er war ein ganz anderer Mensch geworden und tanzte freudig von einem Bein auf das andere.

»Sie sprechen mit keinem Menschen von Ihrer Reise«, befahl Bärlach.

»Mit keinem Menschen. Mit keinem einzigen Menschen!« beteuerte Fortschig.

Wieviel denn die Herausgabe der Nummer koste, fragte der Alte.

»Vierhundert Franken«, forderte das Männchen mit glänzenden Augen, stolz darüber, endlich zu etwas Wohlstand zu kommen.

Der Kommissär nickte. »Sie können das Geld bei meinem guten Butz holen. Wenn Sie sich beeilen, gibt er es Ihnen schon heute, ich habe mit ihm telephoniert. – Sie werden fahren, wenn die Nummer heraus ist?« fragte er noch einmal, von einem unbesiegbaren Mißtrauen erfüllt.

»Sofort«, schwur der kleine Kerl und streckte drei Finger in die Höhe. »In der gleichen Nacht. Nach Paris.«

Aber ruhig wurde der Alte nicht, als Fortschig gegangen war. Der Schriftsteller kam ihm unzuverlässiger vor denn je. Er überlegte sich, ob er Lutz bitten sollte, Fortschig überwachen zu lassen.

»Unsinn«, sagte er sich dann. »Die haben mich entlassen. Den Fall Emmenberger erledige ich selbst. Fortschig wird den Artikel gegen Emmenberger schreiben, und da er reist, muß ich mir keine grauen Haare wachsen lassen.

Nicht einmal Hungertobel braucht davon etwas zu wissen. Der sollte jetzt kommen. Ich hätte eine ›Little-Rose‹ nötig.«

Zweiter Teil

Der Abgrund

So erreichte denn am Freitag beim Hereinbrechen der Nacht – es war der letzte Tag des Jahres – der Kommissär, die Beine hochgebettet, im Wagen die Stadt Zürich. Hungertobel fuhr selbst, und dies, weil er sich um den Freund Sorgen machte, noch vorsichtiger als gewöhnlich. Die Stadt leuchtete gewaltig in ihren Lichtkaskaden auf. Hungertobel geriet in dichte Wagenschwärme, die von allen Seiten in diese Lichtfülle hineinglitten, sich in die Nebengassen verteilten und ihre Eingeweide öffneten, aus denen es nun herausquoll, Männer, Weiber, alle gierig auf diese Nacht, auf dieses Ende des Jahres, alle bereit, ein neues anzufangen und weiterzuleben. Der Alte saß unbeweglich hinten im Wagen, verloren in der Dunkelheit des kleinen gewölbten Raumes. Er bat Hungertobel, nicht den direktesten Weg zu nehmen. Er schaute lauernd in das unermüdliche Treiben. Die Stadt Zürich war ihm sonst nicht recht sympathisch, vierhunderttausend Schweizer auf einem Fleck fand er etwas übertrieben; die Bahnhofstraße, durch die sie jetzt fuhren, haßte er, doch bei dieser geheimnisvollen Fahrt nach einem ungewissen und drohenden Ziel – (bei dieser Fahrt nach der Realität, wie er zu Hungertobel sagte) – faszinierte ihn die Stadt. Aus dem schwarzen, glanzlosen Himmel herab fing es an zu regnen, dann zu schneien, um endlich wieder zu regnen, silberne Fäden in den Lichtern. Menschen, Menschen! Immer neue Massen wälzten sich auf beiden Seiten der Straße dahin, hinter den Vorhängen von Schnee und Regen. Die Trams waren überfüllt, schemenhaft leuchteten hinter den Scheiben Gesichter auf, Hände, die Zeitungen umklammerten, alles phantastisch im silbernen Licht, vorüberziehend, versinkend. Zum erstenmal seit seiner Krankheit kam sich Bärlach als einer vor, dessen Zeit vorbei war, der die Schlacht mit dem Tode, diese unabänderliche Schlacht, verloren hatte. Der Grund, der ihn unwiderstehlich nach Zürich trieb, dieser mit zäher Energie ausgebaute und doch wieder nur zufällig in den müden Wellen der Krankheit zusammengeträumte Verdacht, schien ihm nichtig und wertlos; was sollte man sich noch abmühen, wozu, weshalb? Er sehnte sich nach einem Zurücksinken, nach endlosem, traumlosem Schlaf. Hungertobel fluchte innerlich, er spürte die Resignation des Alten hinter sich und machte sich Vorwürfe, dem Abenteuer nicht Einhalt geboten zu haben. Die unbestimmte nächtliche Fläche des Sees flutete ihnen entgegen, der Wagen glitt langsam über die Brücke. Ein Verkehrspolizist tauchte auf, ein Automat, der mechanisch die Arme und Beine bewegte. Bärlach dachte flüchtig an Fortschig (an den unseligen Fortschig, der jetzt in Bern, in einer schmutzigen Dachkammer, mit fiebriger Hand das Pamphlet schrieb), dann verlor er auch diesen Halt. Er lehnte sich zurück und schloß die Augen. Die Müdigkeit wurde gespenstischer, gewaltiger in ihm.

»Man stirbt«, dachte er; »einmal stirbt man, in einem Jahr, wie die Städte, die Völker und die Kontinente einmal sterben. Krepieren«, dachte er, »dies ist das Wort: krepieren – und die Erde wird sich immer noch um die Sonne drehen, in der immer gleichen unmerklich schwankenden Bahn, stur und unerbittlich, in rasendem und doch so stillem Lauf, immer zu, immer zu. Was liegt daran, ob diese Stadt hier lebt oder ob die graue, wäßrige, leblose Fläche alles zudeckt, die Häuser, die Türme, die Lichter, die Menschen – waren es die bleiernen Wogen des Toten Meeres, die ich durch die Dunkelheit von Regen und Schnee schwimmen sah, als wir über die Brücke fuhren?«

Ihm wurde kalt. Die Kälte des Weltalls, diese nur von ferne erahnte, große, steinige Kälte senkte sich auf ihn; die flüchtige Spur eine Sekunde lang, eine Ewigkeit lang.

Er öffnete die Augen und starrte aufs neue hinaus. Das Schauspielhaus tauchte auf, verschwand. Der Alte sah vorne seinen Freund; die Ruhe des Arztes, diese gütige Ruhe tat ihm wohl (er ahnte nicht dessen Unbehagen). Vom Anhauch des Nichts gestreift, wurde er wieder wach und tapfer. Bei der Universität bogen sie nach rechts, die Straße stieg, wurde dunkler, eine Kurve schloß sich an die andere, der Alte ließ sich treiben, hell, aufmerksam, unerschütterlich.

Der Zwerg

Hungertobels Wagen hielt in einem Park, dessen Tannen unmerklich in den Wald übergehen mußten, wie Bärlach vermutete; denn er konnte den Waldrand, der den Horizont abschloß, nur ahnen. Hier oben schneite es nun in großen, reinen Flocken; durch den fallenden Schnee erblickte der Alte undeutlich die Front des langgestreckten Spitals. Das hellerleuchtete Portal, in dessen Nähe der Wagen stand, war tief in die Front eingelassen und von zwei Fenstern flankiert, die kunstvoll vergittert waren und von denen aus man das Portal überwachen konnte, wie der Kommissär dachte. Hungertobel steckte schweigend eine ›Little-Rose‹ in Brand, verließ den Wagen und verschwand im Eingang. Der Alte war allein. Er beugte sich vor und überschaute das Gebäude, so weit dies in der Dunkelheit möglich war. »Der Sonnenstein«, dachte er, »die Wirklichkeit«. Der Schnee fiel dichter, kein einziges der vielen Fenster war erleuchtet, nur manchmal flackerte durch die fallenden Massen ein undeutlicher Schein; wie tot lag der weiße, gläserne, modern konstruierte Komplex vor ihm. Der Alte wurde unruhig, Hungertobel schien nicht zurückkehren zu wollen; er schaute auf die Uhr, es mußte jedoch kaum eine Minute vergangen sein. »Ich bin nervös«, dachte er und lehnte sich zurück, in der Absicht, die Augen zu schließen.

Da fiel Bärlachs Blick durch die Wagenscheibe, an der außen der geschmolzene Schnee in breiten Spuren hinunterlief, auf eine Gestalt, die im Gitter des Fensters hing, das sich links vom Spitaleingang befand. Zuerst glaubte er einen Affen zu sehen, dann aber erkannte er erstaunt, daß es ein Zwerg war, einer, wie man ihn bisweilen im Zirkus zur Belustigung des Publikums antrifft. Die kleinen Hände und Füße waren nackt und umklammerten nach Affenart das Gitter, während sich der riesenhafte Schädel dem Kommissär zuwandte. Es war ein zusammengeschrumpftes, uraltes Gesicht von einer bestialischen Häßlichkeit, mit tiefen Rissen und Falten, entwürdigt von der Natur selbst, das den Alten mit großen, dunklen Augen anglotzte, unbeweglich wie ein verwitterter, moosüberwachsener Stein. Der Kommissär beugte sich vor und preßte sein Gesicht gegen die nasse Scheibe, um besser, genauer zu sehen, doch schon war der Zwerg verschwunden, mit einem katzenhaften Sprung rückwärts ins Zimmer, wie es schien; das Fenster war leer und dunkel. Nun kam Hungertobel und hinter ihm zwei Schwestern, doppelt weiß in diesem unaufhörlichen Schneetreiben. Der Arzt öffnete den Wagen und erschrak, als er Bärlachs bleiches Gesicht bemerkte.

Was mit ihm los sei, flüsterte er.

Nichts, gab der Alte zur Antwort. Er müsse sich nur an dieses moderne Gebäude gewöhnen. Die Wirklichkeit sei doch immer wieder ein wenig anders, als man so glaube.

Hungertobel spürte, daß der Alte etwas verschwieg, und blickte mißtrauisch nach ihm. »Nun«, entgegnete er, leise wie vorhin, »es wäre so weit.«

Ob er Emmenberger gesehen habe, flüsterte der Kommissär.

Er habe mit ihm gesprochen, berichtete Hungertobel. »Es ist kein Zweifel möglich, Hans, daß er es ist. Ich habe mich in Ascona nicht getäuscht.«

Die beiden schwiegen. Draußen warteten, schon etwas ungeduldig, die Schwestern.

»Wir jagen einem Phantom nach«, dachte Hungertobel. »Emmenberger ist ein harmloser Arzt, und dieses Spital ist eines wie andere auch, nur kostspieliger.«

Hinten im Wagen, in dem nun fast undurchdringlichen Schatten saß der Kommissär und wußte genau, was Hungertobel dachte.

»Wann wird er mich untersuchen?« fragte er.

»Jetzt«, antwortete Hungertobel.

Der Arzt spürte, wie der Alte munter wurde. »Dann nimm hier Abschied von mir, Samuel«, sagte Bärlach, »du kannst dich nicht verstellen, und man darf nicht wissen, daß wir Freunde sind. Von diesem ersten Verhör wird viel abhängen.«

»Verhör?« wunderte sich Hungertobel.

«Was denn sonst?« antwortete der Kommissär spöttisch. »Emmenberger wird mich untersuchen und ich ihn vernehmen.«

Sie reichten einander die Hand.

Die Schwestern kamen. Nun waren es vier. Der Alte wurde auf einen Rollwagen von blitzendem Metall gehoben. Zurücksinkend sah er noch, wie Hungertobel den Koffer herausgab. Dann blickte der Alte hinauf, in eine schwarze, leere Fläche, von der die Flocken herunterschwebten in leisen, unbegreiflichen Wirbeln, wie tanzend, wie versinkend, im Licht aufleuchtend, um einen Augenblick naß und kalt sein Gesicht zu berühren. »Der Schnee wird nicht lange halten«, dachte er. Das Rollbett wurde durch den Eingang geschoben, von draußen hörte er noch, wie sich Hungertobels Wagen entfernte. »Er fährt, er fährt«, sagte er leise vor sich hin. Über dem Alten wölbte sich eine weiße, blitzende Decke, von großen Spiegeln unterbrochen, in denen er sich sah, ausgestreckt und hilflos; ohne Erschütterung und ohne Geräusch glitt der Wagen durch geheimnisvolle Korridore, nicht einmal die Schritte der Schwestern waren zu hören. An den gleißenden Wänden zu beiden Seiten klebten schwarze Ziffern, unsichtbar waren die Türen in das Weiß eingefügt, in einer Nische dämmerte der nackte feste Leib einer Statue. Von neuem nahm Bärlach die sanfte und doch grausame Welt eines Spitals auf.

Und hinter ihm das rote, dicke Gesicht einer Krankenschwester, die den Wagen schob.

Der Alte hatte wieder die Hände hinter seinem Nacken verschränkt.

»Gibt es hier einen Zwerg?« fragte er auf Hochdeutsch, denn er hatte sich als einen Auslandschweizer anmelden lassen.

Die Krankenschwester lachte. »Aber Herr Kramer«, sagte sie, »wie kommen Sie auf eine solche Idee?«

Sie sprach ein schweizerisch gefärbtes Hochdeutsch, aus dem er schließen konnte, daß sie eine Bernerin war. So sehr ihn die Antwort mißtrauisch machte, so schien ihm dies dann doch wieder etwas Positives. Er war hier wenigstens unter Bernern.

Und er fragte: »Wie heißen Sie denn, Schwester?«

»Ich bin die Schwester Kläri.«

»Aus Bern, nicht wahr?«

»Aus Biglen, Herr Kramer.«

Die werde er bearbeiten, dachte der Kommissär.

Das Verhör

Bärlach, den die Schwester in einen, wie es auf den ersten Blick schien, gläsernen Raum schob, der sich in gleißender Helle vor ihm auftat, erblickte zwei Gestalten: leicht gebückt, hager die eine, ein Weltmann auch im Berufsmantel, mit dicker Hornbrille, die jedoch die Narbe an der rechten Braue nicht zu verdecken vermochte, Doktor Fritz Emmenberger. Des Alten Blick streifte den Arzt vorerst nur flüchtig; mehr beschäftigte er sich mit der Frau, die neben dem Manne stand, den er verdächtigte. Frauen machten ihn neugierig. Er betrachtete sie mißtrauisch. Als Berner waren ihm »studierte« Frauen unheimlich. Die Frau war schön, das mußte er zugeben, und als alter Junggeselle hatte er eine doppelte Schwäche dafür; sie war eine Dame, das sah er auf den ersten Blick, so vornehm und so zurückhaltend stand sie in ihrem weißen Ärztemantel neben Emmenberger (der doch ein Massenmörder sein konnte), aber sie war ihm doch etwas zu nobel. Man könnte sie direkt auf einen Sockel stellen, dachte der Kommissär erbittert.

»Grüeßech« sagte er, sein Hochdeutsch fallenlassend, das er noch eben mit Schwester Kläri gesprochen hatte; es freue ihn, einen so berühmten Arzt kennenzulernen.

Er spreche ja Berndeutsch, antwortete der Arzt ebenfalls im Dialekt.

Als Auslandberner werde er sein Miuchmäuchterli wohl noch können, brummte der Alte.

Nun, das habe er festgestellt, lachte Emmenberger. Die kunstgerechte Aussprache des Miuchmäuchterli sei immer noch das Kennwort der Berner.

»Hungertobel hat recht«, dachte Bärlach. »Nehle ist der nicht. Ein Berliner hätte es nie zum Miuchmäuchterli gebracht.«

Er schaute sich die Dame von neuem an.

»Meine Assistentin, Doktor Marlok«, stellte der Arzt vor.

»So«, sagte der Alte trocken, das freue ihn ebenfalls.

Und dann fragte er unvermittelt, den Kopf ein wenig nach dem Arzt drehend: »Waren Sie nicht in Deutschland, Doktor Emmenberger?«

»Vor Jahren«, antwortete der Arzt, »da war ich einmal dort, doch meistens in Santiago in Chile«; nichts verriet indessen, was er denken mochte und ob ihn die Frage beunruhigte.

»In Chile, in Chile«, sagte der Alte und dann noch einmal: »In Chile, in Chile.«

Emmenberger steckte sich eine Zigarette in Brand und ging zum Schaltpult; nun lag der Raum im Halbdunkeln, notdürftig von einer kleinen blauen Lampe über dem Kommissär erhellt. Nur der Operationstisch war sichtbar, und die Gesichter der zwei vor ihm stehenden weißen Gestalten; auch erkannte der Alte, daß der Raum mit einem Fenster abgeschlossen wurde, durch welches von außen her einige ferne Lichter brachen. Der rote Punkt der Zigarette, die Emmenberger rauchte, bewegte sich auf und nieder.

»In solchen Räumen raucht man sonst nicht«, fuhr es dem Kommissär durch den Kopf. »Ein wenig habe ich ihn doch schon aus der Fassung gebracht.«

Wo denn Hungertobel geblieben sei, fragte der Arzt.

Den habe er fortgeschickt, antwortete Bärlach. »Ich will, daß Sie mich ohne sein Dabeisein untersuchen.«

Der Arzt schob seine Brille in die Höhe. »Ich glaube, daß wir zu Doktor Hungertobel doch wohl Vertrauen haben können.«

»Gewiß«, antwortete Bärlach.

»Sie sind krank«, fuhr Emmenberger fort, «die Operation war gefährlich und gelingt nicht immer. Hungertobel sagte mir, daß Sie sich darüber im klaren sind. Das ist gut. Wir Ärzte brauchen mutige Patienten, denen wir die Wahrheit sagen dürfen. Ich hätte die Anwesenheit Hungertobels bei der Untersuchung begrüßt, und es tut mir leid, daß Hungertobel Ihrem Wunsche nachgekommen ist. Wir müssen als Mediziner zusammenarbeiten, das ist eine Forderung der Wissenschaft.«

Das könne er als Kollege gut verstehen, antwortete der Kommissär.

Emmenberger wunderte sich. Was er denn damit meine, fragte er. Seines Wissens sei Herr Kramer kein Arzt.

»Das ist einfach«, lachte der Alte. »Sie spüren Krankheiten auf und ich Kriegsverbrecher.«

Emmenberger steckte sich eine neue Zigarette in Brand. »Für einen Privatmann wohl eine nicht ganz ungefährliche Beschäftigung«, sagte er gelassen.

»Eben«, antwortete Bärlach, »und nun bin ich mitten im Suchen krank geworden und zu Ihnen gekommen. Das nenne ich Pech, hier auf dem Sonnenstein zu liegen; oder ist es ein Glück?«

Über den Krankheitsverlauf könne er noch keine Prognose stellen, antwortete Emmenberger. Hungertobel scheine nicht gerade zuversichtlich zu sein.

»Sie haben mich ja auch noch nicht untersucht«, sagte der Alte. »Und dies ist auch der Grund, warum ich unseren braven Hungertobel nicht bei der Untersuchung haben wollte. Wir müssen unvoreingenommen sein, wenn wir in einem Fall weiterkommen wollen. Und weiterkommen wollen wir nun einmal, Sie und ich, denke ich. Es gibt nichts Schlimmeres, als sich von einem Verbrecher oder auch von einer Krankheit eine Vorstellung zu machen, bevor man den Verdächtigen in seiner

Umgebung studiert und seine Gewohnheiten untersucht hat.«

Da habe er recht, entgegnete der Arzt. Obgleich er als Mediziner nichts von Kriminalistik verstehe, leuchte ihm das ein. Nun, er hoffe, daß sich Herr Kramer auf dem Sonnenstein etwas von seinem Beruf werde erholen können.

Dann zündete er sich eine dritte Zigarette an und meinte: »Ich denke, daß die Kriegsverbrecher Sie hier in Ruhe lassen.«

Emmenbergers Antwort machte den Alten einen Augenblick mißtrauisch. »Wer verhört wen?« dachte er und schaute in Emmenbergers Gesicht, in dieses im Licht der einzigen Lampe maskenhafte Antlitz mit den blitzenden Brillengläsern, hinter denen die Augen übergroß und spöttisch schienen.

»Lieber Doktor«, sagte er, »Sie werden auch nicht behaupten, in einem bestimmten Lande gebe es keinen Krebs.«

»Das soll doch nicht etwa heißen, daß es in der Schweiz Kriegsverbrecher gebe!« lachte Emmenberger belustigt.

Der Alte sah den Arzt prüfend an. »Was in Deutschland geschah, geschieht in jedem Land, wenn gewisse Bedingungen eintreten. Diese Bedingungen mögen verschieden sein. Kein Mensch, kein Volk ist eine Ausnahme. Von einem Juden, Doktor Emmenberger, den man in einem Konzentrationslager ohne Narkose operierte, hörte ich, es gebe nur einen Unterschied bei den Menschen: den zwischen den Peinigern und den Gepeinigten. Ich glaube jedoch, es gibt auch den Unterschied zwischen den Versuchten und den Verschonten. Da gehören denn wir Schweizer, Sie und ich, zu den Verschonten, was eine Gnade ist und kein Fehler, wie viele sagen; denn wir sollen ja auch beten: ›Führe uns nicht in Versuchung‹. So bin ich denn in die Schweiz gekommen, nicht um Kriegsverbrecher im allgemeinen zu suchen, sondern um *einen* Kriegsverbrecher aufzuspüren, von dem ich freilich nicht viel mehr denn ein undeutliches Bild kenne. Aber nun bin ich krank, Doktor Emmenberger, und die Jagd ist über Nacht zusammengebrochen, so daß der Verfolgte noch nicht einmal weiß, wie sehr ich ihm auf der Spur war. Ein jämmerliches Schauspiel.«

Dann habe er freilich kaum eine Chance mehr, den Gesuchten zu finden, antwortete der Arzt gleichgültig und blies den Zigarettenrauch von sich, der über des Alten Haupt einen feinen, milchig aufleuchtenden Ring bildete. Bärlach sah, wie er der Ärztin mit den Augen ein Zeichen gab, die ihm nun eine Injektionsspritze reichte. Emmenberger verschwand für einen Augenblick im Dunkel des Saales, dann, als er wieder sichtbar wurde, hatte er eine Tube bei sich.

»Ihre Chancen sind gering«, sagte er aufs neue, indem er die Spritze mit einer farblosen Flüssigkeit füllte.

Aber der Kommissär widersprach.

»Ich habe noch eine Waffe«, sagte er. »Nehmen wir Ihre Methode, Doktor. Sie empfangen mich, wie ich an diesem letzten trüben Tag des Jahres von Bern her durch Schneegestöber und Regen in Ihr Spital komme, zur ersten Untersuchung im Operationssaal. Warum tun Sie das? Es ist doch ungewöhnlich, daß ich gleich in einen Raum geschoben werde, vor dem ein Patient Grauen empfinden muß. Sie tun dies, weil Sie mir Furcht einflößen wollen, denn mein Arzt können Sie nur sein, wenn

Sie mich beherrschen, und ich bin ein eigenwilliger Kranker, das wird Ihnen Hungertobel gesagt haben. Da werden Sie sich eben zu dieser Demonstration entschlossen haben. Sie wollen mich beherrschen, um mich heilen zu können, und da ist eben die Furcht eines der Mittel, das Sie anwenden müssen. So ist es auch in meinem verteufelten Beruf. Unsere Methoden sind die gleichen. Ich kann nur noch mit der Furcht gegen den vorgehen, den ich suche.«

Die Spritze in Emmenbergers Hand war gegen den Alten gerichtet. »Sie sind ein ausgekochter Psychologe«, lachte der Arzt. »Es ist wahr, ich wollte Ihnen mit diesem Saal ein wenig imponieren. Die Furcht ist ein notwendiges Mittel. Doch bevor ich zu *meiner* Kunst greife, wollen wir doch die Ihre zu Ende hören. Wie wollen Sie vorgehen? Ich bin gespannt. Der Verfolgte weiß nicht, daß Sie ihn verfolgen, wenigstens sind dies Ihre eigenen Worte.«

»Er ahnt es, ohne es genau zu wissen, und das ist gefährlicher für ihn«, antwortete Bärlach. »Er weiß, daß ich in der Schweiz bin und daß ich einen Kriegsverbrecher suche. Er wird seinen Verdacht beschwichtigen und sich immer wieder beteuern, daß ich einen andern suche und nicht ihn. Denn durch eine meisterhafte Maßnahme hatte er sich gesichert und sich aus der Welt des schrankenlosen Verbrechens in die Schweiz gerettet, ohne seine Person mit hinüberzunehmen. Ein großes Geheimnis. Aber in der dunkelsten Kammer seines Herzens wird er ahnen, daß ich *ihn* suche und niemand anders, nur ihn, immer nur ihn. Und er wird Furcht haben, immer größere Furcht, je unwahrscheinlicher es für seinen Verstand sein wird, daß ich ihn suche, während ich, Doktor, in diesem Spital in meinem Bett liege mit meiner Krankheit, mit meiner Ohnmacht.« Er schwieg.

Emmenberger sah ihn seltsam, fast mitleidig an, die Spritze in der ruhigen Hand.

»Ich zweifle an Ihrem Erfolg«, sagte er gelassen. »Aber ich wünsche Ihnen Glück.«

»An seiner Furcht wird er krepieren«, antwortete der Alte unbeweglich.

Emmenberger legte die Spritze langsam auf den kleinen Tisch aus Glas und Metall, der neben dem Rollbett stand. Da lag sie nun, ein bösartiges, spitzes Ding. Emmenberger stand ein wenig vornübergeneigt. »Meinen Sie?« sagte er endlich. »Glauben Sie?« Seine schmalen Augen zogen sich hinter der Brille fast unmerklich zusammen. »Es ist erstaunlich, heutzutage noch einen so hoffnungsfrohen Optimisten zu sehen. Ihre Gedankengänge sind kühn; hoffen wir, daß die Realität Sie einmal nicht zu sehr düpiert. Es wäre traurig, wenn Sie zu entmutigenden Resultaten kämen.« Er sagte dies leise, etwas verwundert. Dann ging er langsam in die Dunkelheit des Raumes zurück, und es wurde wieder hell. Der Operationssaal lag in grellem Licht. Emmenberger stand beim Schaltbrett.

»Ich werde Sie später untersuchen, Herr Kramer«, sagte er lächelnd. »Ihre Krankheit ist ernst. Das wissen Sie. Der Verdacht, sie könnte lebensgefährlich sein, ist nicht behoben. Ich habe nach unserem Gespräch leider diesen Eindruck. Offenheit verdient Offenheit. Die Untersuchung wird nicht eben leicht sein, da sie einen gewissen Eingriff verlangt. Den wollen wir doch lieber nach Neujahr unternehmen, nicht wahr? Ein schönes Fest soll man nicht stören. Die Hauptsache ist, daß ich Sie vorerst in Obhut genommen habe.«

Bärlach antwortete nicht.

Emmenberger drückte die Zigarette aus. »Teufel, Doktorin«, sagte er, »da habe ich ja im Operationszimmer geraucht. Herr Kramer ist ein aufregender Besuch. Sie sollten ihm und mir mehr auf die Finger klopfen.«

»Was ist denn das?« fragte der Alte, wie ihm die Ärztin zwei rötliche Pillen gab.

»Nur ein Beruhigungsmittel«, sagte sie. Doch das Wasser, das sie ihm reichte, trank er mit noch größerem Unbehagen.

»Läuten Sie der Schwester«, befahl Emmenberger vom Schaltbrett her.

In der Türe erschien Schwester Kläri. Sie kam dem Kommissär wie ein gemütlicher Henker vor. »Henker sind immer gemütlich«, dachte er.

»Welches Zimmer haben Sie denn unserem Herrn Kramer bereitgemacht?« fragte der Arzt.

»Nummer zweiundsiebzig, Herr Doktor«, antwortete Schwester Kläri.

»Geben wir ihm das Zimmer fünfzehn«, sagte Emmenberger. »Da haben wir ihn besser unter Kontrolle.«

Die Müdigkeit kam wieder über den Kommissär, die er schon in Hungertobels Wagen gespürt hatte.

Als die Schwester den Alten in den Korridor zurückrollte, machte der Wagen eine scharfe Wendung. Da sah Bärlach, sich noch einmal aus seiner Müdigkeit emporreißend, Emmenbergers Gesicht.

Er sah, daß ihn der Arzt aufmerksam beobachtete, lächelnd und heiter.

Von einem Fieberfrost geschüttelt, fiel er zurück.

Als er erwachte (es war immer noch Nacht, gegen halb elf; er mußte bei drei Stunden geschlafen haben, dachte er), befand er sich in einem Zimmer, das er verwundert und nicht ohne Besorgnis, aber doch mit einer gewissen Befriedigung betrachtete: da er Krankenzimmer haßte, gefiel es ihm, daß dieser Raum mehr einem Studio glich, einem technischen Raum, kalt und unpersönlich, so weit er dies im blauen Schein der Nachttischlampe erkennen konnte, die man zu seiner Linken hatte brennen lassen. Das Bett, in welchem er – nun im Nachthemd – gut zugedeckt lag, war immer noch der gleiche Rollwagen, auf dem man ihn hereingebracht hatte; er erkannte ihn sofort, wenn er auch mit einigen Handgriffen verändert worden war. »Man ist hier praktisch«, sagte der Alte halblaut in die Stille hinein. Er ließ den Lichtkegel der nach allen Seiten drehbaren Lampe durch den Raum gleiten; ein Vorhang tauchte auf, hinter dem sich das Fenster verbergen mußte; er war mit seltsamen Pflanzen und Tieren bestickt, die im Lichte aufleuchteten. »Man sieht, daß ich auf der Jagd bin«, sagte er sich.

Er legte sich ins Kissen zurück und überdachte das nun Erreichte. Es war wenig genug. Er hatte seinen Plan durchgeführt. Nun hieß es, das Begonnene weiterzuverfolgen, um die Fäden des Netzes dichter zu weben. Es war notwendig zu handeln, doch wie er handeln mußte, und wo er ansetzen konnte, wußte er nicht. Er drückte einen Knopf nieder, der sich auf dem Tischchen befand. Schwester Kläri erschien.

»Sieh da, unsere Krankenschwester aus Biglen an der

Eisenbahnlinie Burgdorf-Thun«, begrüßte sie der Alte. »Da sieht man, wie ich die Schweiz kenne als alter Auslandschweizer.«

»So, Herr Kramer, was ist denn? Endlich erwacht?« sagte sie, die runden Arme in die Hüften gestemmt.

Der Alte schaute von neuem auf seine Armbanduhr. »Es ist erst halb elf.«

»Haben Sie Hunger?« fragte sie.

»Nein«, antwortete der Kommissär, der sich schwach fühlte.

»Sehen Sie, nicht einmal Hunger haben der Herr. Ich werde die Doktorin rufen, die haben Sie ja kennengelernt. Die wird Ihnen noch eine Spritze geben«, entgegnete die Schwester.

»Unsinn«, brummte der Alte. »Ich habe noch keine Spritze bekommen. Drehen Sie lieber die Deckenlampe an. Ich will mir einmal dieses Zimmer besehen. Man muß doch wissen, wo man liegt.«

Er war recht ärgerlich.

Ein weißes, doch nicht blendendes Licht strahlte auf, von dem man nicht recht wußte, woher es kam. Der Raum trat in der neuen Beleuchtung noch deutlicher hervor. Über dem Alten war die Decke ein einziger Spiegel, wie er erst jetzt zu seinem Mißvergnügen bemerkte; denn sich selbst so ständig über sich zu haben, mußte nicht recht geheuer sein. »Überall diese Spiegeldecke«, dachte er, »es ist zum Verrücktwerden«, im geheimen über das Skelett entsetzt, das ihm von oben entgegenstarrte, wenn er hinsah, und das er selbst war. »Der Spiegel lügt«, dachte er, »es gibt solche Spiegel, die alles verzerren, ich kann nicht so abgemagert sein.« Er sah sich weiter im Zimmer um, vergaß die unbeweglich wartende Schwester. Links von ihm war die Wand aus Glas, das auf einer grauen Materie lag, in die nackte Gestalten, tanzende Frauen und Männer, geritzt waren, rein linear und doch plastisch; und von der rechten grüngrauen Wand hing wie ein Flügel zwischen Tür und Vorhang Rembrandts Anatomie in den Raum hinein, scheinbar sinnlos und doch berechnet, eine Zusammenstellung, die dem Raum etwas Frivoles gab, um so mehr, als über der Türe, in der die Schwester stand, ein schwarzes, rohes Holzkreuz hing.

»Nun, Schwester«, sagte er, noch immer verwundert, daß sich das Zimmer durch die Beleuchtung so verändert hatte; denn ihm war vorher nur der Vorhang aufgefallen, und von den tanzenden Frauen und Männern, von der Anatomie und vom Kreuz hatte er nichts gesehen; doch nun auch von Besorgnis erfüllt, die ihm diese unbekannte Welt einflößte: »Nun, Schwester, das ist ein merkwürdiges Zimmer für ein Spital, das doch die Leute gesund machen soll und nicht verrückt.«

»Wir sind auf dem Sonnenstein«, antwortete die Schwester Kläri und faltete die Hände über dem Bauch. »Wir gehen auf alle Wünsche ein«, schwatzte sie, leuchtend vor Biederkeit, »auf die frömmsten und auf die andern. Ehrenwort, wenn Ihnen die Anatomie nicht paßt, bitte, Sie können die Geburt der Venus von Botticelli haben oder einen Picasso.«

»Dann schon lieber Ritter, Tod und Teufel«, sagte der Kommissär.

Schwester Kläri zog ein Notizbuch hervor. »Ritter, Tod und Teufel«, notierte sie. »Das wird morgen montiert. Ein schönes Bild für ein Sterbezimmer. Ich gratuliere. Der Herr haben einen guten Geschmack.«

»Ich denke«, antwortete der Alte, über die Grobheit dieser Schwester Kläri erstaunt, »ich denke, so weit ist es mit mir wohl noch nicht.«

Schwester Kläri wackelte bedächtig mit ihrem roten fleischigen Kopf. »Doch«, sagte sie energisch. »Hier wird nur gestorben. Ausschließlich. Ich habe noch niemanden gesehen, der die Abteilung drei verlassen hätte. Und Sie *sind* auf der Abteilung drei, da läßt sich nichts dagegen machen. Jeder muß einmal sterben. Lesen Sie, was ich darüber geschrieben habe. Es ist in der Druckerei Liechti in Walkringen erschienen.«

Die Schwester zog aus ihrem Busen ein kleines Traktätchen, das sie dem Alten auf das Bett legte: »Kläri Glauber: Der Tod, das Ziel und der Zweck unseres Lebenswandels. Ein praktischer Leitfaden.«

Ob sie nun die Ärztin holen solle, fragte sie triumphierend.

»Nein«, antwortete der Kommissär, immer noch das Ziel und den Zweck unseres Lebenswandels in den Händen. »Die habe ich nicht nötig. Aber den Vorhang möchte ich auf der Seite. Und das Fenster offen.«

Der Vorhang wurde zur Seite geschoben, das Licht erlosch. Auch die Nachttischlampe drehte der Alte aus.

Die massige Gestalt der Schwester Kläri verschwand im erleuchteten Rechteck der Türe, doch bevor sich diese schloß, fragte er:

»Schwester, noch einmal! Sie geben auf alles unverblümt genug Antwort, um mir auch hier die Wahrheit zu sagen: Gibt es in diesem Haus einen Zwerg?«

»Natürlich«, kam es brutal vom Rechteck her. »Sie haben ihn ja gesehen.«

Dann schloß sich die Türe.

»Unsinn«, dachte er. »Ich werde die Abteilung drei verlassen. Das ist auch gar keine Kunst. Ich werde mit Hungertobel telephonieren. Ich bin zu krank, um irgend etwas Vernünftiges gegen Emmenberger zu unternehmen. Morgen kehre ich ins Salem zurück.«

Er fürchtete sich und schämte sich nicht, es zu gestehen.

Draußen war die Nacht und um ihn die Finsternis des Zimmers. Der Alte lag auf seinem Bett, fast ohne zu atmen.

»Einmal müssen die Glocken zu hören sein«, dachte er, »die Glocken Zürichs, wenn sie das neue Jahr einläuten.«

Von irgendwoher schlug es Zwölf.

Der Alte wartete.

Von neuem schlug es von irgendwoher, dann noch einmal, immer zwölf unbarmherzige Schläge. Schlag um Schlag, wie Hammerschläge an ein Tor von Erz.

Kein Geläute, kein, wenn auch noch so ferner Aufschrei irgendeiner versammelten, glücklichen Menschenmenge.

Das neue Jahr kam schweigend.

»Die Welt ist tot«, dachte der Kommissär und immer wieder: »Die Welt ist tot. Die Welt ist tot.«

Auf seiner Stirne spürte er kalten Schweiß, Tropfen, die langsam seiner Schläfe entlang glitten. Die Augen hatte er weit aufgerissen. Er lag unbeweglich. Demütig.

Noch einmal hörte er von ferne zwölf Schläge, über einer öden Stadt verhallend. Dann war es ihm, als versinke er, in irgendein uferloses Meer, in irgendeine Finsternis.

Im Morgengrauen wachte er auf, in der Dämmerung des neuen Tags.

»Sie haben das neue Jahr nicht eingeläutet«, dachte er immer wieder.

Das Zimmer war bedrohlicher denn je.

Lange starrte er in die beginnende Helle, in diese sich lichtenden, grüngrauen Schatten, bis er begriff:

Das Fenster war vergittert.

Doktor Marlok

»Da wäre er nun aufgewacht«, sagte eine Stimme von der Türe her zum Kommissär, der nach dem vergitterten Fenster starrte. Ins Zimmer, das sich immer mehr mit einem nebligen, schemenhaften Morgen füllte, trat im weißen Ärztekittel ein altes Weib, wie es schien, mit welken, verschwollenen Zügen, in welchen Bärlach nur mühsam und mit Entsetzen das Antlitz der Ärztin erkannte, die er mit Emmenberger im Operationssaal gesehen hatte. Er starrte sie, müde und von Ekel geschüttelt, an. Ohne sich um den Kommissär zu kümmern, streifte sie den Rock zurück und stieß sich eine Spritze durch den Strumpf in den Oberschenkel; dann, nachdem sie die Injektion gemacht hatte, richtete sie sich auf, zog einen Handspiegel hervor und schminkte sich. Gebannt verfolgte der Alte den Vorgang. Er schien für das Weib nicht mehr vorhanden zu sein. Ihre Züge verloren das Gemeine und bekamen wieder die Frische und die Klarheit, die er an ihr bemerkt hatte, so daß, unbeweglich an den Türpfosten gelehnt, nun die Frau im Zimmer stand, deren Schönheit ihm bei seiner Ankunft aufgefallen war.

»Ich verstehe«, sagte der Alte langsam aus seiner Erstarrung erwachend, aber noch immer erschöpft und verwirrt. »Morphium.«

»Gewiß«, sagte sie. »Das braucht man in dieser Welt – Kommissär Bärlach.«

Der Alte starrte in den Morgen hinaus, der sich verfinsterte; denn nun floß draußen der Regen nieder, hinein in den Schnee, der von der Nacht her noch liegen mußte, und dann sagte er leise, wie beiläufig:

»Sie wissen, wer ich bin.«

Dann starrte er wieder hinaus.

»Wir wissen, wer Sie sind«, stellte nun auch die Ärztin fest, immer noch an die Türe gelehnt, beide Hände in den Taschen ihres Berufsmantels vergraben.

Wie man darauf gekommen sei, fragte er und war eigentlich gar nicht neugierig.

Sie warf ihm eine Zeitung aufs Bett.

Es war ›Der Bund‹.

Auf der ersten Seite war sein Bild, wie der Alte gleich feststellte, eine Aufnahme vom Frühling her, da er noch die Ormond-Brasil rauchte, und darunter stand: Der Kommissär der Stadtpolizei Bern, Hans Bärlach, in den Ruhestand getreten.

»Natürlich«, brummte der Kommissär.

Dann sah er, als er nun verblüfft und verärgert einen zweiten Blick auf die Zeitung warf, das Datum der Ausgabe.

Es war das erste Mal, daß er die Haltung verlor.

»Das Datum«, schrie er heiser: »Das Datum, Ärztin! Das Datum der Zeitung!«

»Nun?« fragte sie, ohne auch nur das Gesicht zu verziehen.

»Es ist der fünfte Januar«, keuchte der Kommissär

verzweifelt, der nun das Ausbleiben der Neujahrsglok-
ken, die ganze fürchterliche vergangene Nacht, begriff.

Ob er ein anderes Datum erwartet habe, fragte sie
spöttisch und sichtlich auch neugierig, indem sie die
Brauen ein wenig hob.

Er schrie: »Was haben Sie mit mir gemacht?« und
versuchte, sich aufzurichten, doch fiel er kraftlos ins Bett
zurück.

Noch einige Male ruderten die Arme in der Luft
herum, dann lag er wieder unbeweglich.

Die Ärztin zog ein Etui hervor, dem sie eine Zigarette
entnahm.

Sie schien von allem unberührt zu sein.

»Ich wünsche nicht, daß man in meinem Zimmer
raucht«, sagte Bärlach leise, aber bestimmt.

»Das Fenster ist vergittert«, antwortete die Ärztin und
deutete mit dem Kopf dorthin, wo hinter den Eisenstä-
ben der Regen niederrann.

»Ich glaube nicht, daß Sie etwas zu bestimmen haben.«

Dann wandte sie sich dem Alten zu und stand nun vor
seinem Bett, die Hände in den Taschen des Mantels.

»Insulin«, sagte sie, indem sie auf ihn niederblickte.
»Der Chef hat eine Insulinkur mit Ihnen gemacht. Seine
Spezialität.« Sie lachte: »Wollen Sie den Mann denn
verhaften?«

»Emmenberger hat einen deutschen Arzt namens
Nehle ermordet und ohne Narkose operiert«, sagte Bärlach kaltblütig. Er fühlte, daß er die Ärztin gewinnen
mußte.

Er war entschlossen, alles zu wagen.

»Er hat noch viel mehr gemacht, unser Doktor«, entgegnete die Ärztin.

»Sie wissen es!«

»Gewiß.«

»Sie geben zu, daß Emmenberger unter dem Namen Nehle Lagerarzt in Stutthof war?« fragte er fiebrig.

»Natürlich.«

»Auch den Mord an Nehle geben Sie zu?«

»Warum nicht?«

Bärlach, der so mit einem Schlag seinen Verdacht bestätigt fand, diesen ungeheuerlichen, abstrusen Verdacht, aus Hungertobels Erbleichen und aus einer alten Photographie herausgelesen, den er diese endlosen Tage wie eine Riesenlast mit sich geschleppt hatte, blickte erschöpft nach dem Fenster. Dem Gitter entlang rollten einzelne, silbern leuchtende Wassertropfen. Er hatte sich nach diesem Augenblick des Wissens gesehnt, als nach einem Augenblick der Ruhe.

»Wenn Sie alles wissen«, sagte er, »sind Sie mitschuldig.«

Seine Stimme klang müde und traurig.

Die Ärztin blickte mit einem so merkwürdigen Blick auf ihn nieder, daß ihn ihr Schweigen beunruhigte. Sie streifte ihren rechten Ärmel hoch. In den Unterarm, tief ins Fleisch, war eine Ziffer gebrannt, wie bei einem Stück Vieh.

»Muß ich Ihnen noch den Rücken zeigen?« fragte sie.

»Sie waren im Konzentrationslager?« rief der Kommissär bestürzt aus und starrte nach ihr, mühsam halb aufgerichtet, indem er sich auf den rechten Arm stützte.

»Edith Marlok, Häftling 4466 im Vernichtungslager Stutthof bei Danzig.«

Ihre Stimme war kalt und erstorben.

Der Alte fiel in die Kissen zurück. Er verfluchte seine Krankheit, seine Schwäche, seine Hilflosigkeit.

»Ich war Kommunistin«, sagte sie und schob den Ärmel hinunter.

»Und wie konnten Sie das Lager überstehen?«

»Das ist einfach«, antwortete sie und hielt seinen Blick so gleichgültig aus, als könne sie nichts mehr bewegen, kein menschliches Gefühl und kein noch so entsetzliches Schicksal:

»Ich bin Emmenbergers Geliebte geworden.«

»Das ist doch unmöglich«, entfuhr es dem Kommissär.

Sie sah ihn verwundert an.

»Ein Folterknecht erbarmte sich einer dahinsiechenden Hündin«, sagte sie endlich. »Die Chance, einen SS-Arzt zu ihrem Geliebten zu bekommen, haben nur wenige von uns Frauen im Lager Stutthof gehabt. Jeder Weg, sich zu retten, ist gut. Sie versuchen ja nun auch alles, vom Sonnenstein loszukommen.«

Fiebernd und zitternd versuchte er sich zum drittenmal aufzurichten.

»Sind Sie immer noch seine Geliebte?«

»Natürlich. Warum nicht?«

Das könne sie doch nicht. Emmenberger sei ein Ungeheuer, schrie Bärlach. »Sie waren Kommunistin, da haben Sie doch Ihre Überzeugung!«

»Ja, ich hatte meine Überzeugung«, sagte sie ruhig. »Ich war überzeugt, daß man dieses traurige Ding da aus Stein und Lehm, das sich um die Sonne dreht, unsere Erde, lieben müsse, daß es unsere Pflicht sei, dieser Menschheit im Namen der Vernunft zu helfen, aus der Armut und aus der Ausbeutung herauszukommen. Mein Glaube war keine Phrase. Und als der Postkartenmaler mit dem lächerlichen Schnurrbart und der kitschigen Stirnlocke die Macht übernahm, wie der fachgemäße

Ausdruck für das Verbrechen heißt, das er von nun an trieb, bin ich nach dem Lande geflüchtet, an das ich, wie alle Kommunisten, geglaubt habe, zu unser aller tugendhaftem Mütterlein, nach der ehrwürdigen Sowjetunion. O ich hatte meine Überzeugung und setzte sie der Welt entgegen. Ich war wie Sie entschlossen, Kommissär, gegen das Böse zu kämpfen bis an meines Lebens seliges Ende.«

»Wir dürfen diesen Kampf nicht aufgeben«, entgegnete Bärlach leise, der schon wieder, vor Kälte schlotternd, in den Kissen lag.

»Dann schauen Sie in den Spiegel über Ihnen, möchte ich bitten«, befahl sie.

»Ich habe mich schon gesehen«, antwortete er, den Blick nach oben ängstlich vermeidend.

Sie lachte. »Ein schönes Skelett, nicht wahr, grinst Ihnen da entgegen, den Kriminalkommissär der Stadt Bern darstellend! Unser Lehrsatz vom Kampf gegen das Böse, der nie, unter keinen Umständen und unter keinen Verhältnissen aufgegeben werden darf, stimmt im luftleeren Raum oder, was dasselbe ist, auf dem Schreibtisch; aber nicht auf dem Planeten, auf dem wir durch das Weltall rasen wie Hexen auf einem Besen. Mein Glaube war groß, so groß, daß ich nicht verzweifelte, als ich in das Elend der russischen Massen einging, in die Trostlosigkeit dieses gewaltigen Landes, das keine Gewalt, sondern nur noch die Freiheit des Geistes zu adeln vermöchte. Als die Russen mich in ihre Gefängnisse vergruben und mich, ohne Verhör und ohne Urteil, von einem Lager ins andere schoben, ohne daß ich wußte wozu, zweifelte ich nicht, daß auch dies im großen Plan der Geschichte einen Sinn habe. Als der famose Pakt zustande kam, den Herr Stalin mit Herrn Hitler schloß, sah ich dessen Notwendigkeit ein, galt es doch, das große kommunistische Vaterland zu erhalten. Als ich jedoch eines Morgens nach wochenlanger Fahrt in irgendeinem Viehwagen von Sibirien her von russischen Soldaten tief im Winter des Jahres vierzig, mitten in einer Schar zerlumpter Gestalten, über eine jämmerliche Holzbrücke getrieben wurde, unter der sich träge ein schmutziger Fluß dahinschleppte, Eis und Holz treibend, und als uns am andern Ufer die aus den Morgennebeln tauchenden schwarzen Gestalten der SS in Empfang nahmen, begriff ich den Verrat, der da getrieben wurde, nicht nur an uns gottverlassenen armen Teufeln, die nun Stutthof entgegenwankten, nein, auch an der Idee des Kommunismus selbst, der doch nur einen Sinn haben kann, wenn er eins ist mit der Idee der Nächstenliebe und der Menschlichkeit. Doch jetzt bin ich über die Brücke gegangen, Kommissär, für immer über diesen schwarzen, schwankenden Steg, unter dem der Bug dahinfließt (so heißt dieser Tartarus). Ich weiß nun, wie der Mensch beschaffen ist, so nämlich, daß man alles mit ihm machen kann, was sich je ein Machthaber oder je ein Emmenberger zu seinem Vergnügen und seinen Theorien zuliebe erdenkt; daß man aus dem Munde der Menschen jedes Geständnis zu erpressen vermag, denn der menschliche Wille ist begrenzt, die Zahl der Foltern Legion. Laßt jede Hoffnung fahren, die ihr mich durchschreitet! Ich ließ jede Hoffnung fahren. Es ist Unsinn, sich zu wehren und sich für eine bessere Welt einzusetzen. Der Mensch selbst wünscht seine Hölle herbei, bereitet sie in seinen Gedanken vor und leitet sie mit seinen Taten ein. Überall dasselbe, in Stutthof und hier im Sonnenstein, dieselbe schaurige Melodie, die aus dem Abgrund der menschlichen Seele in düsteren Akkorden aufsteigt. War das Lager bei Danzig die Hölle der Juden, der Christen und Kommunisten, so ist dieses Spital hier, mitten im braven Zürich, die Hölle der Reichen.«

»Was verstehen Sie darunter? Das sind seltsame Worte, die Sie da brauchen«, fragte Bärlach, gebannt der Ärztin folgend, die ihn gleichermaßen faszinierte und erschreckte.

»Sie sind neugierig«, sagte sie, »und scheinen stolz darauf zu sein. Sie wagten sich in einen Fuchsbau, aus dem es keinen Ausweg mehr gibt. Zählen Sie nicht auf mich. Mir sind die Menschen gleichgültig, auch Emmenberger, der doch mein Geliebter ist.«

Die Hölle der Reichen

»Warum«, begann sie wieder zu sprechen, »um dieser verlorenen Welt willen, Kommissär, haben Sie sich denn nicht mit ihren täglichen Diebstählen begnügt, und wozu denn mußten Sie in den Sonnenstein dringen, wo Sie nichts zu suchen haben? Doch ein ausgedienter Polizeihund verlangt nach höherem, denke ich.«

Die Ärztin lachte.

»Das Unrecht ist dort aufzusuchen, wo es zu finden ist«, antwortete der Alte. »Das Gesetz ist das Gesetz.«

»Ich sehe, Sie lieben die Mathematik«, entgegnete sie und steckte sich eine neue Zigarette in Brand. Immer noch stand sie an seinem Bett, nicht zögernd und behutsam, wie man sich dem Lager eines Kranken nähert, sondern so, wie man neben einem Verbrecher steht, der schon auf den Schragen gebunden ist und dessen Tod man als richtig und wünschenswert erkannt hat, als eine sachliche Prozedur, die ein nutzloses Dasein auslöscht. »Das habe ich mir schon gleich gedacht, daß Sie zu jener Sorte von Narren gehören, die auf die Mathematik schwören. Das Gesetz ist das Gesetz. X = X. Die ungeheuerlichste Phrase, die je in den ewig blutigen, ewig nächtlichen Himmel stieg, der über uns hängt«, lachte sie. »Wie wenn es eine Bestimmung über Menschen gäbe, die ohne Rücksicht auf das Maß der Macht gelten könnte, die ein Mensch besitzt! Das Gesetz ist nicht das Gesetz, sondern die Macht; dieser Spruch steht über den Tälern geschrieben, in denen wir zugrunde gehen. Nichts ist sich selber in dieser Welt, alles ist Lüge. Wenn wir Gesetz sagen, meinen wir Macht; sprechen wir das Wort Macht aus, denken wir an Reichtum, und kommt das Wort Reichtum über unsere Lippen, so hoffen wir, die Laster der Welt zu genießen. Das Gesetz ist das Laster, das Gesetz ist der Reichtum, das Gesetz sind die Kanonen, die Trusts, die Parteien; was wir auch sagen, nie ist es unlogisch, es sei denn der Satz, das Gesetz sei das Gesetz, der allein die Lüge ist. Die Mathematik lügt, die Vernunft, der Verstand, die Kunst, sie alle lügen. Was wollen Sie denn, Kommissär? Da werden wir, ohne gefragt zu werden, auf irgendeine brüchige Scholle gesetzt, wir wissen nicht wozu; da stieren wir in ein Weltall hinein, ungeheuer an Leere und ungeheuer an Fülle, eine sinnlose Verschwendung, und da treiben wir den fernen Katarakten entgegen, die einmal kommen müssen – das einzige, was wir wissen. So leben wir, um zu sterben, so atmen und sprechen wir, so lieben wir, und so haben wir Kinder und Kindeskinder, um mit ihnen, die wir lieben und die wir aus unserem Fleische hervorgebracht haben, in Aas verwandelt zu werden, um in die gleichgültigen, toten Elemente zu zerfallen, aus denen wir zusammengesetzt sind. Die Karten wurden gemischt, ausgespielt und zusammengeräumt; C'est ça. Und weil wir nichts anderes haben als diese treibende Scholle von Dreck und Eis, an die wir uns klammern, so wünschen wir, daß dieses unser einziges Leben – diese flüchtige Minute angesichts des Regenbogens, der sich über dem Gischt und dem Dampf des Abgrunds spannt – ein glückliches sei, daß uns der Überfluß der Erde geschenkt werde, die kurze Zeit, da sie uns zu tragen vermag, sie, die einzige, wenn auch armselige Gnade, die uns verliehen wurde. Doch dies ist nicht so und wird nie so sein, und das Verbrechen, Kommissär, besteht nicht darin, daß es nicht so ist, daß es Armut und Elend gibt, sondern darin, daß es Arme *und* Reiche gibt, daß das Schiff, das uns alle hinunterreißt, mit dem wir alle versinken, noch Kabinen für die Mächtigen und Reichen neben den Massenquartieren der Elenden besitzt. Wir müßten alle sterben, sagt man, da spiele dies keine Rolle. Sterben sei Sterben. O diese possenhafte Mathematik! Eines ist das Sterben der Armen, ein anderes das Sterben der Reichen und der Mächtigen, und eine Welt zwischen ihnen, jene, in der sich die blutige Tragikomödie zwischen dem Schwachen und dem Mächtigen abspielt. Wie der Arme gelebt hat, stirbt er auch, auf einem Sack im Keller, auf einer zerschlissenen Matratze, wenn's höher geht, oder auf dem blutigen Feld der Ehre, wenn's hoch kommt; aber der Reiche stirbt anders. Er hat im Luxus gelebt und will nun im Luxus sterben, er ist kultiviert und klatscht beim Krepieren in die Hände: Beifall, meine Freunde, die Theatervorstellung ist zu Ende! Das Leben war eine Pose, das Sterben eine Phrase, das Begräbnis eine Reklame und das Ganze ein Geschäft. C'est ça. Könnte ich Sie durch dieses Spital führen, Kommissär, durch diesen Sonnenstein, der mich zu dem gemacht hat, was ich nun bin, weder Weib noch Mann, nur Fleisch, das immer größere Mengen Morphium braucht, um über diese Welt die Witze zu machen, die sie verdient, so würde ich Ihnen, einem ausgedienten, erledigten Polizisten, einmal zeigen, *wie* die Reichen sterben. Ich würde Ihnen die phantastischen Krankenzimmer aufschließen, diese bald kitschigen, bald raffinierten Räume, in denen sie verfaulen, diese glitzernden Zellen der Lust und der Qual, der Willkür und der Verbrechen.«

Bärlach gab keine Antwort. Er lag da, krank und unbeweglich, das Gesicht abgewandt.

Die Ärztin beugte sich über ihn.

»Ich würde Ihnen«, fuhr sie unbarmherzig fort, »die Namen derer nennen, die hier zugrunde gingen und zugrunde gehen, die Namen der Politiker, der Bankiers, der Industriellen, der Mätressen und der Witwen, ruhmreiche Namen und jene unbekannter Schieber, die mit einem Dreh, der sie nichts kostet, die Millionen verdienen, die uns alles kosten. Da sterben sie denn in diesem Spital. Bald kommentieren sie das Absterben ihres Leibes mit blasphemischen Witzen, bald bäumen sie sich auf und stoßen wilde Flüche über ihr Schicksal aus, alles zu besitzen und doch sterben zu müssen, oder plärren die widerlichsten Gebete hinein in ihre Zimmer voll von Brokat und Seide, um nicht die Seligkeit hienieden mit der Seligkeit des Paradieses vertauschen zu müssen. Emmenberger gewährt ihnen alles, und sie nehmen unersättlich, was er ihnen bietet; aber sie brauchen noch mehr, sie brauchen die Hoffnung: auch dies gewährt er ihnen. Doch der Glaube, den sie ihm schenken, ist der Glaube an den Teufel, und die Hoffnung, die er ihnen schenkt, ist die Hölle. Sie haben Gott verlassen, und einen neuen Gott gefunden. Freiwillig unterziehen sich die Kranken den Torturen, begeistert über diesen Arzt, um nur noch einige Tage, einige Minuten länger zu leben (wie sie hoffen), um sich nicht von dem zu trennen, was sie mehr als Himmel und Hölle lieben, mehr als die Seligkeit und die Verdammnis: von der Macht und von der Erde, die ihnen diese Macht verlieh. Auch hier operiert der Chef ohne Narkose. Alles, was Emmenberger in Stutthof tat, in dieser grauen, unübersichtlichen Barackenstadt auf der Ebene von Danzig, das tut er nun auch hier, mitten in der Schweiz, mitten in Zürich, unberührt von der Polizei, von den Gesetzen dieses Landes, ja, sogar im Namen der Wissenschaft und der Menschlichkeit; unbeirrbar gibt er, was die Menschen von ihm wollen: Qualen, nichts als Qualen.«

»Nein«, schrie Bärlach, »nein! Man muß diesen Menschen abschaffen!«

»Dann müssen Sie die Menschheit abschaffen«, antwortete sie.

Er schrie wieder sein heiseres, verzweifeltes Nein und richtete mühsam seinen Oberkörper auf.

»Nein, nein!« kam es aus seinem Munde, doch konnte er nur noch flüstern.

Da berührte die Ärztin nachlässig seine rechte Schulter und er fiel hilflos zurück.

»Nein, nein«, röchelte er in den Kissen.

»Sie Narr!« lachte die Ärztin. »Was wollen Sie mit Ihrem Nein, Nein! In den schwarzen Kohlengebieten, woher ich komme, habe ich auch mein Nein, Nein zu dieser Welt voll Not und Ausbeutung gesagt und fing an zu arbeiten: In der Partei, in den Abendschulen, später auf der Universität und immer entschlossener und hartnäckiger in der Partei. Ich studierte und arbeitete um meines Nein, Nein willen; aber jetzt, Kommissär, jetzt, wie ich in diesem Ärztekittel an diesem nebligen Morgen voll Schnee und Regen vor Ihnen stehe, weiß ich, daß dieses Nein, Nein sinnlos geworden ist, denn die Erde ist zu alt, um noch ein Ja, Ja zu werden, das Gute und das Böse sind zu sehr ineinander verschlungen in der gottverlassenen Hochzeitsnacht zwischen Himmel und Hölle, die *diese* Menschheit gebar, um je wieder voneinander getrennt zu werden, um zu sagen: Dies ist wohlgetan und jenes vom Übel, dies führt zum Guten und jenes zum Schlechten. Zu spät! Wir können nicht mehr wissen, was wir tun, welche Handlung unser Gehorsam oder unsere Auflehnung nach sich zieht, welche Ausbeutung, was für ein Verbrechen an den Früchten klebt, die wir essen, am Brot und an der Milch, die wir unseren Kindern geben. Wir töten, ohne das Opfer zu sehen, und ohne von ihm zu wissen, und wir werden getötet, ohne daß der Mörder es weiß. Zu spät! Die Versuchung dieses Daseins war zu groß und der Mensch zu klein für die Gnade, die darin besteht, zu leben und nicht vielmehr Nichts zu sein. Nun sind wir krank auf den Tod, vom Krebs unserer Taten zerfressen. Die Welt ist faul, Kommissär, sie verwest wie eine schlecht gelagerte Frucht. Was wollen wir noch! Die Erde ist nicht mehr als Paradies herstellbar, der infernalische Lavastrom, den wir in den lästerlichen Tagen unserer Siege, unseres Ruhms und unseres Reichtums heraufbeschworen haben und der nun unsere Nacht erhellt, läßt sich nicht mehr in die Schächte bannen, denen er entstiegen ist. Wir können nur noch in unseren Träumen zurückgewinnen, was wir verloren haben, in den leuchtenden Bildern der Sehnsucht, die wir durch das Morphium erlangen. So tue ich denn, Edith Marlok, ein vierunddreißigjähriges Weib, für die farblose Flüssigkeit, die ich mir unter die Haut spritze, die mir am Tag den Mut zum Hohn und in der Nacht meine Träume verleiht, die Verbrechen, die man von mir verlangt, damit ich in einem flüchtigen Wahn besitze, was nicht mehr da ist: diese Welt, wie ein Gott sie erschaffen hat. C'est ça. Emmenberger, Ihr Landsmann, dieser Berner, kennt die Menschen und wofür sie zu brauchen sind. Er setzt seine unbarmherzigen Hebel an, wo wir am schwächsten sind: am tödlichen Bewußtsein unserer ewigen Verlorenheit.

»Gehen Sie jetzt«, flüsterte er, »gehen Sie jetzt!«

Die Ärztin lachte. Dann richtete sie sich auf, schön, stolz, unnahbar.

»Sie wollen das Schlechte bekämpfen und fürchten sich vor meinem C'est ça«, sagte sie, sich aufs neue schminkend und pudernd, wieder an die Türe gelehnt, über der sinnlos und einsam das alte Holzkreuz hing. »Sie schaudern schon vor einer geringen, tausendmal besudelten und entwürdigten Dienerin dieser Welt. Wie werden Sie erst ihn, den Höllenfürsten selbst, Emmenberger, bestehen?«

Und dann warf sie dem Alten eine Zeitung und ein braunes Kuvert auf das Bett.

»Lesen Sie die Post, mein Herr. Ich denke, Sie werden

sich wundern, was Sie mit Ihrem guten Willen angerichtet haben!«

Ritter, Tod und Teufel

Nachdem die Ärztin den Alten verlassen hatte, lag er lange unbeweglich. Sein Verdacht hatte sich bestätigt, doch was ihm zur Zufriedenheit hätte gereichen sollen, flößte ihm Grauen ein. Er hatte richtig gerechnet, doch falsch gehandelt, wie er ahnte. Allzu sehr fühlte er die Ohnmacht seines Leibes. Er hatte sechs Tage verloren, sechs fürchterliche Tage, die seinem Bewußtsein fehlten, Emmenberger wußte, wer ihm nachstellte, und hatte zugeschlagen.

Dann endlich, als Schwester Kläri mit Kaffee und Brötchen kam, ließ er sich aufrichten, trank und aß trotzig das Gebrachte, wenn auch mißtrauisch, entschlossen, seine Schwäche zu besiegen und nun anzugreifen.

»Schwester Kläri«, sagte er, »ich komme von der Polizei, es ist vielleicht besser, daß wir deutlich miteinander reden.«

»Ich weiß, Kommissär Bärlach«, antwortete die Krankenschwester, drohend und gewaltig neben seinem Bett.

»Sie wissen meinen Namen und sind demnach im Bilde«, fuhr Bärlach fort, stutzig geworden, »dann wissen Sie wohl auch, weshalb ich hier bin?«

»Sie wollen unseren Chef verhaften«, sagte sie, auf den Alten niederblickend.

»Den Chef«, nickte der Kommissär. »Und Sie werden
wissen, daß Ihr Chef im Konzentrationslager Stutthof in
Deutschland viele Menschen getötet hat?«

»Mein Chef hat sich bekehrt«, antwortete die Schwester Kläri Glauber aus Biglen stolz. »Seine Sünden sind
ihm vergeben.«

»Wieso?« fragte Bärlach verblüfft, das Ungeheuer an
Biederkeit anstarrend, das an seinem Bette stand, die
Hände über dem Bauch gefaltet, strahlend und über-
zeugt.

»Er hat eben meine Broschüre gelesen«, sagte die
Schwester.

»Den Sinn und den Zweck unseres Lebenswandels?«

»Eben.«

Das sei doch Unsinn, rief der Kranke ärgerlich,
Emmenberger töte weiter.

»Vorher tötete er aus Haß, nun aus Liebe«, entgegnete
die Schwester fröhlich. »Er tötet als Arzt, weil der
Mensch im geheimen nach seinem Tod verlangt. Lesen
Sie nur meine Broschüre. Der Mensch muß durch den
Tod hindurch zu seiner höheren Möglichkeit.«

»Emmenberger ist ein Verbrecher«, keuchte der Kommissär, ohnmächtig vor so viel Bigotterie. »Die Emmen-
thaler sind noch immer die verfluchtesten Sektierer gewesen«, dachte er verzweifelt.

»Der Sinn und der Zweck unseres Lebenswandels kann
kein Verbrechen sein«, schüttelte Schwester Kläri mißbil-
ligend den Kopf und räumte ab.

»Ich werde Sie als Mitwisserin der Polizei übergeben«,
drohte der Kommissär, zur billigsten Waffe greifend, wie
er wohl wußte.

»Sie sind auf der Abteilung drei«, sagte Schwester Kläri

Glauber, traurig über den störrischen Kranken, und ging hinaus.

Ärgerlich griff der Alte zur Post. Das Kuvert kannte er, es war jenes, in welchem Fortschig seinen Apfelschuß zu verschicken pflegte. Er öffnete, und die Zeitung fiel heraus. Sie war wie immer seit fünfundzwanzig Jahren mit einer nun wohl rostigen und klapprigen Schreibmaschine geschrieben, mit mangelhaftem l und r. ›Der Apfelschuß. Schweizerisches Protestblatt für das Inland samt Umgebung. Herausgegeben von Ulrich Friedrich Fortschig‹, war der Titel, dies gedruckt, und darunter, nun mit der Schreibmaschine getippt:

Ein SS-Folterknecht als Chefarzt

Wenn ich nicht die Beweise hätte (schrieb Fortschig), diese fürchterlichen, klaren und unwiderlegbaren Beweise, wie sie weder ein Kriminalist, noch ein Dichter, sondern allein die Wirklichkeit aufzustellen in der Lage ist, so würde ich genötigt sein, als Ausgeburt einer krankhaften Einbildungskraft zu bezeichnen, was hier die Wahrheit mich zwingt niederzuschreiben. Der Wahrheit denn das Wort, auch wenn sie uns erblassen läßt, auch wenn sie das Vertrauen, welches wir – immer noch und trotz allem – in die Menschheit setzen, für immer erschüttert. Daß ein Mensch, ein Berner, unter fremdem Namen, in einem Vernichtungslager bei Danzig seinem blutigen Handwerk nachging – ich wage nicht näher zu

beschreiben, mit welcher Bestialität –, entsetzt uns, daß
er aber in der Schweiz einem Spital vorstehen darf, ist
eine Schande, für die wir keine Worte finden, und ein
Anzeichen, daß es nun auch bei uns wirklich Matthäi am
letzten ist. Diese Worte mögen denn einen Prozeß einlei-
ten, der, obschon schrecklich und für unser Land peinlich,
dennoch gewagt werden muß, steht doch unser
Ansehen auf dem Spiel, das harmlose Gerücht, wir mau-
serten uns noch so ziemlich redlich durch die düsteren
Dschungel dieser Zeit – (zwar manchmal mehr Geld
verdienend als gerade üblich mit Uhren, Käse und einigen, nicht sehr ins Gewicht fallenden Waffen). So
schreite ich denn zur Tat. Wir verlieren alles, wenn wir
die Gerechtigkeit aufs Spiel setzen, mit der sich nicht
spielen läßt, auch wenn es uns Pestalozzis beschämen
muß, einmal selber auf die Finger zu bekommen. Den
Verbrecher jedoch, einen Arzt in Zürich, dem wir keinen
Pardon geben, weil er nie einen gab, den wir erpressen,
weil er erpreßte, und den wir schließlich morden, weil er
unzählige mordete – wir wissen, es ist ein Todesurteil,
das wir niederschreiben – (diesen Satz las Bärlach zweimal); jenen Chefarzt einer Privatklinik – um deutlich zu
werden – fordern wir auf, sich der Kriminalpolizei
Zürich zu stellen. Die Menschheit, die zu allem fähig
wird, und die in steigendem Maße den Mord wie keine
zweite Kunst versteht, diese Menschheit, an der schließlich auch wir hier in der Schweiz teilhaben, da auch wir
die gleichen Keime des Unglücks in uns tragen, die
Sittlichkeit für unrentabel und das Rentable für sittlich zu
halten; sie sollte endlich einmal an dieser durch das bloße
Wort gefällten Bestie von einem Massenmörder lernen,
daß der Geist, den man mißachtet, auch die schweigen-

den Münder aufbricht und sie zwingt, ihren eigenen
Untergang herbeizuführen.

So sehr dieser hochtrabende Text Bärlachs ursprüngli-
chem Plane entsprach, der recht simpel und unbeküm-
mert darauf ausgegangen war, Emmenberger einzu-
schüchtern – das andere würde sich dann schon irgendwie geben, hatte er mit der fahrlässigen Selbstsicherheit
eines alten Kriminalisten gedacht –, so unbestechlich
erkannte er nun, daß er sich geirrt hatte. Der Arzt konnte
bei weitem nicht als ein Mann gelten, der sich einschüch-
tern ließ. Fortschig schwebte in Todesgefahr, fühlte der
Kommissär, doch hoffte er, daß sich der Schriftsteller
schon in Paris und damit in Sicherheit befinde.

Da schien sich Bärlach unvermutet eine Möglichkeit zu
bieten, mit der Außenwelt in Verbindung zu treten.

Ein Arbeiter betrat nämlich den Raum, Dürers ›Ritter,
Tod und Teufel‹ in einer vergrößerten Wiedergabe unter
dem Arm. Der Alte schaute sich diesen Mann genau an,
es war ein gutmütiger, etwas verwahrloster Mensch von
nicht ganz fünfzig Jahren, wie er schätzte, in einer blauen
Arbeitskleidung, der auch gleich die »Anatomie« abzu-
montieren begann.

»He!« rief ihn der Kommissär. »Kommen Sie her.«

Der Arbeiter montierte weiter. Manchmal fiel ihm eine
Zange auf den Boden, oder ein Schraubenzieher, Gegen-
stände, nach denen er sich umständlich bückte.

»Sie!« rief Bärlach ungeduldig, da sich der Arbeiter
nicht um ihn kümmerte: »Ich bin der Polizeikommissär
Bärlach. Verstehen Sie: ich bin in Todesgefahr. Verlassen
Sie dieses Haus, wenn Sie Ihre Arbeit beendigt haben,
und gehen Sie zu Inspektor Stutz, den kennt doch hier

jedes Kind. Oder gehen Sie zu irgendeinem Polizeiposten und lassen Sie sich mit Stutz verbinden. Verstehen Sie? Ich brauche diesen Mann. Er soll zu mir kommen.«

Der Arbeiter kümmerte sich immer noch nicht um den Alten, der mühsam in seinem Bett die Worte formulierte – das Sprechen fiel ihm schwer, immer schwerer. Die »Anatomie« war abgeschraubt, und nun untersuchte der Arbeiter den Dürer, sah sich das Bild genau an, bald aus der Nähe, bald hielt er es mit beiden Händen von sich weg, ein hohles Kreuz machend. Durch das Fenster fiel milchiges Licht. Einen Augenblick lang schien es dem Alten, er sehe hinter weißen Nebelstreifen einen glanzlosen Ball dahinschwimmen. Das Haar und der Schnurrbart des Arbeiters leuchteten auf. Es hatte draußen zu regnen aufgehört. Der Arbeiter schüttelte mehrmals den Kopf, das Bild schien ihm unheimlich vorzukommen. Er wandte sich kurz zu Bärlach und sagte in einer sonderbaren, überdeutlich formulierten Sprache ganz langsam, mit dem Kopf hin und her wackelnd:

»Den Teufel gibt es nicht.«

»Doch«, schrie Bärlach heiser: »Den Teufel gibt es, Mann! Hier in diesem Spital gibt es ihn. He, hören Sie doch! Man wird Ihnen ja wohl gesagt haben, ich sei verrückt und schwätze unsinniges Zeug, aber ich bin in Todesgefahr, verstehen Sie doch, in Todesgefahr: Dies ist die Wahrheit, Mann, die Wahrheit, nichts als die Wahrheit!«

Der Arbeiter hatte nun das Bild angeschraubt und kehrte sich zu Bärlach um, grinsend auf den Ritter zeigend, der so unbeweglich auf seinem Pferd saß, und stieß einige unartikulierte, gurgelnde Laute aus, die Bärlach nicht sofort verstand, die sich endlich aber doch zu einem Sinn formten:

»Ritter futsch«, kam es langsam und deutlich aus dem verkrampften, schrägen Maul des Mannes mit dem blauen Kittel: »Ritter futsch, Ritter futsch!«

Erst als der Arbeiter das Zimmer verließ und die Türe ungeschickt hinter sich zuschmetterte, begriff der Alte, daß er mit einem Taubstummen geredet hatte.

Er griff zur Zeitung. Es war das ›Bernische Bundesblatt‹, das er entfaltete.

Das Gesicht Fortschigs war das erste, was er sah, und unter der Photographie stand: Ulrich Friedrich Fortschig, und daneben: ein Kreuz.

Fortschig †

»Das unselige Leben des vielleicht doch mehr berüchtigten als bekannten Berner Schriftstellers Fortschig hat in der Nacht vom Dienstag auf den Mittwoch sein nicht ganz geklärtes Ende gefunden« – las Bärlach, dem es war, als drücke ihm jemand die Kehle zu. »Dieser Mann«, fuhr der salbungsvolle Berichterstatter des ›Bernischen Bundesblattes‹ fort, »dem die Natur doch so schöne Talente verlieh, hatte es nicht verstanden, die ihm anvertrauten Pfunde zu verwalten. Er begann (hieß es weiter) mit expressionistischen Dramen, die bei Asphaltliteraten Aufsehen erregten, doch vermochte er die dichterischen Kräfte immer weniger zu formen (aber es waren wenigstens dichterische Kräfte, dachte der Alte bitter), bis er auf die unglückliche Idee verfiel, mit dem ›Apfelschuß‹

eine eigene Zeitung herauszugeben, die denn auch in einer Auflage von etwa fünfzig schreibmaschinenge- schriebenen Exemplaren unregelmäßig genug erschien. Wer je den Inhalt dieses Skandalblattes gelesen hat, weiß genug: es bestand aus Angriffen, die sich nicht nur gegen alles, was uns hoch und heilig ist, sondern auch gegen allgemein bekannte und geschätzte Persönlichkeiten rich- teten. Er kam immer mehr herunter, und man sah ihn öfters betrunken, mit seinem stadtbekannten gelben Hals- tuch – man nannte ihn in der unteren Stadt die Zitrone –, von einem Wirtshaus ins andere wanken, von einigen Studenten begleitet, die ihn als Genie hochleben ließen. Über das Ende des Dichters ist folgendes ermittelt wor- den: Fortschig war seit Neujahr ständig mehr oder weni- ger betrunken. Er hatte – von irgendeinem gutmütigen Privatmann finanziert – wieder einmal seinen ›Apfel- schuß‹ herausgegeben, ein besonders trauriges Exemplar freilich, da er darin einen von der Ärzteschaft als absurd bezeichneten Angriff gegen einen unbekannten, wahr- scheinlich erfundenen Arzt richtete, in der herostrati- schen Absicht, unter allen Umständen einen Skandal zu erregen. Wie erfunden der ganze Angriff war, geht schon daraus hervor, daß der Schriftsteller, der im Artikel pathetisch den nichtgenannten Arzt aufforderte, sich der Stadtpolizei Zürich zu stellen, gleichzeitig überall herum- schwatzte, er wolle für zehn Tage nach Paris verreisen, doch kam er nicht dazu. Schon um einen Tag hatte er die Abreise verschoben und gab nun in der Nacht auf den Mittwoch in seiner armseligen Wohnung in der Keßler- gasse ein Abschiedsessen, dem der Musiker Bötzinger und die Studenten Friedling und Stürler beiwohnten. Gegen vier Uhr morgens begab sich Fortschig – er war

schwer betrunken – in die Toilette, die sich auf der anderen
Seite des Korridors gegenüber seinem Zimmer befindet.
Da er die Türe zu seinem Arbeitsraum offenließ, man
wollte die Schwaden beißenden Tabakrauchs etwas verziehen lassen, war die Türe der Toilette allen drei sichtbar, die an Fortschigs Tisch weiterzechten, ohne daß
ihnen etwas besonders auffiel. Beunruhigt, als er nach
einer halben Stunde noch nicht zurückgekommen war,
und als er auf ihr Rufen und Klopfen nicht antwortete,
rüttelten sie an der verschlossenen Toilettentüre, ohne sie
öffnen zu können. Der Polizist Gerber und der Securitas-
wächter Brenneisen, die Bötzinger von der Straße herauf-
holte, erbrachen die Türe mit Gewalt: Man fand den
Unglücklichen tot auf dem Boden zusammengekrümmt.
Über den Hergang des Unglücks ist man sich nicht im
klaren. Doch kommt ein Verbrechen nicht in Frage, wie
in der heutigen Presseorientierung der Untersuchungsrichter Lutz feststellte. Weist die Untersuchung zwar darauf hin, daß irgendein harter Gegenstand von oben Fortschig traf, so wird dies durch den Ort unmöglich gemacht.
Der Lichtschacht, gegen den sich das kleine Toilettenfen-
ster öffnet (die Toilette befindet sich im vierten Stock), ist
schmal, und es ist unmöglich, daß ein Mensch dort hin-
auf- oder hinunterklettern könnte: entsprechende Experimente der Polizei beweisen dies eindeutig. Auch mußte die Türe von innen verriegelt worden sein, denn die
bekannten Kunstgriffe, mit denen dies vorgetäuscht werden könnte, fallen nicht in Betracht. Die Türe ist ohne
Schlüsselloch und mit einem schweren Riegel schließbar.
Es bleibt keine Erklärung, als einen unglücklichen Sturz
des Schriftstellers anzunehmen, um so mehr, da er ja, wie
Professor Dettling ausführte, sinnlos betrunken war ...«

Kaum hatte dies der Alte gelesen, ließ er die Zeitung fallen. Seine Hände verkrallten sich in der Bettdecke.

»Der Zwerg, der Zwerg!« schrie er ins Zimmer hinein, da er mit einem Schlag begriffen hatte, *wie* Fortschig umgekommen war.

»Ja, der Zwerg«, antwortete eine ruhige, überlegene Stimme von der Türe her, die sich unmerklich geöffnet hatte.

»Sie werden mir zugeben, Herr Kommissär, daß ich mir einen Henker zugelegt habe, den man kaum so leicht finden dürfte.«

In der Türe stand Emmenberger.

Die Uhr

Der Arzt schloß die Türe.

Er war nicht im Berufsmantel, wie ihn der Kommissär zuerst gesehen hatte, sondern in einem dunklen, gestreiften Kleid mit weißer Krawatte auf einem silbergrauen Hemd, eine sorgfältig hergerichtete Erscheinung, fast geckenhaft, um so mehr, da er dicke gelbe Lederhandschuhe trug, als fürchte er, sich zu beschmutzen.

»Da wären wir Berner also einmal unter uns«, sagte Emmenberger und machte vor dem hilflosen, skelettartigen Kranken eine leichte, mehr höfliche als ironische Verbeugung. Dann ergriff er einen Stuhl, den er hinter dem zurückgeschlagenen Vorhang hervorholte und den Bärlach aus diesem Grunde nicht hatte sehen können.

Der Arzt setzte sich an des Alten Bett, indem er die Stuhllehne gegen den Kommissär kehrte, so daß er sie an seine Brust pressen und die verschränkten Arme darauflegen konnte. Der Alte hatte sich wieder gefaßt. Sorgfältig griff er nach der Zeitung, die er zusammenfaltete und auf den Nachttisch legte, dann verschränkte er nach alter Gewohnheit seine Arme hinter dem Kopf.

»Sie haben den armen Fortschig töten lassen«, sagte Bärlach.

»Wenn einer mit so pathetischer Feder ein Todesurteil niederschreibt, gehört ihm wohl ein Denkzettel, will mir scheinen«, antwortete der andere mit ebenso sachlicher Stimme. »Sogar die Schriftstellerei wird heute wieder etwas Gefährliches, und das tut ihr nur gut.«

»Was wollen Sie von mir?« fragte der Kommissär.

Emmenberger lachte. »Es ist wohl vor allem an mir zu fragen: Was wollen Sie von mir.«

»Das wissen Sie genau«, entgegnete der Kommissär.

»Gewiß«, antwortete der Arzt. »Das weiß ich genau. Und so werden Sie auch genau wissen, was ich von Ihnen will.«

Emmenberger stand auf und schritt zur Wand, die er einen Augenblick lang betrachtete, dem Kommissär den Rücken zukehrend. Irgendwo mußte er nun einen Knopf oder einen Hebel niedergedrückt haben; denn die Wand mit den tanzenden Männern und Frauen glitt lautlos auseinander wie eine Flügeltüre. Hinter ihr wurde ein weiter Raum mit Glasschränken sichtbar, die chirurgische Instrumente enthielten, blitzende Messer und Scheren in Metallbehältern, Wattebüschel, Spritzen in milchigen Flüssigkeiten, Flaschen und eine dünne rote Ledermaske, alles säuberlich und ordentlich nebeneinander. In der Mitte des nun erweiterten Raumes stand ein Operationstisch. Gleichzeitig aber senkte sich von oben langsam und bedrohlich ein schwerer Metallschirm über das Fenster. Das Zimmer flammte auf, denn in die Decke waren, zwischen den Fugen der Spiegel, Neonröhren gelegt, wie der Alte erst jetzt bemerkte, und über den Schränken hing im blauen Licht eine große, runde, grünlich leuchtende Scheibe, eine Uhr.

»Sie haben die Absicht, mich ohne Narkose zu operieren«, flüsterte der Alte.

Emmenberger antwortete nicht.

»Da ich ein schwacher, alter Mensch bin, werde ich schreien, fürchte ich«, fuhr der Kommissär fort. »Ich denke nicht, daß Sie in mir ein tapferes Opfer finden werden.«

Auch darauf gab der Arzt keine Antwort. »Sehen Sie die Uhr?« fragte er vielmehr.

»Ich sehe sie«, sagte Bärlach.

»Sie steht auf halb elf«, sagte der andere und verglich sie mit seiner Armbanduhr. »Um sieben werde ich Sie operieren.«

»In achteinhalb Stunden.«

»In achteinhalb Stunden«, bestätigte der Arzt.

»Aber jetzt müssen wir noch etwas miteinander besprechen, denke ich, mein Herr. Wir kommen nicht darum herum, dann will ich Sie nicht mehr stören. Die letzten Stunden sei man gerne mit sich allein, heißt es. Gut. Doch geben Sie mir ungebührlich viel Arbeit.«

Er setzte sich wieder auf den Stuhl, die Lehne gegen die Brust gepreßt.

»Ich denke, Sie sind das gewohnt«, entgegnete der Alte.

Emmenberger stutzte einen Augenblick. »Es freut

mich«, sagte er endlich, indem er den Kopf schüttelte, »daß Sie den Humor nicht verloren haben. Da wäre Fortschig gewesen. – Er ist zum Tode verurteilt worden und hingerichtet. Mein Zwerg hat gute Arbeit geleistet. Den Lichtschacht im Hause an der Keßlergasse hinunterzuklettern, nach einer mühsamen Dachpromenade über die nassen Ziegel, von Katzen umschnurrt, und durch das kleine Fenster auf den andächtig sitzenden Dichterfürsten einen doch wirklich kraftvollen und tödlichen Hieb mit meinem Autoschlüssel zu führen, war für den Däumling nicht eben leicht. Ich war ordentlich gespannt, als ich in meinem Wagen neben dem Judenfriedhof auf den kleinen Affen wartete, ob er es schaffen würde. Aber so ein Teufel, der keine achtzig Zentimeter mißt, schafft lautlos und vor allem unsichtbar. Nach zwei Stunden schon kam er im Schatten der Bäume angehüpft. Sie, Herr Kommissär, werde ich selbst zu übernehmen haben. Das wird nicht schwer sein, wir können uns die für Sie doch wohl peinlichen Worte ersparen. Aber was, um Gottes willen, machen wir nun mit unserem gemeinsamen Bekannten, mit unserem lieben alten Freund, dem Doktor Samuel Hungertobel am Bärenplatz?«

»Wie kommen Sie auf den?« fragte der Alte lauernd.

»Er hat Sie ja hergebracht.«

»Mit dem habe ich nichts zu schaffen«, sagte der Kommissär schnell.

»Er telephonierte jeden Tag gleich zweimal, wie es seinem alten Freund Kramer denn auch gehe, und verlangte Sie zu sprechen«, stellte Emmenberger fest und runzelte bekümmert die Stirne.

Bärlach sah unwillkürlich nach der Uhr über den Glasschränken.

»Gewiß, es ist viertel vor elf«, sagte der Arzt und betrachtete den Alten nachdenklich, aber nicht feindschaftlich. »Kommen wir auf Hungertobel zurück.«

»Er war aufmerksam zu mir, bemühte sich um meine Krankheit, hat aber nichts mit uns beiden zu schaffen«, entgegnete der Kommissär hartnäckig.

»Sie haben den Bericht unter Ihrem Bild im ›Bund‹ gelesen?«

Bärlach schwieg einen Augenblick und dachte nach, was denn Emmenberger mit dieser Frage wolle.

»Ich lese keine Zeitungen.«

»Es hieß darin, mit Ihnen sei eine stadtbekannte Persönlichkeit zurückgetreten«, sagte Emmenberger, »und trotzdem hat Sie Hungertobel unter dem Namen Blaise Kramer bei uns eingeliefert.«

Der Kommissär gab sich keine Blöße. Er habe sich bei ihm unter diesem Namen angemeldet, sagte er.

»Auch wenn er mich einmal gesehen hätte, konnte er mich kaum wiedererkennen, da ich durch die Krankheit verändert worden bin.«

Der Arzt lachte. »Sie behaupten, Sie seien krank geworden, um mich hier auf dem Sonnenstein aufzusuchen?«

Bärlach gab keine Antwort.

Emmenberger sah den Alten traurig an. »Mein lieber Kommissär«, fuhr er fort, mit einem leisen Vorwurf in der Stimme, »Sie kommen mir in unserem Verhör auch gar nicht entgegen.«

»Ich habe Sie zu verhören, nicht Sie mich«, entgegnete der Kommissär trotzig.

»Sie atmen schwer«, stellte Emmenberger bekümmert fest.

Bärlach antwortete nicht mehr. Nur das Ticken der Uhr war zu vernehmen, das erste Mal, daß es der Alte hörte. Nun werde ich es immer wieder hören, dachte er.

»Wäre es nicht an der Zeit, einmal Ihre Niederlage zuzugeben?« fragte der Arzt freundlich.

»Es bleibt mir wohl nichts anderes übrig«, antwortete Bärlach todmüde, indem er die Hände hinter dem Kopf hervorholte und sie auf die Decke legte. »Die Uhr, wenn nur die Uhr nicht wäre.«

»Die Uhr, wenn nur die Uhr nicht wäre«, wiederholte der Arzt des Alten Worte. »Was treiben wir uns im Kreise herum? Um sieben werde ich Sie töten. Das wird Ihnen die Sache soweit erleichtern, daß Sie den Fall Emmenberger-Bärlach unvoreingenommen mit mir betrachten können. Wir sind beide Wissenschaftler mit entgegengesetzten Zielen, Schachspieler, die an einem Brett sitzen. Ihr Zug ist getan, nun kommt der meine. Aber *eine* Besonderheit hat unser Spiel: Entweder wird einer verlieren oder beide. Sie haben Ihr Spiel schon verloren, nun bin ich neugierig, ob ich das meine auch verlieren muß.«

»Sie werden das Ihre verlieren«, sagte Bärlach leise.

Emmenberger lachte. »Das ist möglich. Ich wäre ein schlechter Schachspieler, wenn ich nicht mit dieser Möglichkeit rechnete. Aber sehen wir doch genauer hin. Sie haben keine Chance mehr, um sieben werde ich mit meinen Messern kommen, und kommt es nicht dazu (wenn es der Zufall will), sterben Sie in einem Jahr an Ihrer Krankheit; doch meine Chance, wie steht es damit? Schlimm genug, ich gebe es zu: Sie sind ja schon auf meiner Spur!«

Der Arzt lachte aufs neue.

Dies scheine ihm Spaß zu machen, stellte der Alte erstaunt fest. Der Arzt kam ihm immer seltsamer vor.

»Ich gebe zu, daß es mich amüsiert, mich wie eine Fliege in Ihrem Netz zappeln zu sehen, um so mehr als Sie gleichzeitig in meinem Netz hängen. Doch sehen wir weiter: Wer hat Sie auf meine Spur gebracht?«

Er sei von selbst darauf gekommen, behauptete der Alte.

Emmenberger schüttelte den Kopf. »Gehen wir doch zu glaubwürdigeren Dingen über«, sagte er. »Auf meine Verbrechen – um diesen populären Ausdruck zu brauchen – kommt man nicht von selbst, wie wenn dergleichen einfach aus dem heiteren Himmel heraus möglich wäre. Und sicher dann vor allem nicht, wenn man noch gar ein Kommissär der Stadtpolizei Bern ist, als ob ich einen Fahrraddiebstahl oder eine Abtreibung begangen hätte. Sehen wir uns doch einmal meinen Fall an – Sie, der Sie ja nun keine Chance mehr haben, dürfen die Wahrheit vernehmen, das Vorrecht der Verlorenen. Ich war vorsichtig, gründlich und pedantisch – in dieser Hinsicht habe ich saubere Facharbeit geleistet –, aber trotz aller Vorsicht gibt es natürlich Indizien gegen mich. Ein indizienloses Verbrechen ist in dieser Welt des Zufalls unmöglich. Zählen wir auf: Wo konnte der Kommissär Hans Bärlach einsetzen? Da ist einmal die Photographie im ›Life‹. Wer die Tollkühnheit hatte, sie in jenen Tagen zustande zu bringen, weiß ich nicht; es genügt mir, daß sie vorhanden ist. Schlimm genug. Doch wollen wir die Sache nicht übertreiben. Millionen haben einmal diese berühmte Photographie gesehen, darunter sicher viele, die mich kennen: und doch hat mich bis jetzt keiner erkannt, das Bild zeigt zu wenig von meinem Gesicht.

Wer konnte mich nun erkennen? Entweder einer, der mich in Stutthof gesehen hat und mich hier kennt – eine geringe Möglichkeit, da ich die Subjekte, die ich mir aus Stutthof mitnahm, in der Hand habe; doch, wie jeder Zufall, nicht ganz von der Hand zu weisen – oder einer, der mich von meinem Leben in der Schweiz vor zwei-unddreißig her in ähnlicher Erinnerung hatte. Es gibt in dieser Zeit einen Vorfall, den ich als junger Student in einer Berghütte erlebt habe – o ich erinnere mich sehr genau –, es geschah vor einem roten Abendhimmel: Hungertobel war einer der fünf, die damals zugegen waren. Es ist daher anzunehmen, daß Hungertobel mich erkannte.«

»Unsinn«, entgegnete der Alte bestimmt; das sei eine unberechtigte Idee, eine leere Spekulation, sonst nichts. Er ahnte, daß der Freund bedroht war, ja, in großer Gefahr schwebte, wenn es ihm nicht gelang, jeden Verdacht von Hungertobel abzulenken, obgleich er sich nicht recht vorstellen konnte, worin denn diese Gefahr bestehe.

»Fällen wir das Todesurteil über den armen alten Doktor nicht zu schnell. Gehen wir vorher zu andern möglichen Indizien über, die gegen mich vorliegen, versuchen wir ihn reinzuwaschen«, fuhr Emmenberger fort, sein Kinn auf die verschränkten, auf der Lehne liegenden Arme gestützt. »Die Angelegenheit mit Nehle. Auch die haben Sie herausgefunden, Herr Kommissär, ich gratuliere, das ist erstaunlich, die Marlok hat es mir berichtet. Geben wir es denn zu: ich habe Nehle selbst die Narbe in die rechte Augenbraue hineinoperiert und die Brand-wunde in den linken Unterarm, die auch ich besitze, um uns identisch zu machen, einen aus zwei. Ich habe ihn

unter meinem Namen nach Chile geschickt und ihn – als
der treuherzige Naturbursche, der nie Lateinisch und
Griechisch lernen konnte, diese erstaunliche Begabung
auf dem unermeßlichen Gebiet der Medizin, unserer
Verabredung gemäß heimkehrte – in einem windschiefen
zerbröckelten Hotelzimmer im Hamburger Hafen gezwungen, eine Blausäurekapsel einzunehmen. C'est ça,
würde meine schöne Geliebte sagen. Nehle war ein
Ehrenmann. Er schickte sich in sein Schicksal – einige
energische Handgriffe meinerseits will ich verschweigen
– und täuschte den schönsten Selbstmord vor, den man
sich denken kann. Sprechen wir nicht mehr über diese
Szene mitten unter Dirnen und Matrosen, die sich im
neblichten Morgengrauen einer halbverkohlten und ver-
moderten Stadt abspielte, in die das dumpfe Hupen
verlorener Schiffe melancholisch genug hineintönte.
Diese Geschichte war ein gewagtes Spiel, das mir immer
noch bitterböse Streiche spielen kann; denn was weiß ich
schon, was alles der begabte Dilettant in Santiago trieb,
welche Freundschaften er da unterhielt und wer plötzlich
hier in Zürich erscheinen könnte, Nehle zu besuchen.
Doch halten wir uns an die Tatsachen. Was spricht gegen
mich, falls jemand auf diese Spur kommt? Da ist vor
allem Nehles ehrgeiziger Einfall, in die ›Lancet‹ und in
die ›Schweizerische medizinische Wochenschrift‹ Artikel
zu schreiben; er könnte sich als ein fatales Indizium
erweisen, falls es sich jemand einfallen ließe, stilistische
Vergleichungen mit meinen einstigen Artikeln zu unternehmen. Nehle schrieb gar zu hemmungslos berlinerisch.
Dazu aber muß man die Artikel lesen, was wieder auf
einen Arzt schließen läßt. Sie sehen, es steht schlecht um
unseren Freund. Zwar ist er arglos, geben wir das zu

seinen Gunsten zu. Doch wenn sich zu ihm noch ein Kriminalist gesellt, was ich anzunehmen gezwungen bin, kann ich für den Alten nicht mehr die Hand ins Feuer legen.«

»Ich bin im Auftrag der Polizei hier«, antwortete der Kommissär ruhig. »Die deutsche Polizei faßte gegen Sie Verdacht und hat die Polizei der Stadt Bern beauftragt, Ihren Fall zu untersuchen. Sie werden mich heute nicht operieren, denn mein Tod würde Sie überweisen. Auch Hungertobel werden Sie in Ruhe lassen.«

»Elf Uhr zwei«, sagte der Arzt.

»Ich sehe«, antwortete Bärlach.

»Die Polizei, die Polizei«, fuhr Emmenberger fort und sah den Kranken nachdenklich an. »Es ist natürlich damit zu rechnen, daß sogar die Polizei hinter mein Leben kommen kann, doch scheint mir dies hier unwahrscheinlich zu sein, weil es für Sie der günstigste Fall wäre. Die deutsche Polizei, welche die Stadtpolizei Bern beauftragt, einen Verbrecher in Zürich zu suchen! Nein, das scheint mir nicht ganz logisch. Ich würde es vielleicht glauben, wenn Sie nicht krank wären, wenn es mit Ihnen nicht gerade auf Leben und Tod ginge: Ihre Operation und Ihre Krankheit ist ja nicht gespielt, das kann ich als Arzt entscheiden. Ebensowenig Ihre Entlassung, von der die Zeitungen berichten. Was sind Sie denn für ein Mensch? Vor allem ein zäher und hartnäckiger alter Mann, der sich ungern geschlagen gibt und wohl auch nicht gern abdankt. Die Möglichkeit ist vorhanden, daß Sie privat, ohne jede Unterstützung, ohne Polizei, gegen mich ins Feld gezogen sind, gewissermaßen samt Ihrem Kranken-bett, auf einen vagen Verdacht hin, den Sie in einem Gespräch mit Hungertobel gefaßt haben, ohne einen wirklichen Beweis. Vielleicht waren Sie noch zu stolz, irgend jemand außer Hungertobel einzuweihen, und auch der scheint seiner Sache höchst unsicher zu sein. Es ging Ihnen nur darum, auch als kranker Mann zu beweisen, daß Sie mehr als die verstehen, welche Sie entlassen haben. Dies alles halte ich für wahrscheinlicher als die Möglichkeit, daß sich die Polizei zu dem Schritt entschließt, einen schwerkranken Mann in ein so heikles Unternehmen zu stürzen, um so mehr, als ja die Polizei bis zur Stunde im Falle des toten Fortschig nicht auf die richtige Spur kam, was doch hätte geschehen müssen, wenn sie gegen mich Verdacht gefaßt hätte. Sie sind allein und Sie gehen allein gegen mich vor, Herr Kommissär. Auch den heruntergekommenen Schriftsteller halte ich für ahnungslos.«

»Warum haben Sie ihn getötet?« schrie der Alte.

»Aus Vorsicht«, antwortete der Arzt gleichgültig. »Zehn nach elf. Die Zeit eilt, mein Herr, die Zeit eilt. Auch Hungertobel werde ich aus Vorsicht töten müssen.«

»Sie wollen ihn töten?« rief der Kommissär und versuchte sich aufzurichten.

»Bleiben Sie liegen!« befahl Emmenberger so bestimmt, daß der Kranke gehorchte. »Es ist heute Donnerstag«, sagte er. »Da nehmen wir Ärzte einen freien Nachmittag, nicht wahr. Da dachte ich, Hungertobel, Ihnen und mir eine Freude zu machen, und bat ihn, uns zu besuchen. Er wird im Wagen von Bern kommen.«

»Was wird geschehen?«

»Hinten in seinem Wagen wird mein kleiner Däumling sitzen«, entgegnete Emmenberger.

»Der Zwerg«, schrie der Kommissär.

»Der Zwerg«, bestätigte der Arzt. »Immer wieder der
Zwerg. Ein nützliches Werkzeug, das ich mir aus Stutthof heimbrachte. Es geriet mir schon damals zwischen
die Beine, dieses lächerliche Ding, wenn ich operierte,
und nach dem Reichsgesetz des Herrn Heinrich Himmler
hätte ich den Knirps als lebensunwert töten müssen, als
ob je ein arischer Riese lebenswerter gewesen wäre!
Wozu auch? Ich habe Kuriositäten immer geliebt, und
ein entwürdigter Mensch gibt noch immer das zuverläs-
sigste Instrument. Weil der kleine Affe spürte, daß er mir
das Leben verdankte, ließ er sich aufs nützlichste dres-
sieren.«

Die Uhr zeigte elf Uhr vierzehn.

Der Kommissär war so müde, daß er auf Momente die
Augen schloß; und immer wieder, wenn er sie öffnete,
sah er die Uhr, immer wieder die große, runde, schwe-
bende Uhr. Er begriff nun, daß es keine Rettung mehr
für ihn gab. Emmenberger hatte ihn durchschaut. Er war
verloren, und auch Hungertobel war verloren.

»Sie sind ein Nihilist«, sagte er leise, fast flüsternd in
den schweigenden Raum hinein, in welchem nur die Uhr
tickte. Immerzu.

»Sie wollen damit sagen, daß ich nichts glaube?« fragte
Emmenberger, und seine Stimme verriet nicht die leiseste
Bitterkeit.

»Ich kann mir nicht denken, daß meine Worte irgendeinen andern Sinn haben können«, antwortete der Alte in
seinem Bett, die Hände hilflos auf der Decke.

»Woran glauben Sie denn, Herr Kommissär?« fragte
der Arzt, ohne seine Stellung zu verändern, und sah den
Alten neugierig und gespannt an.

Bärlach schwieg.

Im Hintergrund tickte die Uhr, ohne Pause, die Uhr, immer gleich, mit unerbittlichen Zeigern, die sich ihrem Ziel unmerklich und doch sichtbar entgegenschoben.

»Sie schweigen«, stellte Emmenberger fest, und seine Stimme hatte nun das Elegante und Spielerische verloren und klang klar und hell: »Sie schweigen. Ein Mensch der heutigen Zeit antwortet nicht gerne auf die Frage: Was glauben Sie? Es ist unschicklich geworden, so zu fragen. Man liebt es nicht, große Worte zu machen, wie man bescheiden sagt, und am wenigsten gar eine bestimmte Antwort zu geben, etwa zu sagen: ›Ich glaube an Gott Vater, Gott Sohn und Gott den Heiligen Geist‹, wie einst die Christen antworteten, stolz, daß sie antworten konnten. Man liebt es heute zu schweigen, wenn man gefragt wird, wie ein Mädchen, dem man eine peinliche Frage stellt. Man weiß ja auch nicht recht, woran man denn eigentlich glaubt, es ist nicht etwa nichts, weiß Gott nicht, man glaubt doch – wenn auch recht dämmerhaft, als wäre ein ungewisser Nebel in einem – an so etwas wie Menschlichkeit, Christentum, Toleranz, Gerechtigkeit, Sozialismus und Nächstenliebe, Dinge, die etwas hohl klingen, was man ja auch zugibt, doch denkt man sich immer noch: Es kommt ja auch nicht auf die Worte an; am wichtigsten ist es doch, daß man anständig und nach bestem Gewissen lebt. Das versucht man denn auch, teils indem man sich bemüht, teils indem man sich treiben läßt. Alles, was man unternimmt, die Taten und die Untaten, geschieht auf gut Glück hin, das Böse und das Gute fällt einem wie bei einer Lotterie als Zufallslos in den Schoß; aus Zufall wird man recht und aus Zufall schlecht. Aber mit dem großen Wort Nihilist ist man gleich zur Hand, das wirft man jedem anderen, bei dem man etwas Bedrohliches wittert, mit großer Pose und mit noch größerer Überzeugung an den Kopf. Ich kenne sie, diese Leute, sie sind überzeugt, daß es ihr Recht ist, zu behaupten, eins plus eins sei drei, vier oder neunundneunzig, und daß es unrecht wäre, von ihnen die Antwort zu verlangen, eins plus eins sei zwei. Ihnen kommt alles Klare stur vor, weil es vor allem zur Klarheit Charakter braucht. Sie sind ahnungslos, daß ein entschlossener Kommunist – um ein etwas ausgefallenes Beispiel zu gebrauchen; denn die meisten Kommunisten sind Kommunisten wie die meisten Christen Christen sind, aus einem Mißverständnis – sie sind ahnungslos, daß so ein Mensch, der mit ganzer Seele an die Notwendigkeit der Revolution glaubt, und daran, daß nur dieser Weg, auch wenn er über Millionen von Leichen geht, einmal zum Guten führt, zu einer besseren Welt – viel weniger ein Nihilist ist als sie, als irgendein Herr Müller oder Huber, der weder an einen Gott, noch an keinen glaubt, weder an eine Hölle, noch an einen Himmel, sondern nur an das Recht, Geschäfte zu machen – ein Glaube, den als Kredo zu postulieren sie aber zu feige sind. So leben sie denn dahin wie Würmer in irgendeinem Brei, der keine Entscheidung zuläßt, mit einer nebelhaften Vorstellung von etwas, das gut und recht und wahr ist, wie wenn es in einem Brei so etwas geben könnte.«

»Ich hatte keine Ahnung, daß ein Henker zu einem so großen Wortschwall fähig ist«, sagte Bärlach. »Ich hielt Ihresgleichen für wortkarg.«

»Brav«, lachte Emmenberger. »Der Mut scheint Ihnen wieder zu kommen. Brav! Ich brauche mutige Leute zu meinen Experimenten in meinem Laboratorium, und es ist nur schade, daß mein Anschauungsunterricht stets mit dem Tod des Schülers endet. Nun gut, sehen wir, was ich für einen Glauben habe, und legen wir ihn auf eine Waage, und sehen wir, wenn wir den Ihren auf die andere Schale legen, wer von uns beiden den größeren Glauben besitzt, der Nihilist – da Sie mich so bezeichnen – oder der Christ. Sie sind im Namen der Menschlichkeit, oder wer weiß was für Ideen, zu mir gekommen, um mich zu vernichten. Ich denke, daß Sie mir diese Neugierde nicht verweigern dürfen.«

»Ich verstehe«, antwortete der Kommissär, der sich bemühte, die Furcht niederzuringen, die immer gewaltiger, immer bedrohlicher mit dem Fortschreiten der Zeiger in ihm aufstieg: »Jetzt wollen Sie Ihr Kredo herunterleiern. Es ist seltsam, daß auch Massenmörder ein solches haben.«

»Es ist fünf vor halb zwölf«, entgegnete Emmenberger.

»Wie freundlich, mich daran zu erinnern«, stöhnte der Alte, zitternd vor Zorn und Ohnmacht.

»Der Mensch, was ist der Mensch?« lachte der Arzt. »Ich schäme mich nicht, ein Kredo zu haben, ich schweige nicht, wie Sie geschwiegen haben. Wie die Christen an drei Dinge glauben, die nur ein Ding sind, an die Dreieinigkeit, so glaube ich an zwei Dinge, die doch ein und dasselbe sind, daß etwas ist, und daß ich bin. Ich glaube an die Materie, die *gleichzeitig* Kraft und Masse ist, ein unvorstellbares All und eine Kugel, die man umschreiten kann, abtasten wie einen Kinderball, auf der wir leben und durch die abenteuerliche Leere des Raums fahren; ich glaube an eine Materie (wie schäbig und leer ist es daneben, zu sagen: ›Ich glaube an einen Gott‹), die greifbar als Tier, als Pflanze oder als Kohle und ungreifbar, kaum berechenbar, als Atom ist; die keinen Gott braucht, oder was man auch immer hinzuerfindet, deren einziges unbegreifliches Mysterium ihr Sein ist. Und ich glaube, daß ich bin, als ein Teil dieser Materie, Atom, Kraft, Masse, Molekül wie Sie, und daß mir meine Existenz das Recht gibt, zu tun, was ich will. Ich bin als Teil nur ein Augenblick, nur Zufall, wie das Leben in dieser ungeheuren Welt nur eine ihrer unermeßlichen Möglichkeiten ist, ebenso Zufall wie ich – die Erde etwas näher bei der Sonne, und es wäre kein Leben –, und mein Sinn besteht darin, *nur* Augenblick zu sein. O die gewaltige Nacht, da ich dies begriff! Nichts ist heilig als die Materie: der Mensch, das Tier, die Pflanze, der Mond, die Milchstraße, was auch immer ich sehe, sind zufällige Gruppierungen, Unwesentlichkeiten, wie der Schaum oder die Welle des Wassers etwas Unwesentliches sind: es ist gleichgültig, ob die Dinge sind oder nicht sind; sie sind austauschbar. Wenn sie nicht sind, gibt es etwas anderes, wenn auf diesem Planeten das Leben erlischt, kommt es, irgendwo im Weltall, auf einem anderen Planeten hervor: wie das große Los immer einmal kommt, zufällig, durch das Gesetz der großen Zahl. Es ist lächerlich, dem Menschen Dauer zu geben, denn es wird immer nur die Illusion einer Dauer sein, Systeme an Macht zu erfinden, um einige Jahre an der Spitze irgendeines Staates oder irgendeiner Kirche zu vegetieren. Es ist unsinnig in einer Welt, die ihrer Struktur nach eine Lotterie ist, nach dem Wohl der Menschen zu trachten, als ob es einen Sinn hätte, wenn jedes Los einen Rappen gewinnt und nicht die meisten nichts, wie wenn es eine andere Sehnsucht gäbe als nur die, *einmal* dieser einzelne, einzige, dieser Ungerechte zu sein, der das Los gewann.

Es ist Unsinn, an die Materie zu glauben und *zugleich* an einen Humanismus, man kann nur an die Materie glauben und an das Ich. Es gibt keine Gerechtigkeit – wie könnte die Materie gerecht sein –, es gibt nur die Freiheit, die nicht verdient werden kann – da müßte es eine Gerechtigkeit geben –, die nicht gegeben werden kann – wer könnte sie geben –, sondern die man sich nehmen muß. Die Freiheit ist der Mut zum Verbrechen, weil sie selbst ein Verbrechen ist.«

»Ich verstehe«, rief der Kommissär, zusammengekrümmt, ein verendendes Tier, auf seinem weißen Laken liegend wie am Rande einer endlosen, gleichgültigen Straße. »Sie glauben an nichts als an das Recht, den Menschen zu foltern!«

»Bravo«, antwortete der Arzt und klatschte in die Hände. »Bravo! Das nenne ich einen guten Schüler, der es wagt, jenen Schluß zu ziehen, nach dem ich lebe. Bravo, bravo.« (Immer wieder klatschte er in die Hände). »Ich wagte es, ich selbst zu sein und nichts außerdem, ich gab mich dem hin, was mich frei machte, dem Mord und der Folter; denn wenn ich einen anderen Menschen töte – und ich werde es um sieben wieder tun –, wenn ich mich außerhalb jeder Menschenordnung stelle, die unsere Schwäche errichtete, werde ich frei, werde ich nichts als ein Augenblick, aber was für ein Augenblick! An Intensität gleich ungeheuer wie die Materie, gleich mächtig wie sie, gleich unberechtigt wie sie, und in den Schreien und in der Qual, die mir aus den geöffneten Mündern und aus den gläsernen Augen entgegenschlägt, über die ich mich bücke, in diesem zitternden, ohnmächtigen, weißen Fleisch unter meinem Messer spiegelt sich *mein* Triumph und *meine* Freiheit und nichts außerdem.«

Der Arzt schwieg. Langsam erhob er sich und setzte sich auf den Operationstisch.

Über ihm zeigte die Uhr drei Minuten vor zwölf, zwei Minuten vor zwölf, zwölf.

»Sieben Stunden«, kam es flüsternd, fast unhörbar vom Bett des Kranken her.

»Zeigen Sie mir nun Ihren Glauben«, sagte Emmenberger. Seine Stimme war wieder ruhig und sachlich und nicht mehr leidenschaftlich und hart wie zuletzt.

Bärlach antwortete nichts.

»Sie schweigen«, sagte der Arzt traurig. »Immer wieder schweigen Sie.«

Der Kranke gab keine Antwort.

»Sie schweigen und Sie schweigen«, stellte der Arzt fest und stützte beide Hände auf den Operationstisch. »Ich setze bedingungslos alles auf ein Los. Ich war mächtig, weil ich mich nie fürchtete, weil es mir gleichgültig war, ob ich entdeckt werde oder nicht. Ich bin auch jetzt bereit, alles auf ein Los zu werfen, wie auf eine Münze. Ich werde mich geschlagen geben, wenn Sie, Kommissär, mir beweisen, daß Sie einen gleich großen, gleich bedingungslosen Glauben wie ich besitzen.«

Der Alte schwieg.

»Sagen Sie doch etwas«, fuhr Emmenberger nach einer Pause fort, während der er gespannt und gierig nach dem Kranken blickte. »Geben Sie doch eine Antwort. Sie sind ein Christ. Sie wurden getauft. Sagen Sie, ich glaube mit Gewißheit, mit einer Kraft, die den Glauben eines schändlichen Massenmörders an die Materie übertrifft wie die Sonne an Licht einen armseligen Wintermond, oder auch nur: mit einer Kraft, die gleich ist der seinen, an Christus, der Gottes Sohn ist.«

Im Hintergrund tickte die Uhr.

»Vielleicht ist dieser Glaube zu schwer«, sagte Emmenberger, da Bärlach immer noch schwieg, und trat an des Alten Bett. »Vielleicht haben Sie einen leichteren, gewöhnlicheren Glauben. Sagen Sie: Ich glaube an die Gerechtigkeit und an die Menschheit, der diese Gerechtigkeit dienen soll. Ihr zuliebe und *nur* ihr zuliebe habe ich, alt und krank, das Abenteuer auf mich genommen, in den Sonnenstein zu gehen, ohne Nebengedanken an den Ruhm und an einen Triumph der eigenen Person über andere Personen. Sagen Sie doch dies, es ist ein leichter, anständiger Glaube, den man von einem heutigen Menschen noch verlangen kann, sagen Sie dies, und Sie sind frei. Ihr Glaube wird mir genügen, und ich werde denken, daß Sie einen gleich großen Glauben wie ich besitzen, wenn Sie dies sagen.«

Der Alte schwieg.

»Sie glauben mir vielleicht nicht, daß ich Sie freilasse?« fragte Emmenberger.

Keine Antwort.

»Sagen Sie es auf gut Glück hin«, forderte der Arzt den Kommissär auf. »Bekennen Sie Ihren Glauben, auch wenn Sie meinen Worten nicht trauen. Vielleicht können Sie nur gerettet werden, wenn Sie einen Glauben haben. Vielleicht ist dies jetzt Ihre *letzte Chance,* die Chance, nicht nur sich, sondern auch Hungertobel zu retten. Noch ist es Zeit, ihm anzuläuten. Sie haben mich und ich habe Sie gefunden. Einmal wird mein Spiel zu Ende sein, irgendwo wird einmal meine Rechnung nicht stimmen. Warum soll ich nicht verlieren? Ich kann Sie töten, ich kann Sie freilassen, was meinen Tod bedeutet. Ich habe einen Punkt erreicht, von dem aus ich mit mir wie mit einer fremden Person umzugehen vermag. Ich vernichte mich, ich bewahre mich.«

Er hielt inne und betrachtete den Kommissär gespannt. »Es ist gleichgültig«, sagte er, »was ich tue, eine mächtigere Position ist nicht mehr zu erreichen: sich diesen *Punkt des Archimedes* zu erobern, ist das höchste, was der Mensch erringen kann, ist sein einziger Sinn im Unsinn dieser Welt, im Mysterium dieser toten Materie, die, wie ein unermeßliches Aas, aus sich heraus immer wieder Leben und Sterben erzeugt. Doch binde ich – das ist meine Boshaftigkeit – Ihre Befreiung an einen lumpigen Witz, an eine kinderleichte Bedingung, daß Sie mir einen gleich großen Glauben wie den meinen vorweisen können. Zeigen Sie her! Der Glaube an das Gute wird doch wenigstens im Menschen gleich stark sein wie der Glaube an das Schlechte! Zeigen Sie her! Nichts wird mich mehr belustigen, als meine eigene Höllenfahrt zu verfolgen.«

Nur die Uhr hörte man ticken.

»Dann sagen Sie es der Sache zuliebe«, fuhr Emmenberger nach einigem Warten fort, »dem Glauben an Gottes Sohn zuliebe, dem Glauben an die Gerechtigkeit zuliebe.«

Die Uhr, nichts als die Uhr.

»Ihren Glauben«, schrie der Arzt, »zeigen Sie mir Ihren Glauben!«

Der Alte lag da, die Hände in die Decke verkrallt.

»Ihren Glauben, Ihren Glauben!«

Die Stimme Emmenbergers war wie aus Erz, wie Posaunenstöße, die ein unendliches, graues Himmelsgewölbe durchbrechen.

Der Alte schwieg.

Da wurde Emmenbergers Antlitz, das gierig nach einer Antwort gewesen war, kalt und entspannt. Nur die Narbe über dem rechten Auge blieb gerötet. Es war, als ob ihn ein Ekel schüttelte, als er sich müde und gleichgültig vom Kranken abwandte und zur Türe hinausging, die sich leise schloß, so daß den Kommissär die leuchtende Bläue des Raums umfing, in der nur die runde Scheibe der Uhr weitertickte, als sei sie des Alten Herz.

Ein Kinderlied

So lag Bärlach da und wartete auf den Tod. Die Zeit verging, die Zeiger schoben sich herum, deckten sich, strebten auseinander und kamen wieder zusammen, trennten sich von neuem. Es wurde halb ein Uhr, ein Uhr, fünf nach eins, zwanzig vor zwei, zwei Uhr, zehn nach zwei, halb drei. Das Zimmer lag da, unbeweglich, ein toter Raum im schattenlosen, blauen Licht, die Schränke voll mit seltsamen Instrumenten hinter Glas, in dem sich Bärlachs Gesicht und Hände undeutlich spiegelten. Alles war da, der weiße Operationstisch, das Bild Dürers mit dem mächtigen, erstarrten Pferd, die metallene Fläche über dem Fenster, der leere Stuhl, mit der Lehne gegen den Alten gekehrt, nichts Lebendiges als das mechanische Ticktack der Uhr. Es wurde drei, es wurde vier. Kein Lärm, kein Stöhnen, kein Reden, kein Schrei, keine Schritte drangen zu dem alten Mann, der da lag auf einem metallenen Bett, der sich nicht rührte, kaum daß sich sein Leib hob und senkte. Es gab keine Außenwelt mehr, keine Erde, die sich drehte, keine Sonne und keine Stadt. Es gab nichts mehr als eine grünliche runde Scheibe mit Zeigern, die sich verschoben, die ihre Stellung zueinander veränderten, die sich einholten, deckten, die auseinanderstrebten. Es wurde halb fünf, fünfundzwanzig vor fünf, dreizehn vor fünf, fünf Uhr, fünf Uhr eins, fünf Uhr zwei, fünf Uhr drei, fünf Uhr vier, fünf Uhr sechs. Bärlach hatte sich mühsam mit dem Oberkörper aufgerichtet. Er läutete einmal, zweimal, mehrere Male. Er wartete. Vielleicht konnte er noch mit Schwester Kläri reden. Vielleicht, daß ein Zufall ihn retten konnte. Halb sechs. Er drehte seinen Leib mühsam herum. Dann fiel er. Lange blieb er vor dem Bett liegen, auf einem roten Teppich, und über ihm, irgendwo über den gläsernen Schränken tickte die Uhr, schoben sich die Zeiger herum, wurde es dreizehn vor sechs, zwölf vor sechs, elf vor sechs. Dann kroch er langsam gegen die Türe, schob sich mit den Unterarmen vor, erreichte sie, versuchte sich aufzurichten, nach der Falle zu greifen, fiel zurück, blieb liegen, versuchte es noch einmal, ein drittes Mal, ein fünftes Mal. Vergeblich. Er kratzte an der Türe, da ihm das Schlagen mit der Faust zu mühsam wurde. Wie eine Ratte, dachte er. Dann lag er wieder unbeweglich, schob sich endlich ins Zimmer zurück, hob den Kopf, schaute nach der Uhr. Sechs Uhr zehn. »Noch fünfzig Minuten«, sagte er laut und deutlich in die Stille hinein, daß er erschrak. »Fünfzig Minuten.« Er wollte ins Bett zurück; aber er fühlte, daß er die Kraft nicht mehr besaß. So lag er da, vor dem Operationstisch und wartete. Um ihn das Zimmer, die Schränke, die Messer, das Bett, der Stuhl, die Uhr, immer wieder die Uhr, eine

verbrannte Sonne in einem bläulichen verwesenden Welt-
gebäude, ein tickender Götze, ein tackendes Antlitz ohne
Mund, ohne Augen, ohne Nase, mit zwei Falten, die sich
gegeneinanderzogen, die nun zusammenwuchsen – fünfundzwanzig vor sieben, zweiundzwanzig vor sieben –,
die sich nicht zu trennen schienen, die sich nun doch
trennten ... einundzwanzig vor sieben, zwanzig vor sieben, neunzehn vor sieben. Die Zeit schritt fort, schritt
weiter, mit leiser Erschütterung im unbestechlichen
Takte der Uhr, die allein unbeweglich war, der ruhende
Magnet. Zehn vor sieben. Bärlach richtete sich halb auf,
lehnte sich gegen den Operationstisch mit dem Oberkörper, ein alter, sitzender, kranker Mann, allein und hilflos.
Er wurde ruhig. Hinter ihm war die Uhr und vor ihm die
Türe, auf die er starrte, ergeben und demütig, dieses
Rechteck, durch das *er* treten mußte, *er,* auf den er
wartete, *er,* der ihn töten würde, langsam und exakt wie
eine Uhr, Schnitt um Schnitt mit den blitzenden Messern. So saß er da. Nun war die Zeit in ihm, das Ticken in
ihm, nun brauchte er nicht mehr hinzuschauen, nun
wußte er, daß er nur noch vier Minuten zu warten hatte,
noch drei, nun noch zwei: nun zählte er die Sekunden,
die eins mit dem Schlagen seines Herzens waren, noch hundert, noch sechzig, noch dreißig. So zählte er, plappernd
mit weißen, blutleeren Lippen, so starrte er, eine lebende
Uhr, nach der Türe, die sich nun öffnete, nun, um sieben,
mit einem Schlag: die sich ihm darbot als eine schwarze
Höhle, als ein geöffneter Rachen, in dessen Mitte er schemenhaft und undeutlich eine riesige, dunkle Gestalt ahnte,
doch war es nicht Emmenberger, wie der Alte glaubte;
denn aus dem gähnenden Schlund dröhnte höhnisch und
heiser dem Kommissär ein Kinderlied entgegen:

»Hänschen klein
ging allein
in den großen Wald hinein«,

sang die pfeifende Stimme, und im Rahmen der Türe, sie
füllend, stand mächtig und breit, im schwarzen Kaftan,
der zerfetzt an den gewaltigen Gliedern herunterhing,
der Jude Gulliver.

»Sei mir gegrüßt, Kommissar«, sagte der Riese und
schloß die Türe. »Da finde ich dich nun wieder, du
trauriger Ritter ohne Furcht und Tadel, der du ausgezogen bist, mit dem Geist das Böse zu bekämpfen, sitzend
vor einem Schragen, der jenem ähnlich ist, auf dem ich
einmal gelegen bin im schönen Dörfchen Stutthof bei Danzig.« Und er hob den Alten in die Höhe, daß der an des
Juden Brust lag wie ein Kind, und brachte ihn ins Bett.

»Hergenommen«, lachte er, wie der Kommissär immer
noch keine Worte fand, sondern totenbleich dalag, und
holte aus den Fetzen seines Kaftans eine Flasche mit zwei
Gläsern.

»Wodka habe ich keinen mehr«, sagte der Jude, als er
die Gläser füllte und sich zu dem Alten ans Bett setzte.
»Aber in einem verlotterten Bauernhaus irgendwo im
Emmental, in einem Krachen voll Finsternis und Schnee,
habe ich mir einige verstaubte Flaschen von diesem wak-
keren Kartoffelschnaps gestohlen. Auch gut. Einem
Toten darf man das nachsehen, nicht wahr, Kommissar.
Wenn sich eine Leiche wie ich – eine Feuerwasserleiche
gewissermaßen – ihren Tribut von den Lebenden in
Nacht und Nebel holt, als Zwischenverpflegung, bis sie
sich wieder in ihre Gräber bei den Sowjetern verkriecht,
so ist das in Ordnung. Da, Kommissar, trink.«

Er hielt ihm das Glas an die Lippen, und Bärlach trank. Es tat ihm gut, wenn er auch dachte, es sei wieder gegen jede Medizin.

»Gulliver«, flüsterte er und tastete nach dessen Hand. »Wie konntest du wissen, daß ich in dieser verfluchten Mausefalle bin?«

Der Riese lachte. »Christ«, antwortete er, und die harten Augen in seinem narbenbedeckten, wimpern- und brauenlosen Schädel funkelten (er hatte inzwischen einige Gläser getrunken). »Wozu ließest du mich denn sonst ins Salem kommen? Ich wußte gleich, daß du einen Verdacht gefaßt haben mußtest, daß vielleicht die unschätzbare Möglichkeit vorhanden war, diesen Nehle doch noch unter den Lebenden zu finden. Ich glaubte keinen Augenblick, es sei nur ein psychologisches Interesse, das dich nach Nehle fragen lasse, wie du damals in dieser Nacht voll Wodka behauptet hast. Sollte ich dich allein ins Verderben rennen lassen? Man kann heute nicht mehr das Böse allein bekämpfen, wie die Ritter einst allein gegen irgendeinen Drachen ins Feld zogen. Die Zeiten sind vorüber, wo es genügt, etwas scharfsinnig zu sein, um die Verbrecher, mit denen wir es heute zu tun haben, zu stellen. Du Narr von einem Detektiv; die Zeit selbst hat dich ad absurdum geführt! Ich ließ dich nicht mehr aus den Augen und bin gestern in der Nacht dem braven Doktor Hungertobel leibhaftig erschienen. Ich mußte ordentlich arbeiten, bis ich ihn aus seiner Ohnmacht herausbrachte, so fürchtete er sich. Doch dann wußte ich, was ich wissen wollte, und nun bin ich da, um die alte Ordnung der Dinge wiederherzustellen. Dir die Mäuse in Bern, mir die Ratten von Stutthof. Das ist die Teilung der Welt.«

»Wie bist du hergekommen?« fragte Bärlach leise.

Des Riesen Antlitz verzog sich zu einem Grinsen. »Nicht unter irgendeinem Sitz der SBB versteckt, wie du denkst«, antwortete er, »sondern im Wagen Hungertobels.«

»Er lebt?« fragte der Alte, der sich endlich in die Gewalt bekam, und starrte den Juden atemlos an.

»Er wird dich in wenigen Minuten ins alte, gewohnte Salem zurückführen«, sagte der Jude und trank in mächtigen Zügen den Kartoffelschnaps. »Er wartet vor dem Sonnenstein inzwischen in seinem Wagen.«

»Der Zwerg«, schrie Bärlach totenbleich in der plötzlichen Erkenntnis, daß der Jude von dieser Gefahr ja nichts wissen konnte. »Der Zwerg! Er wird ihn töten!«

»Ja, der Zwerg«, lachte der Riese schnapstrinkend, unheimlich in seiner wilden Zerlumptheit, und pfiff mit den Fingern seiner rechten Hand schrill und durchdringend, wie man einem Hund pfeift. Da schob sich die Metallfläche über dem Fenster in die Höhe, affenartig sprang ein kleiner schwarzer Schatten mit einem tollkühnen Überschlag ins Zimmer, unverständliche gurgelnde Laute ausstoßend, glitt blitzschnell zu Gulliver und sprang ihm auf den Schoß, das häßliche, greisenhafte Zwergengesicht an des Juden zerfetzte Brust gepreßt, dessen mächtigen haarlosen Schädel mit den kleinen verkrüppelten Ärmchen umschlingend.

»Da bist du ja, mein Äffchen, mein Tierchen, mein kleines Höllenmonstrum«, herzte der Jude den Zwerg mit singender Stimme. »Mein armer Minotaurus, mein geschändetes Heinzelmännchen, der du so oft in den blutroten Nächten von Stutthof weinend und winselnd in meinen Armen eingeschlafen bist, du einziger Gefährte meiner armen Judenseele! Du mein Söhnlein, du meine Alraunwurzel. Belle, mein verwachsener Argos, Odyß ist zu dir zurückgekehrt auf seiner endlosen Irrfahrt. O, ich habe es mir gedacht, daß du den armen betrunkenen Fortschig in ein anderes Leben gebracht hast, daß du in den Lichtschacht geglitten bist, mein großer Molch, wurdest du doch schon damals in unserer Schinderstadt zu solchen Kunststücken dressiert vom bösen Hexenmeister Nehle, oder Emmenberger, oder Minos, was weiß ich, wie er heißt. Da, beiß in meinen Finger, mein Hündchen! Und wie ich neben Hungertobel im Wagen sitze, höre ich ein freudiges Gewinsel hinter mir, wie das einer räudigen Katze. Es war mein armer kleiner Freund, Kommissar, den da meine Faust hinter dem Sitz hervorzog. Was wollen wir nun mit diesem kleinen Tierchen machen, das doch ein Mensch ist, mit diesem Menschlein, das man doch vollends zu einem Tier entwürdigte, mit diesem Mörderchen, das allein von uns allen unschuldig ist, aus dessen traurigen, braunen Augen uns der Jammer aller Kreatur entgegensieht?«

Der Alte hatte sich in seinem Bett aufgerichtet und sah nach dem gespenstischen Paar, nach diesem gemarterten Juden und nach dem Zwerg, den der Riese auf seinen Knien wie ein Kind tanzen ließ.

»Und Emmenberger?« fragte er, »was ist mit Emmenberger?«

Da wurde des Riesen Antlitz wie ein grauer vorweltlicher Stein, in den hinein die Narben wie mit einem Meißel gehauen waren. Er schmetterte die eben geleerte Flasche mit einem Schwung seiner gewaltigen Arme gegen die Schränke, daß ihr Glas zersplitterte, daß der Zwerg, pfeifend wie eine Ratte vor Angst, mit einem

Riesensprung sich unter dem Operationstisch versteckte.

»Was frägst du danach, Kommissar?« zischte der Jude, doch hatte er sich blitzschnell wieder gefaßt – nur die fürchterlichen Schlitze der Augen funkelten gefährlich – und gemächlich holte er eine zweite Flasche aus seinem Kaftan und begann von neuem in wilden Zügen zu trinken. »Es macht durstig, in einer Hölle zu leben. Liebet eure Feinde wie euch selbst, sagte einer auf dem steinigen Hügel Golgatha und ließ sich ans Kreuz schlagen, an dessen elendem halb verfaulten Holz er hing, mit einem flatternden Tuch um die Lenden. Bete für Emmenbergers arme Seele, Christ, nur die kühnen Gebete sind Jehova gefällig. Bete! Er ist nicht mehr, der, nach dem du fragst. Mein Handwerk ist blutig, Kommissar, ich darf nicht an theologische Studien denken, wenn ich meine Arbeit verrichten muß. Ich war gerecht nach dem Gesetze Mosis, gerecht nach meinem Gotte, Christ. Ich habe ihn getötet, wie einst Nehle in irgendeinem ewig feuchten Hotelzimmer Hamburgs getötet wurde, und die Polizei wird ebenso unfehlbar auf Selbstmord schließen, wie sie damals darauf geschlossen hat. Was soll ich dir erzählen? Meine Hand führte die seine, von meinen Armen umschlungen, preßte er sich die tödliche Kapsel zwischen die Zähne. Des Ahasver Mund ist schweigsam, und seine blutleeren Lippen bleiben geschlossen. Was zwischen uns vorging, zwischen dem Juden und seinem Peiniger, und wie sich die Rollen nach dem Gesetz der Gerechtigkeit vertauschen mußten, wie ich der Peiniger und er das Opfer wurde, das wisse außer uns zweien Gott allein, der dies alles zuließ. Wir müssen Abschied voneinander nehmen, Kommissar.«

Der Riese stand auf.

»Was wird nun?« flüsterte Bärlach.

»Nichts wird«, antwortete der Jude, packte den Alten bei den Schultern und riß ihn gegen sich, so daß ihre Gesichter nah beieinander waren, Auge in Auge getaucht. »Nichts wird, nichts«, flüsterte der Riese noch einmal. »Keiner weiß, außer dir und Hungertobel, daß ich hier war; unhörbar glitt ich, ein Schatten, durch die Korridore, zu Emmenberger, zu dir, keiner weiß, daß es mich gibt, nur die armen Teufel, die ich rette, eine Handvoll Juden, eine Handvoll Christen. Lassen wir die Welt Emmenberger begraben und lassen wir den Zeitungen die ehrenden Nekrologe, mit denen sie dieses Toten gedenken werden. Die Nazis haben Stutthof gewollt, die Millionäre diesen Spittel, andere werden anderes wollen. Wir können als einzelne die Welt nicht retten, das wäre eine ebenso hoffnungslose Arbeit wie die des armen Sisyphos; sie ist nicht in unsere Hand gelegt, auch nicht in die Hand eines Mächtigen oder eines Volkes oder in die des Teufels, der doch am mächtigsten ist, sondern in Gottes Hand, der seine Entscheide allein fällt. Wir können nur im einzelnen helfen, nicht im gesamten, die Begrenzung des armen Juden Gulliver, die Begrenzung aller Menschen. So sollen wir die Welt nicht zu retten suchen, sondern zu bestehen, das einzige wahrhafte Abenteuer, das uns in dieser späten Zeit noch bleibt.« Und sorgfältig, wie ein Vater ein Kind, legte der Riese den Alten in sein Bett zurück.

»Komm, mein Äffchen«, rief er und pfiff. Mit einem einzigen gewaltigen Sprung, winselnd und lallend, schnellte der Zwerg hervor und auf des Juden linke Schulter.

»So ist's recht, mein Mörderchen«, lobte ihn der Riese.

»Wir zwei bleiben zusammen. Sind wir doch beide aus der menschlichen Gesellschaft gestoßen, du von Natur und ich, weil ich zu den Toten gehöre. Leb wohl, Kommissar, es geht auf eine nächtliche Reise in die große russische Ebene, gilt, einen neuen düsteren Abstieg in die Katakomben dieser Welt zu wagen, in die verlorenen Höhlen jener, die von den Mächtigen verfolgt werden.«

Noch einmal winkte der Jude dem Alten zu, dann griff er mit beiden Händen hinein ins Gitter, bog die Eisenstäbe auseinander und schwang sich zum Fenster hinaus.

»Leb wohl, Kommissar«, lachte er noch einmal mit seiner seltsam singenden Stimme, und nur seine Schultern und der mächtige nackte Schädel waren zu sehen, und an seiner linken Wange das greisenhafte Antlitz des Zwerges, während der fast gerundete Mond auf der andern Seite des gewaltigen Kopfs erschien, so daß es war, als trüge jetzt der Jude die ganze Welt auf den Schultern, die Erde und die Menschheit. »Leb wohl, mein Ritter ohne Furcht und Tadel, mein Bärlach«, sagte er, »Gulliver zieht weiter zu den Riesen und zu den Zwergen, in andere Länder, in andere Welten, immerfort, immerzu. Leb wohl, Kommissar, leb wohl«, und mit dem letzten »Leb wohl« war er verschwunden.

Der Alte schloß die Augen. Der Friede, der über ihn kam, tat ihm wohl; um so mehr, da er nun wußte, daß in der leise sich öffnenden Türe Hungertobel stand, ihn nach Bern zurückzubringen.

Friedrich Dürrenmatt
im Diogenes Verlag

Klassische und moderne Kriminal-, Grusel- und Abenteuergeschichten in Diogenes Taschenbüchern

● **Joan Aiken**
Die Kristallkrähe. Roman. detebe 76

● **Eric Ambler**
Die Maske des Dimitrios. Roman. detebe 75/1
Der Fall Deltschev. Roman. detebe 75/2
Eine Art von Zorn. Roman. detebe 75/3
Schirmers Erbschaft. Roman. detebe 75/4
Die Angst reist mit. Roman. detebe 75/5
Der Levantiner. Roman. detebe 75/6
Waffenschmuggel. Roman. detebe 75/7
Topkapi. Roman. detebe 75/8
Schmutzige Geschichte. Roman. detebe 75/9
Das Intercom-Komplott. Roman. detebe 75/10
Besuch bei Nacht. Roman. detebe 75/11
Der dunkle Grenzbezirk. Roman. detebe 75/12
Ungewöhnliche Gefahr. Roman. detebe 75/13
Anlaß zur Unruhe. Roman. detebe 75/14
Nachruf auf einen Spion. Roman. detebe 75/15
Doktor Frigo. Roman. detebe 75/16
Bitte keine Rosen mehr. Roman. detebe 75/17

● **John Bellairs**
Das Haus das tickte. Roman. Mit Zeichnungen von Edward Gorey. detebe 131

● **Marie Belloc Lowndes**
Jack the Ripper oder Der Untermieter. Roman. detebe 68

● **Ambrose Bierce**
Die Spottdrossel. Erzählungen. detebe 106

● **Ray Bradbury**
Der illustrierte Mann. Science-fiction-Geschichten. detebe 127

● **Fredric Brown**
Flitterwochen in der Hölle. Schauer- und Science-fiction-Geschichten. detebe 192

● **John Buchan**
Die neununddreißig Stufen. Roman. detebe 93/1
Grünmantel. Roman. detebe 93/2
Mr. Standfast oder Im Westen was Neues. Roman. detebe 93/3
Die drei Geiseln. Roman. detebe 93/4

● **Raymond Chandler**
Der große Schlaf. Roman. detebe 70/1
Die kleine Schwester. Roman. detebe 70/2
Das hohe Fenster. Roman. detebe 70/3
Der lange Abschied. Roman. detebe 70/4
Die simple Kunst des Mordes. Essays, Briefe, Fragmente. detebe 70/5
Die Tote im See. Roman. detebe 70/6
Lebwohl, mein Liebling. Roman. detebe 70/7
Playback. Roman. detebe 70/8
Mord im Regen. Frühe Stories. detebe 70/9
Erpresser schießen nicht. Detektivstories I. detebe 70/10
Der König in Gelb. Detektivstories II. detebe 70/11
Gefahr ist mein Geschäft. Detektivstories III. detebe 70/12
Englischer Sommer. Geschichten und Essays. detebe 70/13

● **Erskine Childers**
Das Rätsel der Sandbank. Roman. detebe 92

● **Agatha Christie**
Villa Nachtigall. Kriminalgeschichten. detebe 71

● **Wilkie Collins**
Ein schauerliches fremdes Bett. Gruselgeschichten. detebe 188

● **Joseph Conrad**
Lord Jim. Roman. detebe 66/1
Der Geheimagent. Roman. detebe 66/2
Herz der Finsternis. Erzählung. detebe 66/3

● **Guy Cullingford**
Post mortem. Roman. detebe 132